Jeunes Restaurateurs

Deutschlands junge Spitzenköche

Jeunes Restaurateurs

Deutschlands junge Spitzenköche

Ihre Restaurants und schönsten Rezepte

42 x Talent & Passion

Mosaik

Inhalt

SCHLESWIG-HOLSTEIN • HAMBURG • NIEDERSACHSEN • BERLIN • SACHSEN • SEITE 110

HESSEN • NORDRHEIN-WESTFALEN • RHEINLAND-PFALZ • SAARLAND • SEITE 150

Vorwort

Eckart Witzigmann, Ehrenmitglied der Jeunes Restaurateurs d'Europe, Sektion Deutschland

Das Foto links zeigt ein Amuse-Gueule. Dieses kleine, aber feine Appetithäppchen ist ein sehr persönlicher Gruß aus der Küche. Der liebevoll und in der Regel sehr aufwendig hergestellte Gaumenschmeichler heißt den Gast willkommen und stimmt ihn ein auf die Genüsse, die ihn erwarten. Und nichts anderes sollen auch meine einleitenden Worte tun. Ich möchte Sie neugierig machen auf das, was Sie in diesem Buch vorfinden werden.
Was verbindet mich mit den Jeunes Restaurateurs? Vor allem die Philosophie. Diese herangewachsene Elite junger Köche hat sich ganz in meinem Sinn der Qualität in der Gastronomie verpflichtet, gibt Wissen, Erkenntnisse, Geheimnisse weiter, und zwar über die Grenzen hinweg. Die heutige Generation findet in unserer kosmopolitischen Welt die hervorragende Gelegenheit, in allen Ländern der Erde kochen und lernen zu dürfen. In meinen Lehrjahren war es fast unmöglich, in ausländische Betriebe bzw. in die großen Häuser Frankreichs zu kommen, und wenn, dann wurde man sehr kurz gehalten und bekam nur schwer die Chance, sich zu entwickeln. Heute ist alles so international, dass Deutschland auch den jungen Köchen aus dem Ausland als Schule für hervorragende Küche und gastronomische Leistung dient.
Es genügt jedoch nicht, sich nur auf die Küche zu konzentrieren. Ein Koch muß heute über den Teller- und Topfrand hinaus auch in das Restaurant schauen, sich um Ambiente, Gästepflege, Weinabstimmung usw. kümmern. Kulinarische Höhepunkte sind eine Symbiose aus handwerklichem Können, Management und dem einfühlsamen Umgang mit Menschen. Auch hier erlebte ich die jungen deutschen Spitzenköche ganz so, als wär's ein Stück von mir.
In einer Zeit, in der Egoismus und Leidenschaftslosigkeit immer mehr Terrain gewinnen, freuen mich das kollegiale Denken und der engagierte Einsatz meiner jungen Nachfolger. Anders als früher, wächst aber auch die Offenheit für Einflüsse aus aller Welt – das macht im wahrsten Sinne grenzenlos kreativ. Auf diese Weise gestalten Deutschlands junge Spitzenköche mit Talent und Passion die Zukunft, die gastronomische Kultur Deutschlands im neuen Jahrtausend.
Und dazu wünsche ich ihnen viel Erfolg und Freude.

Einleitung

Hans Stefan Steinheuer,
Präsident der Deutschen Sektion
der Jeunes Restaurateurs d'Europe

Danke, Eckart Witzigmann, für die einleitenden Worte zum ersten gemeinsamen Kochbuch der Jeunes Restaurateurs! Wenn wir den Bogen schlagen von der Legende unter den deutschen Köchen zu den 42 jungen Talenten am Herd, die als Autoren für dieses Buch zeichnen, zeigen sich nur Gemeinsamkeiten: die Liebe zur Haute Cuisine, zur großen Küche, die seit Eckart Witzigmann längst nicht mehr nur in Frankreich zelebriert wird, die kreative Lust, vorurteilslos Neues auszuprobieren und zu entdecken, der Respekt vor den eigenen kulinarischen Traditionen, der absolute Anspruch an die Qualität der Produkte, die Freude, kulinarischen Genuss zu vermitteln und seine Gäste in jeder Hinsicht zu verwöhnen sowie die Rücksicht auf Gesundheit und veränderte Lebens- und Essgewohnheiten.

Die Idee einer Talentschmiede für die künftigen "Witzigmänner der Nation" entstand – wie könnte es anders sein? – ursprünglich in Frankreich. Ein paar junge talentierte Köche beschlossen mit Unterstützung des Hauses Grand Marnier, die Kultur der französischen Gastronomie zu fördern und ihre kulinarische Botschaft in alle Welt zu tragen. 1974 wurde der Gedanke in die Tat umgesetzt und der Verband der Jeunes Restaurateurs de France aus der Taufe gehoben. Die Mitglieder, junge, vielversprechende Spitzenköche, schrieben sich zwei bedeutsame Worte auf ihre Fahne: Talent & Passion. Ihre konkreten Ziele waren: die Einhaltung und Weiterentwicklung der jungen europäischen Gastronomie auf höchstem Niveau, der Austausch von Ideen und Wissen, dazu die Pflege von Freundschaften über die Grenzen hinweg und die Verantwortung für den gastronomischen Nachwuchs. Die Idee zündete, breitete sich über die Grenzen hinaus aus, wurde zur Association des Jeunes Restaurateurs d'Europe mit heute 350 Mitgliedern aus Frankreich, Belgien, Luxemburg, der Schweiz, den Niederlanden, Italien, Spanien und – seit 1991 – auch Deutschland.

Zu den Jeunes Restaurateurs in unserem Lande gehörten schon im Gründungsjahr 25 begabte junge Köche. Heute sind es 42, darunter eine Spitzenköchin. Auch ich hatte 1991 die Ehre, den hohen Ansprüchen zu genügen. Es genügt nämlich keineswegs, "nur" gut oder besonders kreativ kochen zu können. Zu den Aufnahmekriterien gehört mehr als das, nämlich: eine mehrjährige, erfolgreiche Arbeit als selbstständiger Restaurateur, die Empfehlung des Restaurants in den gängigen Restaurantführern, die Patenschaft von mindestens zwei Mitgliedern, das Alter: beim Eintritt nicht über 35.

Soviel zur Historie und Philosophie. Natürlich verwirklicht die junge Koch-Elite Deutschlands ihre Ziele nicht nur im eigenen Restaurant. Sie tritt auch heraus aus der eigenen Küche, kocht bei den großen Events von Politik und Gesellschaft, stellt sich den Medien von Zeitschriften bis TV und gibt damit der kulinarischen Szene Deutschlands neue und entscheidende Impulse.

Dennoch – das Schönste für uns ist und bleibt die Kochleidenschaft am eigenen Herd. Wie mache ich meine Gäste glücklich? Wie kann ich sie teilhaben lassen an den Gaumenfreuden meiner Fantasie? Wie kann ich ihnen zeigen, welches Geschmackspotential zum Beispiel in einem schlichten Kürbis steckt? Mit diesen scheinbar einfachen Herausforderungen beginnt unser Tag. Dazu gehört die Jagd nach den besten Produkten, das Meistern kulinarischer Schwierigkeiten, das Überspringen organisatorischer Hürden. Und richtig gut endet der Tag, wenn unsere Gäste das Gemüse-Soufflé so natürlich und leicht wie Beethovens Pastorale empfanden, der Wein ihre Geschmacksnerven freudig erregt, und das Ambiente des Restaurants sie wohlig entspannt hat. Und wenn wir gebeten wurden, wenigstens ein Rezept und den Namen des Weins zu verraten, damit die Genüsse daheim noch einmal allein oder zusammen mit Freunden nachempfunden werden können.
Diesem vielfachen Wunsch unserer Gäste möchten wir mit diesem Buch nachkommen. Es enthält von jedem der 42 Spitzenköche ein speziell für dieses Werk kreiertes Rezept, mal für eine Vorspeise, mal für ein Hauptgericht oder ein raffiniertes Dessert. Alle Rezepte – und das sei hier besonders betont – wurden extra in einem normal ausgestatteten Haushalt nachgekocht. Es darf allerdings nicht verhehlt werden, dass manche etwas zeitaufwendiger sind als ein alltägliches Standardgericht. Aber als wahrer Genießer und Gourmet werden Sie die Zubereitung ohnehin als Vorstufe zur kulinarischen Seligkeit betrachten. Die meisten Rezepte bestehen übrigens aus bis zu vier verschiedenen Einzelrezepten, die für sich als Beilage oder variiert mit anderen Zutaten verwendet werden können (Variationsvorschlag). Da ein Essen ohne Wein wie ein Brot ohne Salz ist, gibt's zu jeder Komposition die passende Weinempfehlung. Ein Menüvorschlag zeigt Ihnen schließlich, welche weiteren Genüsse rund um das vorgestellte Gericht Sie im Restaurant des jeweiligen Spitzenkochs erwarten. Denn wir möchten Sie vor allem auch bei uns begrüßen, um Sie kulinarisch weiterverwöhnen zu können. Damit Sie den Weg ganz leicht finden, beginnt jedes Spitzenköche-Porträt mit einer kleinen Wegbeschreibung und allen Infos, die Sie rund um unsere Restaurants wissen müssen.
Dieser opulent mit herrlichen Fotos ausgestattete Band ist also Reiseführer und Kochbuch in einem. Nein, etwas habe ich noch vergessen: Am Schluß des Werkes werden die empfohlenen Weine noch einmal genauer beschrieben, so als stünde der Sommelier oder die Sommelière direkt neben Ihnen. Und dann verraten wir Ihnen auch noch, wo wir in der näheren Umgebung unsere besten Zutaten und Küchenutensilien beziehen, damit Sie von unserem Know-how profitieren können.
Wir freuen uns auf Ihren Besuch und wünschen Ihnen beim Nachkochen viel Vergnügen und gutes Gelingen. Genießen Sie jedes Gericht – und das Lob Ihrer Gäste. Wir hoffen, wir können Ihnen mit diesem Buch ein paar glitzernde Sterne für Ihren eigenen kulinarischen Küchenhimmel schenken.

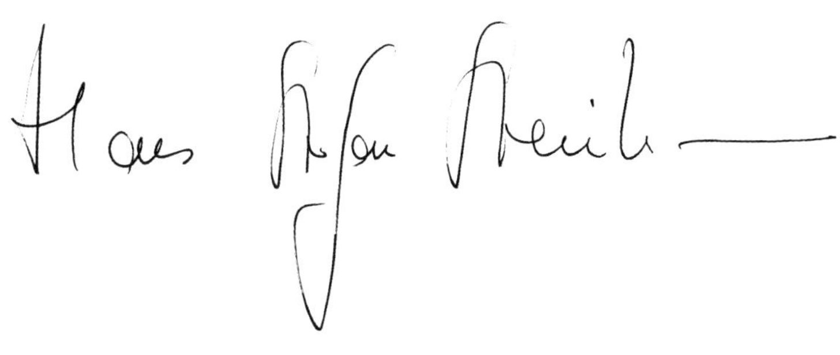

Clemens Baader Franz Feckl Otto Fehrenbacher Georg Flohr Karl-Josef Fuchs Martin Herrmann Rudolf Ka…

Baden-Württemberg

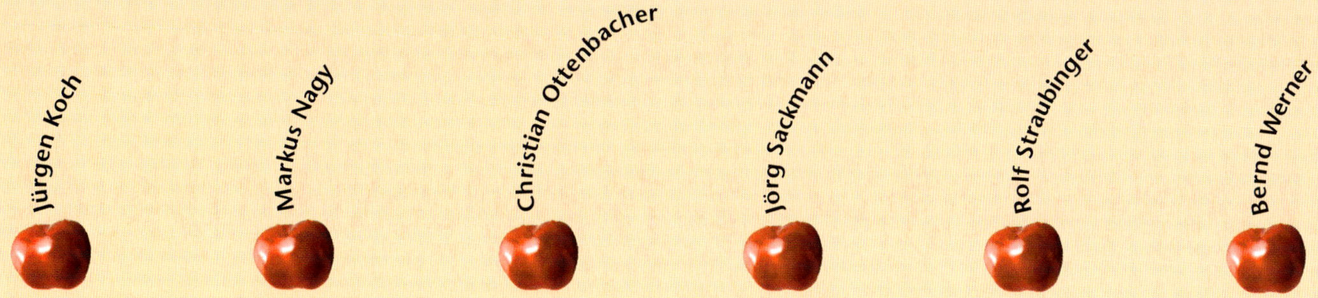

CLEMENS BAADER
Silencehotel Restaurant Baader, Heiligenberg

•

FRANZ FECKL
Landhaus Feckl, Ehningen

•

OTTO FEHRENBACHER
Hotel Restaurant Adler, Lahr-Reichenbach

•

GEORG FLOHR
Flohrs Restaurant und Hotel, Singen-Überlingen am Ried

•

KARL-JOSEF FUCHS
Romantik-Hotel und Restaurant Spielweg, Münstertal

•

MARTIN HERRMANN
Kur- & Sporthotel Dollenberg, Bad Peterstal - Griesbach

•

RUDOLF KARR
Hotel Restaurant Adler, Langenargen

•

JÜRGEN KOCH
Hotel-Restaurant Laurentius, Weikersheim

•

MARKUS NAGY
Villa Hammerschmiede, Pfinztal-Söllingen

•

CHRISTIAN OTTENBACHER
Hotel Adler, Asperg

•

JÖRG SACKMANN
Restaurant Schloßberg im Hotel Sackmann, Baiersbronn-Schwarzenberg

•

ROLF STRAUBINGER
Burgrestaurant Staufeneck, Salach

•

BERND WERNER
Walk'sches Haus, Weingarten

Berghotel Baader Restaurant

Clemens Baader

Silencehotel Restaurant Baader, Heiligenberg

Der Blick über den Bodensee bis hinüber zu den schneeglitzernden Alpengipfeln am Schweizer Ufer ist so atemberaubend schön, dass einem die Luft wegbleiben könnte. Doch die Gäste des Restaurants Baader, gleich neben dem Schloss Heiligenberg, kommen nicht nur der Aussicht wegen – sie lockt die Küche von Clemens Baader. Und die lohnt den Aufstieg auch dann, sollten sich See und Ausblick mal Grau in Grau zeigen.

Die zurückhaltende Eleganz des Restaurants lässt keine Schwellenangst aufkommen. Wer unbefangen hineingeht, ahnt oft nicht, dass er bei einem der besten Köche Deutschlands gelandet ist. Obwohl der Blick in einen Gourmetführer oder auf die Weinkarte alles offenbart. Nicht nur der Gourmet, auch der Wanderer scheidet beglückt. Clemens Baader, der vielfach Ausgezeichnete, kocht mit barocker Heiterkeit und leichter Hand, ein wenig regional, ein wenig international, ein wenig mediterran und viel mit ganz eigenem Stil.

So finden Sie uns:

Auf der A 81 von Stuttgart nach Singen am Singener Kreuz in Richtung Lindau auf die A 98, dann bei Stockach Ost auf die B 31 und bis Überlingen weiterfahren, dann nach Salem-Heiligenberg. Das Silencehotel Baader befindet sich am Ortseingang.

Infos auf einen Blick

Silencehotel Restaurant Baader
Salemer Str. 5, 88633 Heiligenberg
Tel.: 07554-80 20
Fax: 07554-80 21 00
Internet: www.hotel-baader.mdo.de
e-mail: clemens.baader@t-online.de
Öffnungszeiten: Dienstag Ruhetag, keine Betriebsferien
Sitzplätze: 50 (2 Räume)
Kreditkarten: Amex, Eurocard, EC-Karte, Visa
Mit Hotel: 16 Zimmer, Hallenbad, Sauna, Solarium
Umgebung: Bodensee, Bregenz (Festspiele), Schloss Heiligenberg, viele Museen und Schlösser, tolle Einkaufsstädte wie Konstanz und Singen.

Clemens Baader

Silencehotel Restaurant Baader, Heiligenberg

Der Vater hatte ihn ins Kloster geschickt, um dort für einen Schlips-und-Kragen-Job das nötige Wissen eingetrichtert zu bekommen. Doch Baader jun. hatte schon damals seinen eigenen Kopf. Koch wollte er werden. Das nötige Rüstzeug holte er sich im Parkhotel Wehrle in Triberg, bei Siber in Konstanz, im Weißen Rössle in Hinterzarten, in Sils Maria und St. Moritz. Seinen ersten Michelin-Stern erkochte er sich im Fürstenberg Restaurant in Donaueschingen. Heute führt er nicht nur eine der ganz großen Bodensee-Küchen, sondern auch ein Hotel, veranstaltet Fischwochen, Trüffel-Tage, Straßenfeste und und und. Da konnte im alten Hotel Baader nichts mehr bleiben, wie es war: Umbau, Ausbau, Anbau. Ohne Unterstützung seiner Frauen würde er das nicht schaffen, gesteht er freimütig: Seine Frau, seine vier kleinen Töchter, Mutter Baader, die genau wie der Vater kräftig mitschafft, und seine Mitarbeiterinnen.

Filet vom Bodenseezander in der Kartoffelnudel

Für 4 Personen

Für den Zander
4 x 150 g Zanderfilet ohne Gräten
Saft von 1 Zitrone
Salz
Pfeffer
8 Salbeiblätter
8 Scheiben luftgetrockneter Schinken
2 EL Olivenöl

Für den Kartoffelteig
250 g mehlig kochende Kartoffeln
4 EL Kartoffelstärke
2 EL Mehl
1 Eigelb
Salz
Pfeffer
1 Msp. Muskat
3 EL Olivenöl

Für die Austernpilze
250 g Austernpilze
2 Schalotten
2 Tomaten
2 EL Olivenöl
50 g Sahne
Salz
Pfeffer
Zitronensaft
1 kleine Knoblauchzehe
50 g kalte Butter, in Flöckchen
2 EL Schnittlauchröllchen

Für den Zander die Fischfilets mit Zitronensaft beträufeln, mit Salz und Pfeffer bestreuen. Nun die Filets mit dem Salbei belegen und in den Schinken einwickeln. Das Olivenöl erhitzen und die Zanderrollen von allen Seiten kurz anbraten. Aus der Pfanne nehmen und abkühlen lassen.

Für den Kartoffelteig Kartoffeln mit Schale kochen, pellen und noch heiß mit einer Kartoffelpresse durchpressen. Die gepresste Kartoffelmasse dann noch ein zweites Mal durch die Presse drücken und etwas abkühlen lassen. Mit Kartoffelstärke, Mehl, Eigelb und den Gewürzen zu einem gleichmäßigen Teig verarbeiten. Den Teig 1 Stunde ruhen lassen.

Den Teig in vier Teile schneiden und auf einer Arbeitsfläche mit etwas Mehl etwa 5 mm dick ausrollen. Jedes Zanderfilet in ein Teigstück einpacken.

In einer großen beschichteten Pfanne das Olivenöl erhitzen. Darin die Päckchen 8 bis 10 Minuten bei mittlerer Hitze goldbraun braten, dabei öfter vorsichtig wenden.

Austernpilze säubern und in etwa 5 mm breite Streifen schneiden. Schalotten schälen und in feine Würfelchen schneiden. Tomaten kreuzweise einschneiden, heiß überbrühen, enthäuten und die Kerne entfernen und das Fruchtfleisch in kleine Würfel schneiden.

Das Olivenöl erhitzen, die geschnittenen Austernpilze darin anbraten, die Schalottenwürfel zugeben und ebenfalls anschwitzen. Mit der Sahne ablöschen, aufkochen lassen und mit Salz, Pfeffer und etwas Zitronensaft abschmecken.

Die Tomatenfleischwürfel zugeben und kurz in der Sauce ziehen lassen. Nochmals mit Salz, Pfeffer und einem Hauch Knoblauch abschmecken.

Butterflöckchen unter die Sauce rühren, so dass sie eine cremige Konsistenz hat. Zum Schluss mit Schnittlauchröllchen bestreuen.

Anrichten:

Je eine Kartoffelnudel mit einem scharfen Messer teilen, auf vorgewärmte Teller geben und die Sauce dazu geben.

Variationsvorschlag:

Der Kartoffelteig eignet sich gut, zum Ausbacken von blanchiertem Gemüse, z. B. Brokkoliröschen.

Aus dem Teig können auch Schupfnudel (Bubenspitzle) oder Gnocchi zubereitet werden.

Die rahmige Pilzsauce kann ebenfalls mit anderen frischen Pilzen (z. B. Steinpilze, Champignons etc.) zubereitet und zu Pastagerichten serviert werden.

Mein Menüvorschlag:

Marinierte Ochsenschwanzblätter im badischen Walnussöl und Koriander mit warmem Kartoffelstock
Filet vom Bodenseezander in der Kartoffelnudel
Gravensteiner Apfelschneetörtchen im Vanillespiegel mit Erdbeerherzen

Wein-Tipp
1999er Casteller Schlossberg
Silvaner Spätlese trocken
Fürstlich Castell'sches
Domänenamt

Franz Feckl

Landhaus Feckl, Ehningen

Die genussfreudigen Schwaben mit den verwöhnten Gaumen kommen immer hierher, wenn es etwas zu feiern gibt. Und wenn es nichts gibt, kommen sie auch. Daran hat sich auch mit dem Umzug der Feckls vom versponnenen Schloss Höfingen ins neue Haus in Ehningen nichts geändert. Denn nach wie vor wird hier die schwäbische Küche geadelt.

Rustikale Gemütlichkeit und schlichte Eleganz gehen eine gekonnte Liaison ein. Dafür ist die Frau des Hauses, Manuela Feckl, zuständig. Für die Küche ihr Mann Franz. Und der verbindet Tradition mit Weltläufigkeit. Ein Pichelsteiner Eintopf wird mit Dorade und Süßwassergarnelen geadelt, der Gaisburger Marsch mit Kaninchen oder Taube veredelt, der Kalbskopf mit Bries und Gänseleber verfeinert, die Spinatravioli mit weißen Trüffeln, die Krustentier-Variation mit Hummer und Langostinos.

So finden Sie uns

Auf der A 8 aus Stuttgart oder München kommend, am Stuttgarter Kreuz auf die A 81 Richtung Singen abbiegen. Ausfahrt Ehningen, links halten und an der ersten Ampel links einbiegen.

Infos auf einen Blick
Landhaus Feckl
Keltenweg 1, 71139 Ehningen
Tel.: 07034-2 37 70
Fax: 07034-2 37 72 77
Internet: www.landhausfeckl.de
e-mail: landhausfeckl@addcom.de
Öffnungszeiten: kein Ruhetag
Sitzplätze: 62
Kreditkarten: Amex, Diners, Eurocard, EC-Karte
Mit Hotel: 21 Zimmer
Umgebung: Stuttgart, Naturschutzgebiet Schönach, 2 Golfplätze in der Nähe

Franz Feckl

Landhaus Feckl, Ehningen

Bevor er sich aufmachte, das Schwabenland kulinarisch zu erobern, ging der Mann aus Bayern in die Lehre zu Witzigmann und Winkler. Und bald darauf ging der erste Michelin-Stern über ihm auf. Damals führte er noch das Restaurant im Schloss Höfingen. Danach heimste er weiterhin Punkte, Kochmützen und Bestecke en masse ein. Es werden nicht die letzten sein. Ständig ist er am Probieren und Kreieren neuer Schöpfungen. Die Ideen sprudeln nur so, selbst wenn er gerade mit Frau und seinen drei Kindern einen Sonntagsausflug macht. Oder sich die Zeit zum Squash-Training abknapst.

Kross gebratene Bauernente mit Serviettenknödel

Für 4 – 6 Personen

Für die Ente
1 Ente, ca. 2 kg
1 Bund glatte Petersilie
2 Zwiebeln
Salz
Pfeffer

Für die Sauce
400 g Wurzelgemüse (Zwiebeln, Möhren, Sellerie)
2 EL Tomatenmark
1/2 l Rotwein
1 l Geflügelfond
Salz
Pfeffer
evtl. etwas Maisstärke

Für den Serviettenknödel
1 ganzes Toastbrot
8 Eier
1/4 l kalte Milch
Salz
Muskat
4 EL gehackte Petersilie

Die Ente ausnehmen, waschen und trockentupfen. Hals, Flügel und Innereien beiseite legen.
Petersilie waschen, die Blätter abzupfen, Zwiebeln schälen und beides grob zerkleinern. Die Ente innen und außen mit Salz und Pfeffer würzen und mit den Zwiebeln und der Petersilie füllen.
Die Ente in einen großen Bräter geben, etwas Wasser angießen und im Ofen bei Umluft auf 190 °C 1 1/2 Stunden kross braten.
Die fertige Ente mindestens 30 Minuten ruhen lassen, tranchieren, das Fleisch von den Knochen lösen und in Alufolie wickeln. Knochen und Füllung aufheben.
Entenfleisch etwa 20 Minuten vor dem Servieren bei Oberhitze (180 °C) in den Backofen schieben, damit die Haut kross wird.
Für die Sauce aus dem Bräter das überschüssige Entenfett, bis auf eine kleine Menge, entfernen. Flügel, Hals und Innereien klein hacken, in dem Bräter anrösten. Das Wurzelgemüse in walnussgroße Stücke schneiden und mitrösten. Tomatenmark zugeben und unter ständigem Rühren bräunen. Nach und nach den Rotwein angießen und etwas reduzieren lassen. Mit dem Geflügelfond aufgießen und sanft 1 Stunde köcheln lassen.
Knochen und Füllung von der ausgelösten Ente zugeben und nach 30 Minuten alles passieren. Mit Salz und Pfeffer abschmecken und die Sauce eventuell mit etwas Maisstärke abbinden.
Für den Serviettenknödel das Toastbrot entrinden und würfeln. Eier trennen. Brotwürfel mit der Milch und den Eigelben einweichen, andrücken und alles 30 Minuten ziehen lassen. Mit Salz und Muskat würzen und die Petersilie untermischen. Eiweiß zu steifem Schnee schlagen und unterheben.
Die Masse in eine Serviette einwickeln, mit Küchengarn fixieren und je nach Dicke der Rolle etwa 10 bis 15 Minuten von jeder Seite in siedendem Salzwasser garen.

Anrichten:
Den Serviettenknödel aufschneiden, mit Butterschmelze (Semmelbrösel in Butter gebräunt) beträufeln und mit der Ente servieren.
Als Beilage eignet sich sehr gut Apfelrotkohl.

Variationsvorschlag:
Das ausgelöste Entenfleisch mit einer Mischung aus Sojasauce, flüssigem Honig und etwas geriebenem Ingwer bestreichen und dann wie oben nochmals in den Backofen geben, damit die Haut kross wird.
Anstelle des Rotweins 1/4 l Reiswein verwenden, die Sauce mit Sojasauce, Honig und Ingwer abschmecken und mit Reis servieren.

Mein Menüvorschlag:
Gemüsesuppe mit frischen Kräutern und Croûtons
Kross gebratene Bauernente mit Serviettenknödel
Birnencreme mit Birnengelee und Birnensorbet

Wein-Tipp
1996er Kalimna Shiraz »BIN 28«
South Australia
Penfolds

Otto Fehrenbacher

Hotel-Restaurant Adler, Lahr-Reichenbach

Es ist keineswegs nur die Nähe zum Elsass oder die viel gerühmte badische Küche, warum es Gourmets in diese Ecke am Rande des Hochschwarzwaldes zieht. Ihnen schwebt eine konkrete Adresse vor: das Hotel-Restaurant Adler in Lahr-Reichenbach. In dessen Küche finden sie nämlich beides: Baden und Frankreich. Und zudem ein familiär geführtes Haus, in dem das Rundherum-Verwöhnen des Gastes kein leeres Versprechen bleibt.

Mehr bieten, als der Gast erwartet, das ist der Grundsatz von Pia und Otto Fehrenbacher. Das trifft nicht nur auf die Küche zu, sondern auf das gesamte Ambiente des Restaurants und des Hotels. 1983 übernahm Otto Fehrenbacher – jetzt in der dritten Generation – den elterlichen Betrieb und gestaltete ihn zu einem Ort, an dem nicht nur der Gaumen, sondern auch die Seele „satt" wird. Die erste wichtige Auszeichnung, ein Michelin-Stern, ließ dann auch nicht lange auf sich warten.

So finden Sie uns:

A 5 Karlsruhe–Basel: Abfahrt Lahr. Weiter auf der B 415 durch Lahr bis Reichenbach.

Infos auf einen Blick

Hotel-Restaurant Adler
Hauptstr. 18
77933 Lahr-Reichenbach
Tel.: 07821-90 63 90
Fax: 07821-9 06 39 33
e-mail: adler.lahr@t-online.de
Öffnungszeiten: Dienstag Ruhetag
Sitzplätze: 45, zusätzlich 2 Räume mit je 40 Plätzen
Kreditkarten: Amex, Eurocard, EC-Karte, Visa
Mit Hotel: 24 Zimmer
Umgebung: Freiburg, Straßburg, Golfplatz, Tennisplätze, Schwimmbad

Otto Fehrenbacher

Hotel-Restaurant Adler, Lahr-Reichenbach

Wer als Steppke in einem Haus groß wird, in dem schon die Großeltern und die Eltern nur eines im Kopf hatten, nämlich Gäste zu verwöhnen, bei dem liegt es nahe, in die familiären Fußstapfen zu treten. Doch Otto Fehrenbacher wollte (noch) mehr: schauen und lernen, wie es anderswo zugeht. Und das hat er gründlich getan: Kochlehre im Adler im Glottertal, Lehrjahre im Erbprinz in Ettlingen und im Tantris in München bei Eckart Witzigmann. Endstation? Von wegen! Es mussten noch die Auberge de l'Ill in Illhäusern und Alain Chapel, Mionnay sein, bevor er seine Küchenmeisterprüfung in Baden-Baden ablegte. Im eigenen Haus wird er durch seine Frau Pia unterstützt, die sich um den Service kümmert und Ansprechpartnerin für die Gäste ist.

Steinbutt im Maisteig gebacken auf Basilikumbutter

Für 4 Personen

Für den Steinbutt

500 g Steinbuttfilet ohne Haut (beim Fischhändler vorbestellen)
2 Tomaten
1 Knoblauchzehe
1 Thymianzweig
1 Rosmarinzweig
1–2 EL Pesto
Salz
Pfeffer
4 Blatt Maisteig oder Frühlingsrollenteig (Asia-Markt)
Olivenöl zum Bestreichen

Für die Basilikumbutter

1 Schalotte
50 g kalte Butter
100 ml halbtrockener Weißwein
Salz
Pfeffer
2 TL klein gezupfte Basilikumblätter

Für die Garnitur

Basilikumblätter

Die Steinbuttfilets portionieren und vorsichtig mit einem scharfen Messer das Filet so einschneiden, dass man eine kleine Tasche erhält. Die Tomaten überbrühen, häuten, entkernen und würfeln. Knoblauch schälen und fein schneiden. Tomatenwürfel mit Thymianblättchen, fein geschnittenen Rosmarinnadeln, Knoblauch und Pesto vermischen, salzen und pfeffern. Die Tomatenmasse vorsichtig in die Steinbutttaschen füllen. Nun die Teigplatten mit Olivenöl bestreichen, die Filets darin einpacken und bei 200 °C im vorgeheizten Backofen circa 7 Minuten backen.
Für die Basilikumbutter die Schalotte schälen und fein würfeln, in etwas Butter hell anschwitzen, Weißwein dazugeben und um die Hälfte reduzieren. Alles durch ein Sieb geben und nach und nach die kalten Butterwürfel unterrühren, bis die Sauce bindet. Abschmecken, aber nicht mehr kochen lassen, und zum Schluss das Basilikum dazugeben.

Anrichten:
Den Steinbutt schräg einmal durchschneiden, auf einem Teller anrichten. Mit der Basilikumbutter umgießen und reichlich mit Basilikumblättern garnieren.

Variationsvorschlag:
Anstelle der Basilikumbutter können Sie auch den Steinbutt mit Tomatenconfit servieren. 4 Tomaten brühen, häuten, entkernen und würfeln. In etwas Olivenöl mit 2 Esslöffel Pesto kurz schwenken und mit Salz, Pfeffer, Zucker abschmecken und frischem Basilikum garnieren.

Mein Menüvorschlag:

Kürbiscremesuppe mit Herbsttrompeten
Steinbutt im Maisteig gebacken auf Basilikumbutter
Gefüllte Zwetschgen auf Zimtsabayone und Walnusseis

Wein-Tipp

1998er Chardonnay trocken
-Barrique-
Weingut Fischer, Baden

flohrs
RESTAURANT
HOTEL

Georg Flohr

Flohrs Restaurant, Singen-Überlingen am Ried

Ohne Zweifel – das Mittelmeer fängt am Bodensee an. Mediterrane Düfte von Oleander, Lavendel und Zitronen, von sonnenreifen Tomaten, Rosmarin, Thymian, von Geschmortem in toskanischem Olivenöl – dafür fahren Kenner meilenweit in die entlegenste Ecke des lieblichen Hegaus, nach Überlingen am Ried – nicht zu verwechseln mit dem großen Überlingen auf der anderen Seite des Sees –, an den Tisch von Georg Flohr.

Fünf Jahre lang haben Georg Flohr und seine Frau Kirsten mit viel Engagement unermüdlich abgerissen, aufgebaut, umgebaut, restauriert, gestaltet ... Vater Flohr sprach über ein Jahr lang nicht mehr mit seinem Sohn, weil der das alte, verwinkelte Gemäuer zu großen Teilen abreißen ließ, um seine eigenen Ideen umzusetzen. Die Leute am Ort tippten sich an die Stirn und lächelten. Heute lacht keiner mehr. Denn aus dem alten Landgasthof Krone ist ein echtes Juwel geworden.

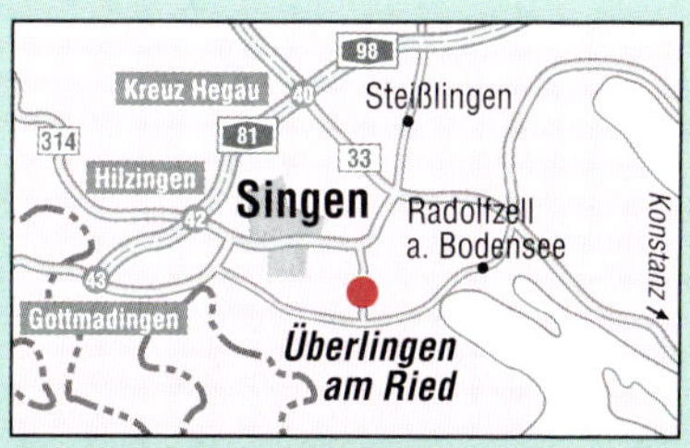

So finden Sie uns:

Aus Stuttgart, Lindau - München oder Schaffhausen kommend: A 98, Abfahrt am Kreuz Hegau, Richtung Konstanz auf der B 33. Abfahrt Steisslingen-Industriegebiet Singen. Weiter in Richtung Industriegebiet bis zur Abzweigung Überlingen a. Ried. Das Haus liegt in der Dorfmitte.

Infos auf einen Blick

Flohrs Restaurant und Hotel
Brunnenstr. 11
78224 Singen-Überlingen am Ried
Tel.: 07731-93 230
Fax: 07731-93 23 23
Internet: www.flohrs-restaurant.de
e-mail: flohr@flohrs-restaurant.de
Öffnungszeiten: Montag, Sonntagmittag geschlossen
Sitzplätze: 30
Kreditkarten: Amex, Eurocard, Visa
Mit Hotel: 8 Doppelzimmer
Umgebung: Bodensee, der Hegau, Wasserfall von Schaffhausen, Blumeninsel Mainau, Schloss Hohenfels, Singen und Konstanz

Georg Flohr

Flohrs Restaurant und Hotel, Singen-Überlingen am Ried

Trotz des mediterranen Einflusses kann seine Küche das Bodenständige seiner Heimat nicht verleugnen. Wagemut bewies er nicht erst bei der Übernahme des restaurierungsbedürftigen Restaurants. Nach einer gutbürgerlichen Kochlehre im Hotel Jägerhaus in Singen und im Hotel Alt-Warburg in Warburg war keineswegs Schluss. Zwischen dem Colombi in Freiburg und der Hostellerie du Cerf im Elsass, machte er Station bei Meister Wohlfahrt in der Traube-Tonbach. Dort traf er auch seine Frau Kirsten, eine Hotelfachfrau. Ein doppelter Glücksgriff für Georg Flohr. Noch ein Abstecher in den Kong Hans Keller in Kopenhagen, um bei dem Schüler des genialen Lenôtre auch noch die klassische Patisserie zu erlernen.

Lauwarmer Salat von Frühlingsgemüsen in Vinaigrette und grobem Meersalz

Für 4 Personen

Für das Gemüse
4 Brokkoliröschen
4 grüne und 4 weiße Spargelspitzen
4 junge Möhren
4 Radieschen
4 Artischockenböden
4 Navetten (Rübchen)
12 frische Bohnen
4 zarte Staudenselleriestangen
4 kleine Frühlingszwiebeln
4 kleine, vollreife Strauchtomaten
3 EL Butter
2 EL Olivenöl
50 ml Brühe

Für die Vinaigrette
4 EL Champagneressig
3 EL Sherryessig
4 EL Brühe
4 EL Olivenöl
4 EL Traubenkernöl
Salz
Pfeffer
Zucker
Saft von 1/4 Zitrone
2 EL gehackte frische Kräuter

Für die Garnitur
Brunnenkresse
Kerbel
Estragon
Koriandergrün
Petersilie
grobes Meersalz

Die Gemüse putzen. Nacheinander in kochendem Wasser bissfest garen und in kaltem Wasser abschrecken. Auf einem Küchentuch bereithalten.
Tomaten in kochendem Wasser blanchieren, abschrecken, die Haut abziehen, vierteln und das Kerngehäuse entfernen.
Alle Gemüse außer den Tomaten in einer Pfanne nacheinander mit 2 Esslöffel Butter und Olivenöl anschwitzen, immer etwas Brühe angießen und leicht dünsten. Die Garzeit für die Gemüse ist unterschiedlich; es sollte auf jeden Fall knackig sein.
Für die Vinaigrette Champagner- und Sherryessig mit der warmen Brühe und den Ölen verrühren. Mit Salz, Pfeffer, Zucker und Zitronensaft abschmecken und die frischen Kräuter dazugeben.

Anrichten:
Nun die vorbereiteten Gemüse in einer Pfanne mit der restlichen Butter erwärmen, 1 Esslöffel Vinaigrette zugeben und eventuell noch einmal abschmecken.
Das Gemüse dekorativ auf Tellern anrichten. Die Brunnenkresse in Vinaigrette tauchen und rundum dekorieren. Die restliche Vinaigrette über das Gemüse träufeln, mit den Kräutern dekorativ belegen und mit etwas grobem Meersalz bestreuen.
Das Gericht lauwarm servieren.

Variationsvorschlag:
Das Gericht kann je nach Saison mit verschiedenen Gemüsen zubereitet werden.
Besonders gut schmeckt es, wenn Sie alternativ zum Meersalz das Gericht mit frisch gehobelten Trüffeln servieren.

Mein Menüvorschlag:
Lauwarmer Salat von Frühlingsgemüsen in Vinaigrette und grobem Meersalz
Kretzerfilet in der Zucchiniblüte gebraten mit Vanilleschalotten und karamellisierten Tomaten
Gebackener Schokoladenbiskuit mit geeistem Südfrüchtepunsch

Wein-Tipp
1999er Chabils
Appellation Contrôlée
Joseph Drouhin

Gasthof Spielweg

Karl-Josef Fuchs

Romantik-Hotel & Restaurant Spielweg, Münstertal

Un jour sans fromage est un jour sans soleil – ein Tag ohne Käse ist ein Tag ohne Sonne, sagen die Franzosen. Beim Küchenchef des Restaurants Spielweg, Karl-Josef Fuchs, gibt es keinen Tag ohne Sonne, denn Käse ist in diesem Haus Chefsache. Ob nach einem zarten Bachsaiblingsfilet oder einer köstlichen Wildschweinsülze: Der krönende Abschluss kommt – die drei Käsespezialitäten aus der eigenen Käserei.

Der „Spielweg" ist ein Familienbetrieb. In dem 400 Jahre alten Haus sitzen vier Generationen am Tisch. Karl-Josef Fuchs ist der fünfte Koch der Familie in Folge. Im 30-jährigen Krieg war der ehrwürdige Gasthof bereits eine Rast- und Poststation. Heute beherbergen seine alten Mauern neben einem Hotel zwei schöne Restaurants: die Barbara-Stube mit bemalten Wänden und Kassettendecken und die alte holzgetäfelte Wirtsstube mit einem großen Kachelofen. Unterstützt werden Karl-Josef Fuchs und seine Frau Sabine durch die Eltern Hansjörg und Josephine Fuchs.

So finden Sie uns:

A 5 Karlsruhe–Basel: Ausfahrt Bad Krozingen, Richtung Bad Krozingen-Staufen, Münstertal

Infos auf einen Blick

Romantik-Hotel & Restaurant Spielweg
Spielweg 61, 79244 Münstertal
Tel.: 07636-70 90
Fax: 07636-7 09 66
Internet: www.romantikhotels.com
e-mail: spielweg@romantik.de
Öffnungszeiten: kein Ruhetag
Sitzplätze: 80
Kreditkarten: Amex, Diners. Eurocard, EC-Karte, Visa
Mit Hotel: 45 Zimmer, beheiztes Freibad, Hallenbad, Tennisplatz
Umgebung: Markgräfler Land, Kaiserstuhl, Südschwarzwald, Freiburg

Karl-Josef Fuchs

Romantik-Hotel & Restaurant Spielweg, Münstertal

Gelernt hat er im Schwarzen Adler in Oberbergen bei Franz Keller. Es folgten Le Canard in Hamburg und die Müller-Brüder in den Schweizer Stuben in Wertheim. 1986 endlich heim an den eigenen Herd. Seit Sommer 1995 ist die Käserei sein ganzer Stolz: sein streng bewachtes Heiligtum, zu dem nur wenige Zutritt haben. Zu einem kräftigen Vesper mit Bergkäse kommen auch die Einheimischen gern vorbei. Aber genug vom Käse. Der Maître kann auch kochen. Und viele Auszeichnungen freuen ihn. Aber noch mehr, wenn die Gäste wieder kommen, weil es ihnen geschmeckt hat. Das Schlaraffenland liegt vor seiner Haustür: Hinterwälder Kälber, Obst und Gemüse, Wein und edle Brände aus dem Markgräfler Land und vom Kaiserstuhl. Das bedeutet für Karl-Josef Fuchs nicht Regionales um jeden Preis. Ihn muss die Qualität der Produkte überzeugen.

Glacierte Hinterwälder Kalbshaxe mit abgeschmelzten Frischkäseraviolis

Für 4 Personen

Für die Kalbshaxe
1 Kalbshaxe
Salz
1 mit Nelken gespickte Zwiebel
Pfeffer
3 EL Sonnenblumenöl
3 EL flüssige Butter
250 g Röstgemüse (Möhre, Zwiebel, Sellerie und Porree)
2 EL Tomatenmark
3 Lorbeerblätter
2 Thymianzweige
2 Rosmarinzweige
4 Nelken
5 Wacholderbeeren
1/4 l Spätburgunder Rotwein
1/2 l Kalbsfond

Für die Raviolifüllung
200 g Frischkäse
2 Eigelb
1 EL Semmelbrösel
2 EL gehackte Kräuter
Salz, Pfeffer
etwas Knoblauch zum Abschmecken

Für den Nudelteig
250–300 g Mehl (je nach der Größe der Eier)
1 EL Grieß
3 Eier, 2 Eigelbe
1 EL Öl, 1 Prise Salz

Für die Schmelze
75 g Butter
4 EL Semmelbrösel
4 EL gehackte frische Kräuter, Salz, Pfeffer

Außerdem
1 Eigelb zum Bestreichen der Ränder

Die Kalbshaxe im siedenden Salzwasser mit einer gespickten Zwiebel 1 Stunde köcheln lassen. Herausnehmen, mit Salz und Pfeffer würzen, in einen Bräter mit dem Sonnenblumenöl geben, mit Butter bestreichen und in den auf 200 °C vorgeheizten Backofen schieben. Die Haxe mehrmals wenden, bis sie eine schöne braune Farbe hat. Das geputzte und grob zerkleinerte Röstgemüse, Tomatenmark, Kräuter und Gewürze zugeben und nochmals gut Farbe nehmen lassen. Mit Rotwein und Kalbsfond ablöschen. Die Kalbshaxe noch etwa 45 bis 60 Minuten schmoren lassen. Sobald sie gar ist, herausnehmen und warm stellen.
Den Fond durch die Flotte Lotte passieren, auf etwa 1/4 l einkochen lassen und mit Salz und Pfeffer abschmecken.
Für die Raviolifüllung Frischkäse, Eigelb, Semmelbrösel und Kräuter miteinander vermischen und mit Salz und Pfeffer sowie nach Belieben mit ein wenig Knoblauch abschmecken.
Für den Nudelteig aus allen Zutaten einen geschmeidigen Teig herstellen, in Klarsichtfolie einschlagen und 30 Minuten ruhen lassen. Den Nudelteig ausrollen, die Füllung verteilen und die Ränder mit Eigelb bestreichen. Eine weitere Nudelbahn darüber legen und mit dem Teigrad die Raviolis schneiden. Die Ränder andrücken und in leicht siedendem Salzwasser 7 Minuten köcheln.
Für die Schmelze die Butter in einer Pfanne kurz aufschäumen lassen, die Semmelbrösel und Kräuter zugeben, mit Salz und Pfeffer abschmecken und die Ravioli abschmelzen.

Anrichten:
Kalbshaxe aufschneiden, mit der Sauce begießen und mit den Ravioli servieren.

Variationsvorschlag:
Die Raviolis schmecken auch sehr gut mit einer Füllung aus 3/4 Frischkäse und 1/4 geriebenem Parmesan und klein gehackten Basilikumblättchen mit einer Tomaten-Sahne-Sauce.

Mein Menüvorschlag:
Crêpesroulade mit gebeiztem Bachsaibling
Glacierte Hinterwälder Kalbshaxe mit abgeschmelzten Frischkäseravioli
Rhabarberstrudel mit Muskatellersabayon

Wein-Tipp
1997er Weißer Burgunder trocken
Qualitätswein aus Baden -Barrique-
Weingut Fischer

Martin Herrmann

Kur- & Sporthotel Dollenberg, Bad Peterstal-Griesbach

Ganz schnell und ganz leise ist er einer der Großen geworden. Als Martin Herrmann nach aufregender Zeit im „Hyatt“ in Hongkong ins beschauliche Bad Peterstal-Griesbach im Schwarzwald zurückkehrte, hat im „Dollenberg“ eine neue Ära begonnen. Die Autokennzeichen aus Belgien, Frankreich, Holland und England vor dem Haus bezeugen, dass dieses Haus längst kein Geheimtipp mehr ist.

Arbeiten, testen, lesen, probieren, entwickeln – das ist die Philosophie und das Erfolgsgeheimnis von Martin Herrmann. Neben den Einheimischen sitzt ein internationales Publikum im exquisit eingerichteten Restaurant und auf der traumhaften Aussichtsterrasse. An festlich gedeckten Tischen mit weißem Damast, schwerem Silber und Kristall und Blick auf die dunklen Tannenwipfel und satten Wiesen. Die Küche liefert ständig neue, raffinierte Kreationen, aber auch bodenständig Badisches.

So finden Sie uns:

A 5 Karlsruhe-Basel: in Appenweier abfahren, weiter auf der B 28, Richtung Oberkirch. Weitere Möglichkeit: Abfahrt Baden-Baden und weiter über die Schwarzwald-Hochstraße.

Infos auf einen Blick

Kur- & Sporthotel Dollenberg
Dollenberg 3
77740 Bad Peterstal-Griesbach
Tel.: 07806-7 80
Fax: 07806-12 72
Internet: www.dollenberg.de
e-mail: mschmiederer@t-online.de
Öffnungszeiten: kein Ruhetag
Sitzplätze: 40 im Gourmet-Restaurant, 120 im Restaurant
Kreditkarten: Amex, Eurocard, Visa,
Mit Hotel: 63 Zimmer (Badelandschaft, Bäderabteilung, Beauty-Farm, Wellness-Angebot)
Umgebung: Schwarzwald, Straßburg, Europa-Park Rust, Baden-Baden, Freudenstadt, Mummelsee

Martin Herrmann

Kur-& Sporthotel Dollenberg, Bad Peterstal-Griesbach

Mit „Essen machen" ist er groß geworden. Doch von der Gourmet-Szene hatte er noch keine Ahnung. Daheim war gute, bodenständige Kost angesagt. Die Oma hatte ein Gasthaus, der Papa war Metzger, Kantinenchef und betrieb auch einen Catering-Service. Da blieb nicht aus, dass die Kinder mit anpacken mussten. Nach der Schule ging er ins „Dollenberg" zu Spitzenkoch Meinrad Schmiederer und fing gleich zwei Mal Feuer – für den Zauber der kreativen Küche und für Ulrike, die Schwester seines Chefs. Seit neun Jahren ist sie seine Frau, verantwortlich für das anheimelnde Ambiente des Hauses und Mutter seiner zwei Kinder. Rückblende: Nach der Meisterprüfung 1992 schnupperte Martin Herrmann Küchenluft in Hongkong: acht Kochbrigaden, japanische, chinesische, deutsche Küche. Eine neue Welt tat sich auf. Doch die Liebe zu den Gerichten seiner Heimat pflegt er nach wie vor.

Gratiniertes Carré vom Kaninchenrücken auf Spargelsalat

Für 4 Personen

Für die Kaninchenjus
800 g Kaninchenknochen
3 Zwiebeln
2 Möhren
1/4 Knollensellerie (klein)
1 Lauchstange
8 Pfefferkörner
1 Thymianzweig
1 Lorbeerblatt
3 EL Tomatenmark
5 cl Madeira
5 cl Portwein
5 cl Cognac
1 l Wasser

Für das Kaninchen
4 Kaninchenrücken, ausgelöst als Carré
Salz
Pfeffer
2 EL Butterschmalz
1 TL Senf
4 Kirschtomaten
1 EL Semmelbrösel
1 EL gehackte gemischte Kräuter
Butterflöckchen zum Belegen

Für das Dressing
65 ml Champagneressig
Salz
Pfeffer
80 ml Kraftbrühe
200 ml Olivenöl

Für den Salat:
12 weiße Spargelstangen
Salz
Zucker
1/2 Zitrone
Blattsalate nach Saison (z.B. Feldsalat, Frisée, Lollo Rosso)
Für die Garnitur:
frische Gartenkräuter

Für die Kaninchenjus zerkleinerte Kaninchenknochen anbraten und dabei öfters umrühren. Wenn die Knochen Farbe angenommen haben, das geputzte und grob zerkleinerte Röstgemüse, Pfefferkörner, Thymianzweig und Lorbeerblatt zugeben und alles gut rösten. Das Tomatenmark hinzufügen und bei schwacher Hitze unter ständigem Rühren Farbe annehmen lassen. Mehrmals mit dem Alkohol ablöschen und mit Wasser auffüllen. Die Jus aufkochen, 2 bis 3 Stunden köcheln lassen und immer wieder abschäumen. Durch ein Tuch passieren, einreduzieren und bereithalten.
Die Kaninchencarrés mit Salz und Pfeffer würzen, in Butterschmalz je nach Größe 2 bis 3 Minuten braten. Dünn mit Senf bestreichen und mit Scheiben von Kirschtomaten belegen. Mit Semmelbröseln und Kräutern bestreuen, Butterflocken auflegen und unter dem Grill oder bei starker Oberhitze gratinieren. Vor dem Servieren 2 bis 3 Minuten ruhen lassen.
Für das Dressing Champagneressig mit Salz, Pfeffer und der Kraftbrühe verrühren. Nach und nach unter ständigem Rühren das Olivenöl zugeben und abschmecken.
Für den Salat Spargel schälen, die Enden abschneiden, mit Küchengarn zusammenbinden und in kochendem Salzwasser mit etwas Zucker und Zitrone bissfest garen. Spargelköpfe abschneiden und als Garnitur bereithalten.
Die Spargelstangen in gleich große Stücke schneiden und in dem Dressing circa 10 Minuten marinieren.

Anrichten:
Den Spargelsalat mitten auf den Teller geben. Die Carrés in Scheiben schneiden und auf dem Spargelsalat anrichten. Mit dem angemachten Salat, den Spargelspitzen und den frischen Gartenkräutern garnieren.
Die restliche Vinaigrette und heiße Kaninchenjus auf Tellern verteilen und sofort servieren.

Variationsvorschlag:
Anstelle von Kaninchen können Sie den Spargelsalat auch mit in Butterschmalz gebratener Wachtelbrust gewürzt mit Salz und Pfeffer aus der Mühle servieren.

Mein Menüvorschlag:
Gratiniertes Carré vom Kaninchenrücken auf Spargelsalat
Kalbsfilet in der Schalottenkruste auf getrüffeltem Lauch, Portweinsauce und gebackenen Maiscrêpes
Schokoladentropfen mit Cappuccinomousse

Wein-Tipp
1998er Schwarzriesling
Rotwein trocken
Schlossgut Graf von Neipperg

Rudolf Karr

Hotel-Restaurant Adler, Langenargen

Wenn den Fischern vom Bodensee ein besonderer Fang ins Netz geht, nehmen sie Kurs auf Langenargen. Denn bei Rudolf Karr im Adler werden sie immer mit offenen Armen empfangen. Der hat sich mit seinen traumhaften Fisch-Menüs schon einen Stern erkocht. Doch kein Grund für Fleischfans, einen Bogen um dieses bezaubernde Haus zu machen. Denn auch sie kommen voll auf ihre Kosten.

Die Gäste kommen oft 100 km und mehr gefahren, und das, obwohl es rund um den Bodensee gleich sieben Sternerestaurants gibt. Reine, unverfälschte Genüsse – so das Credo des Adler-Wirts, beim Fisch wie beim Fleisch. Er hält nichts von wilden Experimenten, aber viel von leichter Klassik, einem Touch Frankreich, einer Prise Italien und einer Menge „Rudolf Karr".

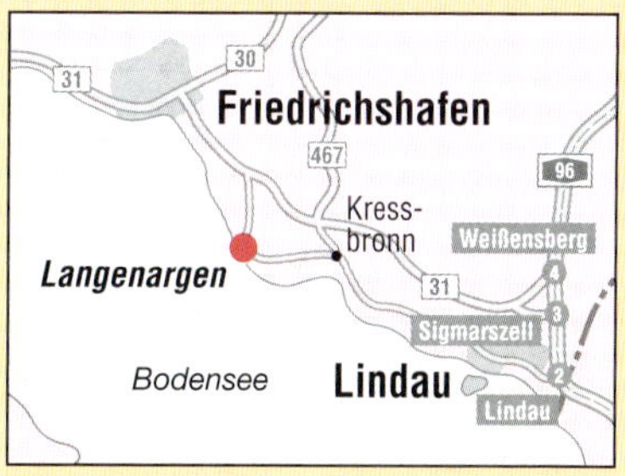

So finden Sie uns:
Aus Richtung Stuttgart auf der A 81 und A 98 bis Stockach, weiter auf der B 31 über Überlingen und Friedrichshafen. Aus Richtung Ulm auf der B 30 über Ravensburg und Friedrichshafen. Aus München auf der A 96 über Lindau.

Infos auf einen Blick
Hotel-Restaurant Adler
Oberdorfer Str. 11
88085 Langenargen
Tel.: 07543-30 90
Fax: 07543-3 09 50
Internet: www.hotelkarr.de
e-mail: karr.hotel.adler@t-online.de
Öffnungszeiten: November-Mai: Sonntag und Montag Ruhetage, Mai–November: Sonntag und Montagmittag geschlossen
Sitzplätze: 45
Mit Hotel: 14 Zimmer
Umgebung: Bodensee, Blumeninsel Mainau, Meersburg, Bregenz, Lindau, Graf-Zeppelin-Haus in Friedrichshafen, Rheinfall in Schaffhausen

Rudolf Karr

Hotel-Restaurant Adler, Langenargen

Als kleiner Bauernbub in Franken war er nicht aus der Küche des Gastwirts in der Nachbarschaft rauszubringen. Als der Vater ihm eine Lehrstelle suchen wollte, bestand er auf eine am Herd. Für ihn war das die einzige Alternative zur Schule, die er gern länger besucht hätte. Erfahrungen sammelte Rudolf Karr u. a. im Parkhotel Vitznau am Vierwaldstättersee, im Brenner's in Baden-Baden, im Bristol in Paris, im Eden Roc in Antibes, im Dreisternetempel L'Oasis in Südfrankreich. Im Tantris in München war er Sous-Chef bei Winkler. Wenn der vielfach ausgezeichnete Koch am Herd steht, kümmert sich seine Frau Irene um die beiden Restauranträume, denen Mahagonitäfelung, antike Möbel und Porzellanfiguren ein warmes Ambiente geben. Und um das kleine Hotel mit den altmodisch knarrenden Stiegen – und um die sechs Karr-Sprösslinge. Kinder, finden die stolzen Eltern, seien der optimale Ausgleich zum täglichen Stress.

Quiche Lorraine an kleinem Salat mit Joghurtdressing

Für 6 Personen

Für den Teig
150 g Mehl
75 g kalte Butter
1/2 Ei
1–2 EL Wasser
Mehl zum Bestäuben
Butter zum Einfetten

Für die Füllung
175 g Porree
175 g Zwiebeln
Salz
125 ml Milch
350 g Sahne
4 Eier
Pfeffer
Muskat
150 g gekochter Schinkenwürfel oder milder Bauchspeck
175 g geriebener Käse

Für das Joghurtdressing
250 g Joghurt
1 EL Dijon-Senf
1 frisches Eigelb
Salz
Pfeffer
2 EL Orangensaft
1 EL Olivenöl
1 EL Pflanzenöl
Salz
Pfeffer
Zucker
Zitronensaft zum Abschmecken

Für den Salat
verschiedene Blattsalate je nach Saison

Für die Garnitur
etwas frischer Kerbel

Für den Teig Mehl auf eine Tischplatte sieben, klein geschnittene Butter dazugeben und alles zwischen den Händen zu Brösel verreiben. In die Mitte eine Mulde machen, das Ei und Wasser zugeben und zu einem Teig vermengen. Den Teig in eine Klarsichtfolie einpacken und 1 Stunde ruhen lassen.
Anschließend auf einer bemehlten Arbeitsfläche circa 2 mm dick ausrollen. Eine Backform von 30 cm Durchmesser oder das Backblech dünn ausbuttern, mit Mehl bestäuben, abklopfen, dann den ausgerollten Teig darauf auslegen.
Für die Füllung Porree und Zwiebeln in Würfel schneiden, waschen und in kochendem Salzwasser kurz blanchieren. Abgießen und ausdrücken. Milch, Sahne und Eier gut verrühren, mit Salz, Pfeffer und Muskat abschmecken.
Den Boden nun mit Porree, Zwiebeln und Schinken belegen, die Eimasse angießen, mit dem Käse bestreuen und bei 160 °C etwa 25 bis 30 Minuten goldbraun backen.
Für das Joghurtdressing alle Zutaten in eine Schüssel geben und mit dem Stabmixer gut durchmixen. Mit Salz, Pfeffer, Zucker und Zitronensaft abschmecken.

Anrichten:
Quiche aufschneiden, mit Blattsalaten anrichten. Das Joghurtdressing über die Blattsalate träufeln und mit Kerbel ausgarnieren.

Variationsvorschlag:
Verwenden Sie für ein vegetarisches Gericht, anstelle von gekochtem Schinken, die gleiche Menge kurz in Butter geschwenkter Pfifferlinge oder Champignons.

Mein Menüvorschlag:

Quiche Lorraine an kleinem Salat mit Joghurtdressing
Cordon bleu von Steinbutt und Lachs auf Noilly-Pratsauce mit Gemüse-Kartoffelstroh
Millefeuille mit Bodensee-Erdbeeren und zweierlei vom Rhabarber

Wein-Tipp

1997er Riesling Grand Cru Kitterle
Appellation Alsace Grand Cru Contrôlée
Domaines Schlumberger

Jürgen Koch

Hotel- Restaurant Laurentius, Weikersheim

Edelfische, Trüffeln, aber auch eine Maultäschle-Bouillon – Raffiniertes und Regionales auf Top-Level zu servieren ist für Jürgen und Sabine Koch eine Herausforderung, die sie mit Bravour bestehen. Da sind nämlich zwei am Werk, die kometenhaft in den kulinarischen Himmel aufgestiegen sind.

Das hübsche, vanillegelbe Giebelhaus direkt am Marktplatz birgt ein romantisch-rustikales Gewölberestaurant mit Damast, Silber und Kristall. Darüber eine Brasserie für ein Business-Menü oder ein leichtes Abendessen. Sabine Koch kümmert sich um den Wein und die Gäste, ihr Mann Jürgen um den Herd. Was aber nicht ausschließt, dass sich die beiden nicht ab und zu einen vergnüglichen Wettstreit in der Küche liefern, wenn es um die Entwicklung neuer Rezepte geht.

So finden Sie uns:

A 3 Nürnberg-Würzburg: Abfahrt Würzburg–Heidingsfeld, dann über die B 19 bis Weikersheim. A 6 Ansbach–Heilbronn: Abfahrt Crailsheim oder Rothenburg. A 7 Abfahrt Rothenburg o. T. , weiter nach Weikersheim oder Abfahrt Gollhofen über Aub. A 81 Heilbronn–Frankfurt: Abfahrt Boxberg/Bad Mergentheim.

Infos auf einen Blick

Hotel- Restaurant Laurentius
Marktplatz 5, 97990 Weikersheim
Tel.: 07934-9 10 80
Fax: 07934-91 08 18
Internet:
www.flairhotel.com/laurentius
e-mail: koch-kunst@t-online.de
Öffnungszeiten: Gewölberestaurant Dienstag Ruhetag
Sitzplätze: 50. Brasserie: 50
Kreditkarten: Amex, Diners, Eurocard, Visa, Ec-Karte
Mit Hotel: 12 Zimmer
Umgebung: Die Weinberge um Weikersheim, Riemenschneider-Altar in Creglingen, Rothenburg o.T., Wallfahrtskirche in Laudenbach, Wildpark in Bad Mergentheim

Jürgen Koch

Hotel-Restaurant Laurentius, Weikersheim

Vom Berggasthof bis zu den großen Nobeladressen in Deutschland, in der Schweiz, in den USA und Mexiko ließ er nichts aus. Danach war der Weg ins elterliche Haus in Weikersheim klar vorgezeichnet. Mit seiner Frau Sabine, die sich ihr Können bei Scherrer in Hamburg, bei Jörg Müller auf Sylt und in der Kleber Post in Saulgau holte, fand er eine adäquate Partnerin. Kochlöffel, Hauben, Punkte – sie flogen ihm zu. Er hat neben dem Kochen und Sabine aber noch eine dritte Liebe: sein altes englisches Triumph-Cabrio. Hinein ins Blaue, mehr als 80 gibt das nicht her, mit Frau und Sohn picknicken, abschalten, in den Himmel gucken – und dann an den Herd zurückeilen und Neues ausprobieren. Auf diese Weise kommt es dann zu Kreationen wie z. B. seinem legendären Zander in der Schwarzwurstkruste oder zu weißem Trüffeleis mit Ananas-Kümmelragout.

Schwäbisch-Hällische Sauhaxenscheibe aus der Holunderbeize mit Erbsenpüree und Kräuterstroh

Für 4 Personen

Für die Haxen und die Sauce

8 Schwäbisch-Hällische Sauhaxenscheiben
1/2 l Holundersaft
1/2 l Rotwein
1/8 l Holunderessig oder anderer Obstessig aus dunklen Früchten
je 1 TL zerstoßener Wacholder, Nelke, Pfeffer und Lorbeer
2 EL Sojasauce
3 EL Schweineschmalz oder Öl
200 g Röstgemüse (Zwiebel, Sellerie, Möhre)
50 g Tomatenmark
3 EL Holunderbeeren
5 zerdrückte eingelegte grüne Pfefferkörner
gemahlener Kümmel, Koriander, Nelken und Kardamom
1 EL Mondamin
1 EL flüssige Butter

Für das Erbsenpüree

500 g frische ausgebrochene Erbsen (oder TK)
Salz
2 EL Butter
Muskat, Pfeffer
100 g Crème fraîche
1 TL Pfefferminzgelee oder frische Minze
50 g Sahne

Für die Garnitur

Wild- oder Gartenkräuter
Butterschmalz zum Frittieren
etwas Wurzelgemüse nach Saison
Butter zum Schwenken

Die Haxen beim Kauf wie für Ossobuco schneiden lassen (3 bis 4 cm dick). In eine Edelstahlschüssel geben. Holundersaft, Rotwein, Essig, Kräuter und Gewürze und Sojasauce aufkochen und diesen Sud nach dem Abkühlen über die Haxenscheiben gießen, so dass alle Scheiben bedeckt sind. Circa 1 Woche marinieren, jeden zweiten Tag wenden.

Die Haxen dem Sud entnehmen und trockentupfen. In heißem Fett von beiden Seiten anbraten, aber nicht zu dunkel. Das geputzte und grob zerkleinerte Röstgemüse zugeben und weiterbraten. Das Tomatenmark zufügen, noch kurz rösten und mit der Beize ablöschen. In diesem Fond in der Bratröhre bei 160 °C 1 1/2 Stunden langsam weich schmoren. Darauf achten, dass der Fond nicht einbrennt. Gegebenenfalls mit etwas Rotwein nachlöschen. Wenn die Haxenscheiben weich sind, entnehmen und gut abgedeckt warm stellen.

Den Fond passieren, Holunder und Pfefferkörner zufügen und mit den gemahlenen Gewürzen abschmecken. Die kräftige Sauce mit angerührter Stärke ganz leicht abbinden. Vor dem Servieren die Haxenscheiben mit etwas Butter beträufeln und im heißen Ofen erhitzen, bis sie knusprig sind.

Für das Erbsenpüree die Erbsen in Salzwasser blanchieren, abschrecken, mit Butter, Salz, Muskat und Pfeffer kurz andünsten. Crème fraîche und Minzgelee zufügen und die abgeschmeckten Erbsen mit dem Mixstab grob pürieren. Erst kurz vor dem Servieren die geschlagene Sahne unterheben.

Für die Garnitur Wild- oder Gartenkräuter nach Wahl kurz in Butterschmalz frittieren, auf Küchenpapier abtropfen lassen und ganz leicht salzen und pfeffern. Je nach Saison einige Sellerie- oder Petersilienwurzeln oder weiße Rübchen kurz blanchieren und in Butter schwenken.

Anrichten:

Die Haxenscheiben mit der Sauce auf Teller geben, das Erbsenpüree dazu anrichten und mit Kräuterstroh und Gemüse garnieren.

Variationsvorschlag:

Das Erbsenpüree schmeckt auch sehr lecker mit Kalbs- oder Lammhaxe.

Mein Menüvorschlag:

Taubenbrust mit Dragées und Trester geflämmt
Sauhaxenscheibe aus der Holunderbeize mit Erbsenpüree und Kräuterstroh
Birnenschnitz-Grünkern-Grütze mit Rumtopfjus und Mascarponeeis

Wein-Tipp
1999er Fleurie
Appellation Contrôlée
Georges Duboeuf

Markus Nagy

Restaurant Villa Hammerschmiede, Pfinztal-Söllingen

Am Rande des Nordschwarzwaldes, zwischen Pforzheim und Karlsruhe, steht eine luxuriöse Gründerzeitvilla, die ebenso gut am Gardasee stehen könnte. Gleich daneben ein lichtweißer Pavillon – das Restaurant Villa Hammerschmiede. So wie das Ambiente ist auch die Küche: eine wunderbare Melange aus mediterranen Einflüssen und badischer Bodenständigkeit.

Die 100 Jahre alte Jugendstilvilla Hammerschmiede wurde 1989 von Norbert Schwalbe gekauft und in Gemeinschaftsarbeit mit Frau, Tochter und Schwiegersohn in ein exklusives Luxushotel verwandelt. Das Dreigestirn teilt sich Arbeit und Verantwortung: Annette, Tochter des Besitzers, managt das Hotel, ihr Ehemann Sebastian Feldmann leitet den Restaurantbereich und den üppig ausgestatteten Weinkeller. Und in der Küche herrscht Marcus Nagy, einer jener jungen, begabten Köche die – so scheint es – fast mühelos mit Mützen, Sternen, Bestecken, Kochlöffeln und Punkten jonglieren.

So finden Sie uns:
A 8 aus Richtung München und Stuttgart, Abfahrt Pforzheim-West, weiter auf der B 10,
A 5 Karlsruhe–Frankfurt: bei Karlsruhe-Durlach abfahren, weiter auf der B 10. Das Restaurant liegt an der B 10 zwischen Kleinsteinbach und Söllingen.

Infos auf einen Blick
Hotel und Restaurant
Villa Hammerschmiede
Hauptstr. 162
76327 Pfinztal-Söllingen
Tel.: 07240-60 10
Fax: 07240-60-160
Internet:
www.villa-hammerschmiede.de
e-mail:
info@villa-hammerschmiede.de
Öffnungszeiten: kein Ruhetag
Sitzplätze: 80
Kreditkarten: Amex, Diners, EC-Karte, Visa
Mit Hotel: 25 Zimmer, 5 Suiten
Umgebung: Pfinztal, Pforzheim, Baden-Baden, Schwarzwald, Kloster Maulbronn, Golfplatz (8 km entfernt)

Markus Nagy

Restaurant Villa Hammerschmiede, Pfinztal-Söllingen

Er bekochte Queen Elizabeth II., Margaret Thatcher, Michail Gorbatschow und häufig den Stammgast Helmut Kohl, damals im Schwarzen Hahn im Deidesheimer Hof. Das war, bevor er in die Villa Hammerschmiede einzog. Lange Lehr- und Wanderjahre haben ihn auf dieses Haus vorbereitet. Er war gerade 16 Jahre alt, als er im Hotel Europa in Kehl zum ersten Mal am Herd stand. Den Feinschliff erhielt er bei Scherrer und Bareiss. Die Liebe zur Gastronomie liegt in der Familie. Sein Vater, gebürtiger Ungar, hat im alten Adlon in Berlin gearbeitet. Auch die beiden Brüder, älter als er, sind Köche geworden. Seine Stärke ist die Freude am Kombinieren, seine besondere Liebe gilt dem Fisch, fangfrisch aus der Bretagne oder aus Neuseeland.
Auf einen bestimmten Stil festlegen lassen will er sich nicht. „Meine Cuisine ist meine Cuisine, da guck' ich nirgends ab", sagt er selbstbewusst.

Ziegenkäse mal anders

Für 4 Personen

Für die Variationen
1 Rolle Ziegenfrischkäse St. Mure (ca. 14 cm lang)
1 Ziegenkäse Crottin de Chavignol (ca. 11 cm lang)

Für Ziegenkäse im Reisblatt
Salz, Pfeffer
2 EL Balsamico-Essig
2 Reisblätter von 16 cm Durchmesser (Asia-Markt)
1 Eiweiß
1 EL Butterschmalz

Für Ziegenkäse im Kartoffelrösti
Salz, Pfeffer
1 große mehlig kochende Kartoffel
1 Thymianzweig
1 Knoblauchzehe
Olivenöl

Für Ziegenkäse mit Walnüssen
Salz, Pfeffer
1 EL Walnussöl,
4 Walnüsse

Für das Tatar
1 Schalotte
1 vollreife Tomate
2 TL Joghurt, 2 TL Milch
1 TL Sauerrahm
je 1 Rosmarin- und Thymianzweig
Salz, Pfeffer
Schalottenessig, Olivenöl
1 Scheibe Vollkornbrot
2 Radieschen

Für die Garnitur:
1 Bund Rucola
2 Radieschen
3 EL Olivenöl
2 EL Balsamico-Essig
Salz, Pfeffer

Für den Ziegenkäse im Reisblatt von dem St. Mure 2 Scheiben von 1,5 cm Dicke abschneiden. Mit Salz, Pfeffer und Balsamico circa 1 Stunde marinieren. Die Reisblätter auf ein gut feuchtes Küchentuch legen, mit einem gut feuchten Küchentuch bedecken und circa 15 Minuten darin einweichen. Anschließend auf ein trockenes Tuch legen, dabei aufpassen, dass sie nicht zerreißen. Die Blätter halbieren, mit Eiweiß bestreichen, je 1/2 Scheibe Ziegenkäse darauf legen und einschlagen. Butterschmalz in einer Teflonpfanne erhitzen, die Päckchen einlegen, und von beiden Seiten kross braten.
Für den Ziegenkäse im Kartoffelrösti von dem St. Mure 4 Scheiben von 1 cm Dicke salzen und pfeffern. Die Kartoffel fein reiben, im Tuch ausdrücken, Thymian und Knoblauch klein hacken und zugeben und mit Salz, Pfeffer, Olivenöl abschmecken. Die Scheiben mit der Kartoffelmasse einpacken (nicht an den Seiten), gut andrücken, und in einer Teflonpfanne mit 1 Esslöffel Olivenöl goldbraun braten.
Für den Ziegenkäse mit Walnüssen 4 Scheiben Crottin de Chavignol von 1,5 cm Dicke mit Salz und Pfeffer leicht würzen, unter dem Grill gratinieren, mit etwas Walnussöl beträufeln und mit gehackten Walnüssen bestreuen.
Für das Tatar die Schalotte schälen und fein würfeln. Tomate häuten, entkernen und das Fruchtfleisch fein würfeln. 3 Scheiben von 1,5 cm Dicke vom St. Mure schneiden, würfeln und mit Joghurt, Milch und Sauerrahm verrühren. 2 Scheiben von 1,5 cm Dicke vom Crottin de Chavignol schneiden, würfeln und unter den St. Mure heben. Rosmarin und Thymian fein hacken. Schalottenwürfel, Tomaten und Kräuter dazugeben und alles vorsichtig miteinander vermischen. Mit Salz, Pfeffer, Schalottenessig und Olivenöl abschmecken.
Die Vollkornscheibe circa 5 cm groß ausstechen und in etwas heißem Olivenöl kross anbraten, auf Küchenpapier abtropfen und das Tatar mit Radieschenstreifen garniert darauf anrichten.

Anrichten:
Den geputzten und gewaschenen Rucola und die in Scheiben geschnittenen Radieschen mit Olivenöl, Balsamico, Salz und Pfeffer abschmecken und auf die Tellermitte geben. Nun die verschiedenen heißen und kalten Käse um das Salatbouquet auf den Tellern anrichten.

Variationsvorschlag:
Die verschiedenen Variationen können auch jede einzeln zubereitet werden und mit Blattsalaten serviert werden.

Mein Menüvorschlag:
Terrine von Sommergemüse mit weißem Spargel auf Tomatengelee und Ratatouille-Vinaigrette
Knusprig gebratene ligurische Sardinenfilets
Ziegenkäse mal anders

Wein-Tipp
1999er Pouilly-Fumé
»Les Cailloux Silex«
Appellation Contrôlée
Domaine Jean-Claude Chatelain

LIONS
CLUB
RESTAURANT
VERANSTALTUNGEN

Christian Ottenbacher

Hotel Adler, Asperg

Schwäbische Gastlichkeit, die seit Generationen mit überzeugtem Traditionsbewusstsein gepflegt wird, eine familiäre, sehr persönliche Atmosphäre in Verbindung mit internationalem Flair zeichnen das 4-Sterne-Hotel und die Küche des „Adler" aus. Bereits in der vierten Generation versteht es die Familie Ottenbacher, den Spitzenbetrieb auf seinem hohem Niveau zu halten.

Zum 150-jährigen Jubiläum, das vor zwei Jahren gefeiert wurde, konnten die Ottenbachers das Lob einheimsen, zu den „Aushängeschildern der Region" zu zählen. Das Restaurant soll dennoch ein Lokal „für fast alle Schichten der Bevölkerung" sein. Die Speisekarte ist darauf ausgewogen abgestimmt. Da gibt es neben Bodenständigem auch wunderbare Mischungen aus dem Ländle und den Ländern. Die Folgen blieben nicht aus: Mit Christian Ottenbacher wurde im Februar 2000 erstmals ein Deutscher zum Präsident der Jeunes Restaurateurs d'Europe ernannt.

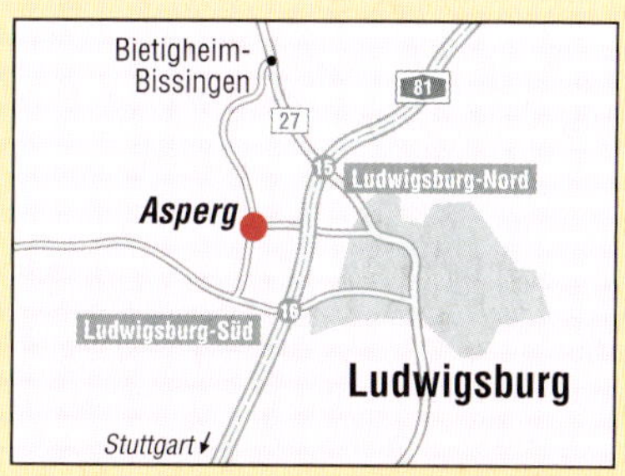

So finden Sie uns:

Aus Richtung Stuttgart auf der A 81: Ausfahrt Ludwigsburg Süd, 4 km bis Asperg. In Asperg immer geradeaus der Hauptstraße folgen.

Infos auf einen Blick

Hotel Adler, Ringhotel Asperg
Stuttgarter Str. 2, 71679 Asperg
Tel.: 07141-2 66 00
Fax: 07141-26 60 60
Internet: www.hotel-adler-asperg.com
e-mail: info@hotel-adler-asperg.com
Öffnungszeiten: Montag mittag geschlossen
Sitzplätze 100 (2 Räume), Sonnenterrasse
Kreditkarten: Amex, Diners Club, Eurocard, Visa
Mit Hotel: 71 Zimmer und Appartements
Umgebung: Stuttgart: zoologisch-botanischer Garten „Wilhelma", Musicals im SI-Centrum, Ludwigsburger Barockschloss, Schiller-Nationalmuseum

Christian Ottenbacher

Hotel Adler, Asperg

Nach dem Abi hat es ihn nicht lange in seinem Heimatstädtchen Asperg gehalten, aber dass er dorthin zurückkehren würde, war klar. Superstart als Azubi: Lothar Eiermann im Schlosshotel Friedrichsruhe nahm ihn unter seine Fittiche. Danach ab nach Basel zu Altmeister Hans Stucki, nach Paris ins Bristol, ins Palais Schwarzenberg in Wien. Sprung über den großen Teich nach New Orleans ins Royal Sonesta, zurück nach Heidelberg zur Ausbildung zum Hotelbetriebswirt. Nach dem Ferienjob bei den Olympischen Spielen in Barcelona lockte das Ritz Carlton in Cleveland, USA, danach das Arts in Barcelona. Im Februar 2000 wurde er als erster Deutscher zum neuen Präsidenten der Jeunes Restaurateurs d'Europe gewählt. Da bei dieser Aufgabe nicht mehr so viel Zeit für die Küche bleibt, wird sie ganz in seinem Sinne heute von Küchenchef Peter Auer (Foto links) geführt.

Rosa gebratenes Rehnüsschen mit Quitten-Korinthen-Sauce, frischen Pfifferlingen und Schupfnudeln

Für 6 Personen

Für Fleisch und Sauce
1 Rehkeule, ca. 1,5 kg schwer (vorbestellen)
Butterschmalz
100 g Wurzelgemüse
2 EL Tomatenmark
1/2 l kräftiger Rotwein
1 l brauner Grundfond oder Wasser
einige Wacholderbeeren
1 Lorbeerblatt
einige Pfefferkörner
1 EL Thymianblättchen
1 EL Rosmarinnadeln
5 cl Portwein
1 EL Quittengelee
Salz, Pfeffer
1 EL Mondamin
80 g Butter
50 g Korinthen, eingeweicht

Für die Schupfnudeln
400 g gekochte Kartoffeln vom Vortag
50 g Mehl
50 g Stärke
1 Ei
1 Eigelb
Salz, Pfeffer, Muskat
Mehl zum Bestäuben
Butterschmalz zum Braten

Für die Pilze
300 g frische Pfifferlinge
2 Schalotten
30 g geräucherter Bauchspeck
je 1 EL Butterschmalz und Butter
etwas Knoblauchöl
Salz
Pfeffer
1 EL gehackte glatte Petersilie

Die Rehkeule beim Kauf in ihre Einzelteile zerlegen und von allen Sehnen befreien lassen, Knochen und Sehnen klein hacken lassen. Die Knochen und Sehnen der Keule mit etwas Buttaris in einem Topf gut anrösten, Wurzelgemüse und Tomatenmark dazugeben, weiter rösten bis keine rote Farbe des Tomatenmarks mehr vorhanden ist. Mit dem Rotwein nach und nach ablöschen und immer wieder einkochen lassen, mit dem Grundfond, den Gewürzen und Kräutern auffüllen und langsam auf ein Viertel einkochen, dabei immer wieder abschäumen, damit die Sauce schön glänzt.
Die Sauce durch ein feines Sieb passieren, mit Portwein, Quittengelee, Salz und Pfeffer abschmecken. Mit Mondamin noch etwas abbinden. Zum Schluss mit 50 g der Butter in kleinen Würfeln verfeinern und die Korinthen beigeben.
Die Rehnüsschen mit Salz und Pfeffer würzen und in einer Pfanne in der restlichen Butter rundum anbraten, danach im vorgeheizten Backofen bei 160 °C etwa 12 bis 15 Minuten garen, anschließend warm stellen und zugedeckt etwa 5 Minuten ruhen lassen.
Das Fleisch kurz vor dem Anrichten aus dem Ofen holen.
Für die Schupfnudeln die Kartoffeln schälen und durch die Kartoffelpresse drücken, mit Mehl, Stärke, Ei und Eigelb vermischen und mit den Gewürzen abschmecken. Die Masse in fingerdicke Rollen drehen und 2 cm lang abschneiden, danach auf einem leicht bemehlten Brettchen mit der leicht gewölbten Handfläche abdrehen. Im kochenden Wasser 5 Minuten kochen und danach im Eiswasser abschrecken. Abtropfen lassen und in der Pfanne goldgelb braten. Die Pfifferlinge putzen und säubern. Schalotten schälen und in feine Würfel schneiden. Bauchspeck ebenfalls in feine Würfel schneiden. Die Pfifferlinge in einer sehr heißen Pfanne in Butterschmalz oder Butter kurz anbraten, alle Zutaten bis auf die frischen Kräuter hinzugeben, die Temperatur verringern und noch ein paar Minuten garen lassen. Mit Salz und Pfeffer abschmecken und mit den frischen Kräutern bestreuen.

Anrichten:
Erst etwas Sauce auf die Teller geben, Rehnüsschen darauf platzieren, Pfifferlinge und Schupfnudeln daneben anrichten

Variationsvorschlag:
Die Schupfnudeln schmecken auch sehr gut nur mit Apfelkompott oder Sauerkraut mit kleinen Speckwürfeln.
Als Vorspeise die Pfifferlinge mit Feldsalat servieren.

Mein Menüvorschlag:

Praline von Jakobsmuschel und Seezunge auf Spargelragout
Rosa gebratenes Rehnüsschen mit Quitten-Korinthen-Sauce, frischen Pfifferlingen und Schupfnudeln
Schokoladentropfen mit Vanillecreme und Sauerkirschen

Wein-Tipp

1996er Cabernet-Shiraz
»BIN 389«
South Australia
Penfolds

Krombacher
Pils

Krombacher

Sackmann

Jörg Sackmann

Restaurant Schloßberg im Hotel Sackmann, Baiersbronn-Schwarzenberg

Man könnte annehmen, dass von drei Sterneköchen in einer kleinen Stadt mindestens zwei zu viel sein könnten. Nicht so in Baiersbronn. Dieses reizvolle Städtchen im Murgtal hat sich als kulinarisches Dreieck einen Platz ganz oben auf der Bekanntheitsskala erobert. Neben der Traube-Tonbach und dem Bareiss etablierte sich das Restaurant Schloßberg.

Anfangs gab es im Hotel Sackmann das "Restaurant Silberberg" nur für Hausgäste und die rustikale „Anita-Stube", in der Feriengäste Schwarzwälder Spezialitäten bekamen. Doch das war dem talentierten und top ausgebildeten Junior zu wenig. Der kreative Umgang mit Produkten, die Perfektion bis ins Detail, die Leidenschaft für die Kochkunst bei seinen großen Lehrmeistern hatten Spuren hinterlassen. Er entwickelte seinen eigenen Stil und so wurde das Hotel Sackmann um ein Restaurant reicher: das Restaurant Schloßberg, ein Mekka für Gourmets. Der Gault Millau schwärmte von Jörg Sackmann als dem „Christo der Küche".

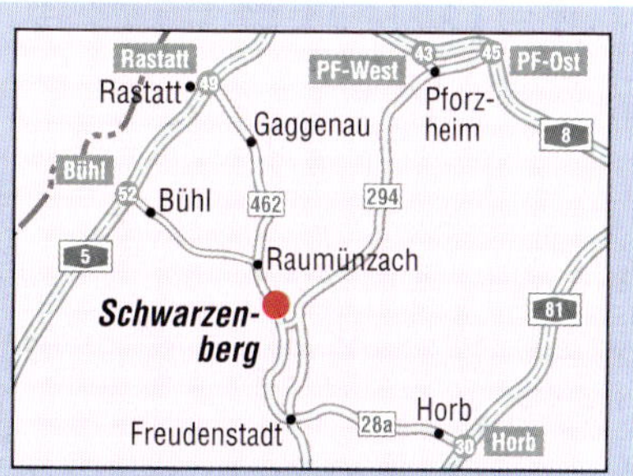

So finden Sie uns:

A 5 Karlsruhe–Basel: Ausfahrt Rastatt, weiter auf der B 462. Oder Ausfahrt Bühl, weiter auf der B 3, ins Murgtal Richtung Baiersbronn-Freudenstadt. Oder Autobahn A 81 Stuttgart–Singen: Ausfahrt Horb, auf der B 28a/28 über Freudenstadt nach Baiersbronn-Schwarzenberg.

Infos auf einen Blick

Restaurant Schloßberg
im Hotel Sackmann
Murgtalstr. 602
72270 Baiersbronn-Schwarzenberg
Tel.: 07447-28 90
Fax: 07447-28 94 00
Inernet: www.hotel-sackmann.de
e-mail:
info-hotel-sackmann@t-online.de
und info@hotel-sackmann.de
Öffnungszeiten: Montag und Dienstag Ruhetag, abends geöffnet
Sitzplätze: 24. So. mittag Schwäb. Küche
Kreditkarten: Amex, Visa, Diners, EC
Mit Hotel: 65 Zimmer und Appartements (Hallenbad, Bäderabteilung)
Umgebung: Schwarzwald, Freudenstadt, Baden-Baden

Jörg Sackmann

Restaurant Schloßberg im Hotel Sackmann, Baiersbronn-Schwarzenberg

Sein Start begann mit einem Paukenschlag: in der Traube-Tonbach. Zwei Jahre bei Henry Levy im Maître, Berlin, Meisterschule in Baden-Baden und Brenner's Parkhotel, zwei Jahre bei Witzigmann in der Aubergine in München. 1988 kehrte der Jüngste des Sackmann-Clans zurück an den heimischen Herd. Doch bald war klar, daß er seine eigene Küche brauchte, um sich kreativ austoben zu können. In seinem Schloßberg kochte er sich in kürzester Zeit zu Sternen, Kochlöffeln und Punkten hoch – mit Regionalem und Traditionellem. Das Ganze ohne Schnickschnack. Konkurrenz zu den beiden kochenden Mitstreitern im Murgtal? Nein, eher ein gedeihliches Nebeneinander, findet der Starkoch. Gekocht wird aber auch außer Haus: Beim Kanzlerfest, bei der Verleihung der Goldenen Kamera in Berlin, – Jörg Sackmann war dabei. Im neuen Gault Millau zählt er zu den zehn Hoffnungsträgern der deutschen Gastronomie.

Roulade von der Poulardenkeule mit altem Balsamico und Erbsenrisotto

Für die Roulade
250 g Schweinenetz (beim Metzger vorbestellen)
2 große rote Paprikaschoten
300 ml Olivenöl
Salz
Pfeffer
2 Knoblauchzehen
1 Thymianzweig
4 Poulardenkeulen
250 g Renchtäler Rahmkäse
12 frische Minzeblätter
1 EL Butter
alter Balsamico-Essig (mind. 12 Jahre alt)

Für das Erbsenrisotto
240 g Risottoreis
2 EL Zwiebelwürfel
50 g Butter
2 EL Olivenöl
1 Thymianzweig
1 Knoblauchzehe
1 Lorbeerblatt
ca. 700 ml Geflügelfond
50 g geriebener Parmesan
200 g frische Erbsen (oder TK)
1 EL gekochte Schinkenwürfel
Salz
Pfeffer
Muskat
100 g Sahne
1 EL klein geschnittene frische Minze

Für die Roulade das Schweinenetz 4 Stunden in kaltem Wasser wässern. Die Paprikaschoten halbieren, das Kerngehäuse entfernen, mit 2 Esslöffel Olivenöl beträufeln und etwa 30 Minuten bei 120 °C im Backofen garen. Die Haut abziehen und in etwa 200 ml Olivenöl zusammen mit Salz, Pfeffer, gehacktem Knoblauch und Thymian marinieren.

Inzwischen die Poulardenkeulen auslösen (Knochen und Sehnen entfernen), mit der Hautseite nach unten auf Klarsichtfolie legen und leicht flach klopfen. Mit Salz und Pfeffer würzen. Die Keulenstücke in eine rechteckige Form bringen, die Paprika aus der Marinade nehmen, etwas abtupfen und ebenfalls in eine rechteckige Form bringen.

Paprika auf eine Folie legen, leicht plattieren und mit Salz und Pfeffer würzen. Den Käse in 4 gleich große, runde Stangen formen. Auf jede Paprika 1 Käsestange legen, mit 3 Minzeblättern belegen und mit Hilfe der Folie fest in die Paprika einrollen.

Diese Rolle auf die Keulenstücke geben, Folie entfernen und so einrollen, dass die Keule etwas überlappt. Das gut gewässerte Schweinenetz ausdrücken, in 4 gleich große Stücke schneiden, flach auf ein Brett legen und die Fleischstücke mit etwa drei Umdrehungen fest darin einrollen.

Die Rouladen gut trockentupfen, 4 Esslöffel Olivenöl in einer Pfanne erhitzen und die Rouladen ringsum leicht anbraten. Im Backofen bei 180 bis 200 °C etwa 8 bis 10 Minuten fertig garen, dabei mehrmals mit dem Bratenfett übergießen. Die Butter erst zum Schluss zugeben.

Für das Risotto Reis mit kaltem Wasser zwei- bis dreimal waschen und mit 1 Esslöffel Zwiebelwürfel in 1 Esslöffel Butter anschwitzen. Das Öl dem Reis zugeben und unter ständigem Rühren so lange anschwitzen, bis dieser glasig wird. Thymianzweig, den geschälten, in Scheibchen geschnittenen Knoblauch und das Lorbeerblatt dazugeben. Nach und nach kochenden Geflügelfond dazugeben und unter ständigem Rühren garen. Thymianzweig und Lorbeerblatt kurz vor Ende der Garzeit wieder entfernen. Parmesan und restliche Butter untermischen.

Erbsen blanchieren oder auftauen lassen, mit den restlichen Zwiebelwürfeln und dem Schinken anschwitzen. Dem Risotto zugeben. Mit Salz, Pfeffer und Muskat abschmecken. Kurz vor dem Anrichten geschlagene Sahne und Minze unterheben.

Das Risotto soll saftig sein, die Körner müssen ganz bleiben. Möglichst gleich servieren, damit der Reis feinkörnig bleibt.

Anrichten:
Risotto in die Mitte geben, die Rouladen mehrmals schräg durchschneiden und darauf setzen. Mit altem Balsamico beträufeln.

Variationsvorschlag:
Das Erbsenrisotto schmeckt auch sehr gut mit in Olivenöl gebratenen und mit etwas Knoblauch abgeschmeckten Garnelen.

Mein Menüvorschlag:
Gurkencarpaccio mit Flusskrebsen und Senfkörner-Vinaigrette
Roulade von der Poulardenkeule mit altem Balsamico und Erbsenrisotto
Vanillegipfelterrine

Wein-Tipp
1998er Chambolle Musigny
Appellation Contrôlée
Domaine Georges Roumier

Rolf Straubinger

Burgrestaurant Staufeneck, Salach

Ausgerechnet im bodenständigen Schwaben ist der beste Fischkoch der Welt – ja, der Welt! – zu finden. Seither weiß man auch hier, wo man die schmackhaftesten Zanderfilets, den besten Seeteufel, den exquisitesten Atlantik-Steinbutt, die göttlichste Bouillabaisse bekommt. Kein Grund für Gourmets, die lieber Fleisch essen, dort nicht einzukehren. Für ein Lammcarré oder einen Tafelspitz ist schon mancher Gast von weit her angereist.

Oma Wörner ist an allem schuld. Aus ihrem Kiosk, den sie 1922 für Wanderer und Touristen am Fuße des Schlossturms betrieb, wurde erst eine gemütliche Vesperwirtschaft und später ein Nobelrestaurant mit gemütlichem Ambiente und faszinierendem Blick über das Filstal. Vor zehn Jahren konnten die Straubingers das Herzstück, das Burgrestaurant und den Turm, erwerben. Auf dem Gelände der Straubingers ist in den nächsten zwei Jahren der Bau eines Hotels geplant. Für Rolf Straubinger sind die Mützen, Sterne, Punkte Anlass, immer noch besser zu werden, denn darauf, so seine Überzeugung, habe der Gast Anspruch.

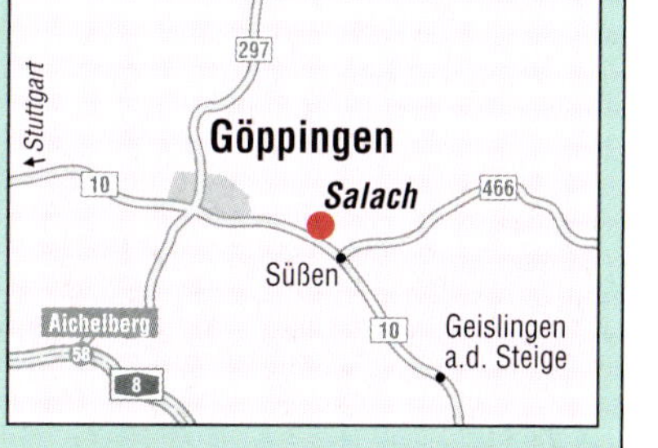

So finden Sie uns:
Von Stuttgart kommend, über die B 10 über Göppingen nach Salach. Von Ulm aus über Geislingen nach Salach. Über die A 8 Stuttgart-München: Ausfahrt Mühlhausen, abbiegen auf die B 466, später auf die B 10.

Infos auf einen Blick
Burgrestaurant Staufeneck
73084 Salach
Tel.: 07162-93 34 40
Fax: 07162-9 33 44 55
Internet: www.burg-staufeneck.de
e-mail: info@burg-staufeneck.de
Öffnungszeiten: Montag Ruhetag
Sitzplätze: 90
Kreditkarten: EC-Karte, Visa
Umgebung: Schwäbische Alb, Schwäbisch Gmünd, Stuttgart (u. a. Musicals im SI-Centrum, „Wilhelma"), Ulm (Münster).

Rolf Straubinger

Burgrestaurant Staufeneck, Salach

Stehvermögen, Nervenstärke, schnelle Reaktion, Top-Organisation – lauter Tugenden, die er nicht erst bei der Bundeswehr erprobt hat. Obwohl seine Zeit als Koch beim damaligen Verteidigungsminister Manfred Wörner ein toller Start ins Rampenlicht war. Er war immer ein Kämpfer. Und ein Sieger. Eben die Lehrzeit beendet, heimste er bereits den 1. Platz in der Deutschen Jugendmeisterschaft ein, beim Bocuse d'Or kam er 1994 auf den 2. Platz, 1996 auf den ersten im Deutschland-Finale, beim Weltfinale 1997 in Lyon gewann er den Sonderpreis „Bester Fischkoch" (der Welt). Zwei seiner Lehrmeister waren Heinz Winkler im Tantris und Harald Wohlfahrt in der Traube-Tonbach. Sein Stil ist die italienische Kräuterküche mit schwäbischem Touch. Die Zutaten kommen zum Teil aus dem eigenen Garten, der Fisch aus den besten Fanggründen. Ein Onkel liefert Rindfleisch aus ökologischer Zucht, das Gemüse ein Remstaler Gärtner.

Lammkarree mit Kräuter-Senf-Kruste auf Kartoffelgulasch mit luftgetrockneter Salami

Für 4 Personen

Für die Kruste
5 Knoblauchzehen
Salz
2 EL geschnittene glatte Petersilie
125 g weiche Butter
8 Scheiben Toastbrot
2 EL Pommery-Senf
1 Eigelb
Pfeffer

Für das Fleisch
900 g Lammkarree mit Knochen (vorbestellen)
Salz
Pfeffer
2 EL Buttaris

Für das Kartoffelgulasch
600 g Kartoffeln
2 Zwiebeln
2 Knoblauchzehen
2 rote Paprikaschoten
1 EL Olivenöl
1 EL Tomatenmark
1 TL Paprikapulver
400 ml Brühe oder Lammfond
1 TL Majoran
1 TL gehackte Zitronenschale
2 Msp. Kümmel
1 Thymianzweig
3 EL Salamiwürfel von luftgetrockneter Salami

Für die Kruste die Knoblauchzehen mit Schale in Salzwasser weich kochen, schälen und mit der Petersilie in der Moulinette ganz fein mixen. Die Butter in der Maschine etwa 15 bis 20 Minuten schaumig schlagen. Das Toastbrot entrinden, leicht antoasten und reiben. Zusammen mit Senf und Eigelb unterrühren und mit Salz und Pfeffer würzen. Die Masse abdecken und kalt stellen.

Das Lammkarree kräftig würzen. Zuerst auf der Fettseite, danach rundherum gleichmäßig anbraten, bis sich die Poren geschlossen haben. Auf ein Blech in den auf 180 °C vorgeheizten Backofen geben, nach 5 Minuten die Hitze auf 100 °C reduzieren und das Lamm 10 bis 15 Minuten garen. Das Lammkarree herausholen, 5 Minuten ruhen lassen, gleichmäßig die zimmerwarme Kruste darauf verteilen und unter dem Grill (oder bei starker Oberhitze) goldbraun gratinieren.

Kartoffeln und Zwiebeln schälen und in Würfel schneiden. Knoblauch schälen und klein schneiden. Paprika halbieren, den Strunk entfernen und kurz unter den Grill geben, bis die Haut Blasen wirft. Die Schale abziehen und die Paprika würfeln. Olivenöl in einem Topf erhitzen, Zwiebelwürfel und Knoblauch anschwitzen. Tomatenmark einrühren, unter ständigem Rühren leicht bräunen lassen, mit Paprikapulver bestäuben und mit etwas Fond ablöschen. Die Kartoffelwürfel dazugeben und mit restlichem Fond auffüllen.

Majoran, gehackte Zitronenschale, Kümmel und Thymianblättchen zugeben und weich kochen, bis der Großteil der Flüssigkeit verdampft ist. Kurz vor dem Anrichten die Salami- und Paprikawürfel untermengen.

Anrichten:

Lammkarree portionieren und mit demKartoffelgulasch anrichten.

Variationsvorschlag:

Die Kruste eignet sich sehr gut zum Einfrieren und kann mit anderen Kräutern variiert werden und dann auch bei anderen Fleisch- oder Fischgerichten (z. B. Steinbutt) zum Gratinieren verwendet werden.

Mein Menüvorschlag:

Lachsforellenschnitte mit der Haut knusprig gebraten auf Vinaigrette von Strauchtomaten und weißem Tomatenmus
Lammkarree mit Kräuter-Senf-Kruste auf Kartoffelgulasch mit luftgetrockneter Salami
Quarkmousse mit Früchtearrangement

Wein-Tipp
1997er Lemberger Rotwein
Spätlese trocken
Schwaigerner Ruthe
Schlossgut Graf von
Neipperg

WALKSCHES HAUS

Bernd Werner

Gaststuben Walk'sches Haus, Weingarten

Ein 500 Jahre altes bezauberndes Fachwerkhaus im fränkischen Landhausstil mit Ambiente und ein blutjunger Koch mit Ambitionen – daraus kann eigentlich nur eine stürmische Love-Story werden. Stimmt. Aus der Liaison zwischen dem Walk'schen Haus im nordbadischen Weingarten und Bernd Werner entstand ein Gourmet-Restaurant, das die Höhepunkte der rechts- und linksrheinischen Cuisine auf wunderbare Weise vereint.

Das Credo des Küchenchefs Bernd Werner: „Keine Spezial-Küche, sondern einfach gutes Kochen mit guten, frischen Produkten und gutem Know-how." Er orientiert sich bei seinen regionalen Kreationen häufig an den Vorgaben seiner Kollegen auf der anderen Rheinseite und nach seinem großen Vorbild Eckart Witzigmann. Extravaganzen sind nicht sein Ding. Er beschränkt sich auf das Eigentliche. Und daraus entstehen z. B. ein Salat von der Taube mit Linsenvinaigrette oder ein getrüffeltes Kartoffelpüree.

So finden Sie uns:

A 5 bei Karlsruhe-Durlach oder Bruchsal abfahren, dann auf die B3 in Richtung Weingarten weiterfahren.

Infos auf einen Blick

Gaststuben Walk'sches Haus
Marktplatz 7, 76356 Weingarten
Tel.: 07244-7 03 70
Fax: 07244-70 37 40
Internet: www. walksches-haus. de
e-mail: info@walksches-haus.de
Öffnungszeiten: Dienstag Ruhetag, Samstagnachmittag geschlossen
Sitzplätze: 45 und 85
Kreditkarten: Amex, Diners, Eurocard, Visa
Mit Hotel: 27 Zimmer
Umgebung: Bruchsaler Schloss, Baden-Baden (Spielcasino, Heilbäder), Kraichgau, Golfplatz in der Nähe

Bernd Werner

Gaststuben Walk'sches Haus, Weingarten

Selbst die Kurzfassung seines Werdegangs ist beachtlich: Lehre im Ritter in Durbach, Weiterbildung in der Talmühle in Sasbachwalden, im Hotel de France in Wiesbaden, im Bamberger Reiter in Berlin, bei den Haeberlin-Brüdern in der Auberge de l'Ill, in der Aubergine unter Eckart Witzigmann, der entscheidende Maßstäbe gesetzt hat. Die Aubergine war aber auch noch aus einem anderen Grund wichtig für ihn: Er lernte dort seine Frau Roswitha kennen. Der selbstbewusste Knabe, groß geworden mit fünf Geschwistern, schlug schon früh aus der Art. Die Eltern haben eine Spedition, die Geschwister ergriffen kaufmännische Berufe, doch Genießer waren sie alle. Als Bernd als 15-Jähriger erklärte: „Ich werde Koch!", sagte Papa daraufhin nur: „Wenn schon, dann aber richtig". Diese Forderung hat der Filius voll erfüllt.

Geschmorte Milchlammschulter auf Frühlingsgemüse, Kartoffelsavarin und Thymian-Rosmarin-Tomaten

Für 4 Personen

Für das Lamm
2 kleine Milchlammschultern à 600-700 g oder ausgelöste Lammkeule
Salz
Pfeffer aus der Mühle
3 Zwiebeln
100 ml Olivenöl
3 Knoblauchzehen
4 Thymiansträußchen
4 Rosmarinsträußchen
1/2 l Wasser
1 l Kalbsfond

Für das Gemüse
1 EL Butter
1 TL Zucker
8 Frühlingszwiebeln
8 junge Möhren
4 Brokkoliröschen
4 Blumenkohlröschen
4 Mini-Patisson
etwas Gemüsebrühe
Salz
Pfeffer

Für den Kartoffelsavarin
100 ml Wasser
1 1/2 EL Butter
etwas Salz
50 g Mehl
1 Ei
500 g gekochte Kartoffeln
100 g Gemüse (z. B. Möhren, Brokkoli)
2 EL Pinienkerne
3 EL gehackte Petersilie
Salz
Pfeffer
Muskat
2 EL Sesam
Fett zum Frittieren

Lammschultern mit Salz und Pfeffer würzen. Zwiebeln schälen und in Streifen schneiden. In einen Bräter das Öl, die Zwiebelstreifen, die Knoblauchzehen und je 2 Sträußchen Thymian und Rosmarin dazugeben. Die Schultern darauf legen und mit dem Wasser begießen und bei 200 °C Umluft in den Ofen geben. Nach etwa 40 Minuten ist das Wasser verdampft und die Schultern goldbraun. Mit dem Kalbsfond immer wieder übergießen und 2 1/2 Stunden schmoren lassen. Danach die Schultern auslösen und die Sauce passieren.

Für das Gemüse Butter erhitzen, Zucker zugeben, das Gemüse darin schwenken, etwas Brühe hinzugeben, erwärmen und mit Salz und Pfeffer abschmecken.

Für den Kartoffelsavarin Wasser, Butter und Salz aufkochen. Mehl auf einmal zugeben und so lange rühren, bis sich ein Belag auf dem Topfboden bildet. Etwas abkühlen lassen und nun das Ei unterarbeiten.

Kartoffeln durch die Kartoffelpresse drücken und anschließend durch ein Sieb passieren. Das Gemüse blanchieren und in feine Würfel schneiden. Pinienkerne rösten und hacken.

Den Brandteig, die Kartoffelmasse, Gemüsewürfel, Petersilie und Pinienkerne vermengen, mit Salz, Pfeffer und Muskat abschmecken. Nun mit Hilfe eines Spritzbeutels auf ein Pergamentpapier Ringe mit 8 cm Durchmesser spritzen. Mit Sesam bestreuen und in der Fritteuse goldbraun ausbacken.

Anrichten:
Lammfleisch mit Sauce übergießen, mit dem Kartoffelsavarin und dem Gemüse anrichten und mit dem restlichen Thymian und Rosmarin ausgarnieren.

Variationsvorschlag:
Der Kartoffelsavarin passt auch sehr gut zu gebratenen Fischen, zum Beispiel kross gebratenem Zanderfilet mit geschmolzenen Tomaten und Basilikumpesto.

Mein Menüvorschlag:

Rosa gebratene Entenbrust im Pumpernickelmantel mit Petersilienwurzeln und Frühlingssalaten
Geschmorte Milchlammschulter auf Frühlingsgemüse, Kartoffelsavarin und Thymian-Rosmarin-Tomaten
Schokoladenpyramide mit karamellisiertem Himbeer-Rhabarber und Valrhona-Pralinenmousse

Wein-Tipp
1997er Barbaresco »Masseria«
DOCG
Vietti

MOËT
&
CHANDON

Michael Fell

Christian F. Grainer

Alexander Herrmann

Joachim Kaiser

Bayern • Bayern • Bayern

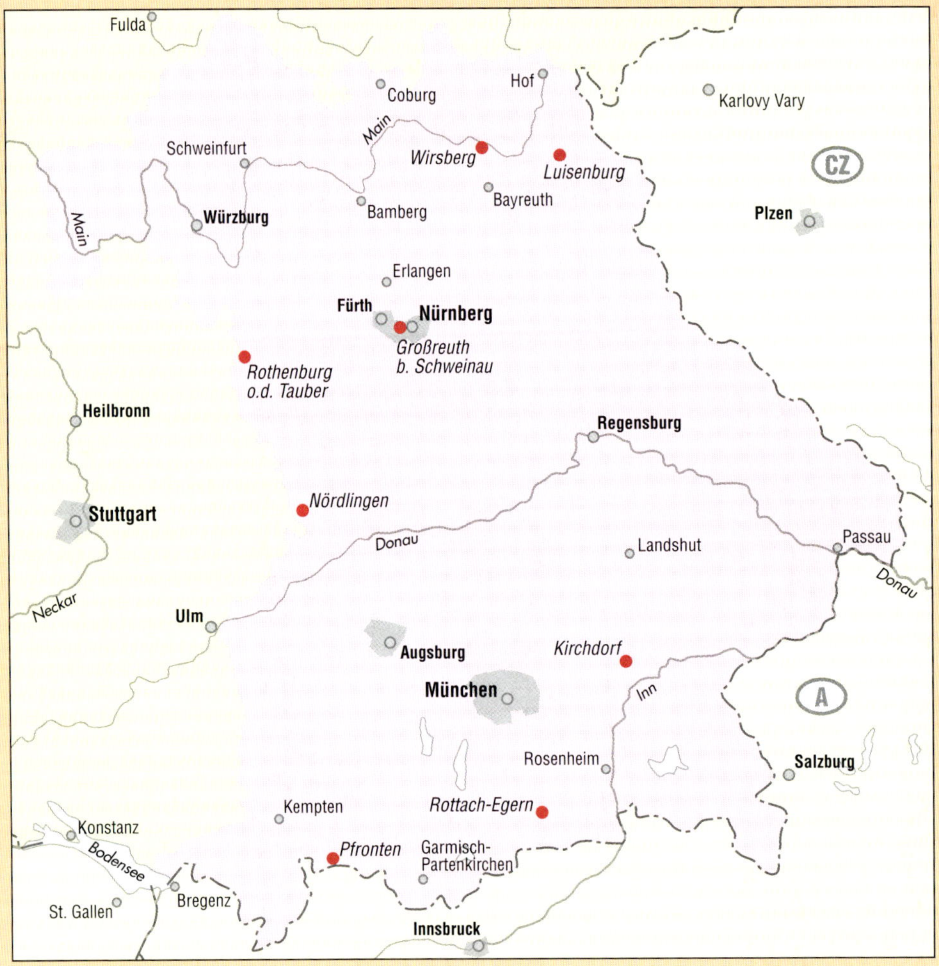

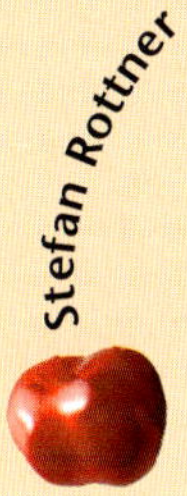

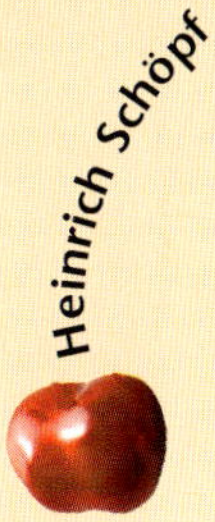

Bayern • Bayern • Bayern

MICHAEL FELL
Park-Hotel Egerner Hof, Rottach-Egern

•

CHRISTIAN F. GRAINER
Christian's Restaurant, Gasthof Grainer, Kirchdorf bei Haag

•

ALEXANDER HERRMANN
Herrmann's Romantik Posthotel und Restaurant, Wirsberg

•

JOACHIM KAISER
Meyer's Keller, Nördlingen

•

CHRISTIAN MITTERMEIER
Mittermeier Restaurant und Hotel, Rothenburg o. T.

•

STEFAN ROTTNER
Romantik-Hotel & Gasthaus Rottner, Nürnberg/Großreuth

•

BARBARA SCHLACHTER-EBERT
Restaurant Schloßanger Alp, Pfronten / Allgäu

•

HEINRICH SCHÖPF
Jägerstüberl, Wunsiedel-Luisenburg

Michael Fell

Park-Hotel Egerner Hof, Rottach-Egern

Eine elegante Nobelherberge am Ufer des Tegernsees. Darin eine First-Class-Küche, die Hotelgäste, Touristen und Einheimische gleichermaßen verblüfft. Kein Wunder, denn im neuen Park-Hotel in Rottach-Egern steht einer der ganz Großen am Herd: Michael Fell. Hummer, Langostinos oder Kartoffelravioli vom Bachsaibling und viele andere Köstlichkeiten gibt's täglich à la carte!

Gourmets steuern schnurstracks ein bestimmtes von den drei Restaurants an: die „Dichterstub'n". Was dort auf den Tisch kommt, war dem Michelin einen Stern wert, dem Gault Millau 17 Punkte. Wer's weniger „fein" mag, kommt im „Hubertusstüberl" mit seinen bayerischen Gerichten oder im „St. Florian" voll auf seine Kosten. Qualität wird auch dort groß geschrieben. Dafür verbürgt sich Michael Fell, verantwortlich für den gesamten Food- und Beverage-Bereich des Hauses. Er hat sein Handwerk bei Eckart Witzigmann in der Aubergine und bei Otto Koch im Le Gourmet gelernt.

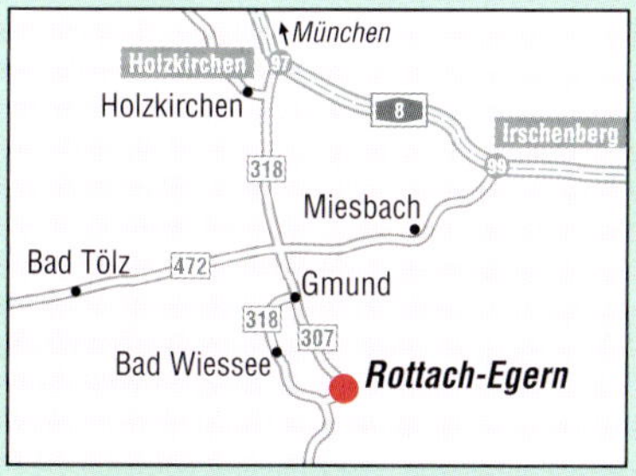

So finden Sie uns:
Auf der A 8 München–Salzburg bei Holzkirchen abfahren, über die B 318 über Gmund nach Bad Wiessee. Dort bei der ersten Abzweigung links nach Rottach-Egern.

Infos auf einen Blick
Park-Hotel Egerner Hof
Aribostr. 19–23
83700 Rottach-Egern
Tel.: 08022-66 60
Fax: 08022-66 62 00
Internet: www.egernerhof.de
e-mail:eghof@aol.com
Öffnungszeiten: Dienstag Ruhetag in der Dichterstub'n
Sitzplätze: 35
Kreditkarten: Amex, Diners, Eurocard, Visa
Mit Hotel: 100 Zimmer (Wellnessbereich, Schönheitsfarm)
Umgebung: Tegernseer Tal, München

Michael Fell

Park-Hotel Egerner Hof, Rottach-Egern

Mehr als drei Jahre lang hatte er voller Elan in seinem kleinen Gourmet-Restaurant Oberland in Rottach-Egern seine Gäste verwöhnt. Doch die Strukturen in dem schicken Ferienort veränderten sich. Die Münchner Schlemmer blieben aus, die Bustouristen übernahmen die Szene. Aber Michael Fell ließ sich nicht unterkriegen. Dazu steht der Maître zu fest und selbstsicher auf seinen Füßen. Zum einen kommt er aus Schwaben, der deutschen Wiege der guten Küche, zum anderen war er exzellent ausgebildet – im Königshof in München, von Eckart Witzigmann und Otto Koch. Als passioniertem Bergsteiger war ihm klar, dass es zu jedem Berg auch ein Tal gibt. Das war schnell überwunden: Der Egerner Hof suchte einen neuen Küchenchef. Und dort kann er das tun, was er schon als Bub in Mamas Küche am liebsten tat: Mit viel Fantasie am Herd zaubern.

Lavendeldessert

Für 4 Personen

Für die Lavendelmilch
375 ml Vollmilch
2 g Lavendelblüten (aus der Apotheke)

Für das Parfait
3 Eigelb
100 g Zucker
1/8 l Lavendelmilch
1 Blatt Gelatine
175 g Sahne
1 cl Mandellikör

Für die Lavendelmousse
3 Eigelb
60 g Zucker
1/4 l Lavendelmilch
3 Blatt Gelatine
250 g Sahne

Für die Lavendelsauce
2–3 EL Lavendelmousse
2–3 EL Sahne
1/2 TL Vanillezucker

Für die Garnitur
dunkle Kuvertüre

Für die Lavendelmilch Milch aufkochen, Lavendelblüten dazugeben und circa 30 Sekunden ziehen lassen. Danach durch ein Sieb gießen und die Milch bereithalten.
Für das Parfait Eigelb und Zucker in einer Schüssel schaumig schlagen, die noch heiße Milch unterrühren und auf einem Wasserbad (circa 70 °C) so lange unter ständigem Schlagen erhitzen, bis die Masse dick wird. Den Topf ab und zu vom Wasserbad nehmen, damit die Masse nicht zu stark erhitzt wird und das Eigelb gerinnt. Die Creme hat die richtige Konsistenz, wenn sie einen Kochlöffelrücken überzieht und sich beim Blasen Ringe bilden, die an eine Rose erinnern (in der Fachsprache: die Creme zur Rose abziehen). Die in kaltem Wasser eingeweichte Gelatine ausdrücken und unterrühren.
Den Topf vom Wasserbad nehmen, in kaltes Wasser stellen und so lange schlagen, bis die Masse kalt ist. Die Sahne steif schlagen und zusammen mit dem Mandellikör nach und nach unterheben. In Portionsförmchen geben und für 3 bis 4 Stunden einfrieren.
Bei der Zubereitung der Mousse genauso verfahren wie bei der Zubereitung des Parfait beschrieben. Die fertige Mousse in ein Gefäß füllen und für 3 bis 4 Stunden kalt stellen.
Für die Lavendelsauce von der Mousse 2 bis 3 Esslöffel mit 2 bis 3 Esslöffel flüssiger Sahne und Vanillezucker glatt rühren.

Anrichten:
Die Teller mit dunkler Kuvertüre ausspritzen, erst die Sauce, dann das Parfait in der Mitte anrichten, dann eine Nocke von dem Lavendelmousse dazugeben.

Variationsvorschlag:
Verwenden sie anstelle der Lavendelsauce eine Beerensauce (gemischte Beeren mit Zucker aufkochen, durch ein Sieb streichen und mit Cassislikör abschmecken und erkalten lassen).
Bei dieser Variation den Teller nicht mit dunkler Kuvertüre ausspritzen, sondern noch mit einigen frischen Beeren garnieren.

Mein Menüvorschlag:
Bayrischer Flusskrebs mit mariniertem Kohlrabi
Rehbockrücken auf Gewürzapfelsauce mit gerollten Zimtnudeln
Lavendeldessert

Wein-Tipp
Bual – aged 10 years
Finest Medium Rich Madeira
Henriques & Henriques

Weinkarte
Château Pétrus
Pomerol
PETRUS
Grand Vin

Christian F. Grainer

Christians Restaurant
Gasthof Grainer, Kirchdorf bei Haag in Oberbayern

Mit Bayerns „Kini" fühlt er sich wesensverwandt. Das Porträt des Märchenkönigs Ludwigs II. grüßt von der Wand seines stilvollen Restaurants. Klassische Musik weht durch die Räume: Königliches Ambiente für königliche Menüs. Das zieht auch jene Feinschmecker an, die weder auf den „Kini" noch auf Wagner-Musik stehen.

Das Äußere des stattlichen, gemütlichen Gasthofs könnte in die Irre führen. Wer hier eine handfeste bayrische Küche erwartet, wird angenehm enttäuscht. Der Koch kreiert ein täglich variierendes Menü auf höchstem Niveau. Eine Speise- oder Menükarte gibt es nicht. Aber man kann sicher sein, dass bei dem drei- bis sechsgängigen Menü auch Ente dabei ist. Ente ist Christian Grainers große Leidenschaft. Gäbe es ein Wappen im Hause Grainer, die Ente wäre drauf.

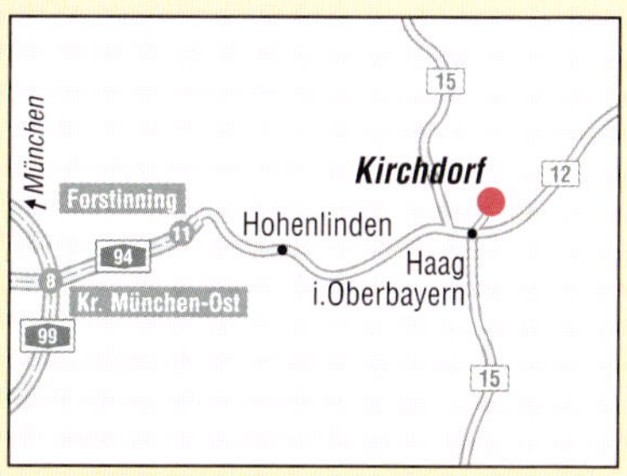

So finden Sie uns:

A 94 Passau-Altötting, nach Altötting auf die B 12, über Mühldorf weiter über Haag nach Kirchdorf. Dort beim Mitsubishi-Händler links abbiegen, der Straße bergan folgen.

Infos auf einen Blick

Christians Restaurant
im Gasthof Grainer
Dorfstr. 1
83527 Kirchdorf b. Haag/Obb.
Tel : 08072-85 10
Fax: 08072-33 04
Öffnungszeiten: Sonntagmittag, Montag und Dienstag geschlossen. Mittwoch bis Sonntag nur abends geöffnet
Sitzplätze: 35
Kreditkarten: keine
Umgebung: Bergfried und Schlossturm in Haag/Obb., Wasserschloss Schwindegg, Mühldorf a. Inn, Altötting, Burghausen

Christian F. Grainer

Christians Restaurant, Kirchdorf bei Haag in Oberbayern

Mit neun Jahren, an seinem Geburtstag, überraschte er seine Eltern und Verwandten mit einer Ente, perfekt gebraten auf einem Holzofenherd. Darauf kocht er heute noch. Damals kochte die ganze Familie für Gäste. Nach der Metzger- und Kochlehre und Praxis rundherum in den Alpenländern arbeitete er in Hongkong und New York. Doch am liebsten steht er daheim am Herd. 1990 begann der Paradiesvogel unter Deutschlands Spitzenköchen aus dem alten Gasthaus Grainer (seit 1572), einen Gourmettempel zu schaffen und seinen Weinkeller mit dem Edelsten zu bestücken, was Europas Winzer zu bieten haben. Um die 750 Kreszenzen hat er mit der Leidenschaft eines Sammlers und dem Know-how eines Kenners in den letzten zehn Jahren gesammelt. Seine Weinverkostungen sind weit über die Grenzen hinaus berühmt. Hierfür reisen Kenner aus halb Europa und den USA an.

Tatar vom Thunfisch mit Passionsfrucht-Curry-Mayonnaise

Für 4 Personen

Für das Thunfischtatar
500 g frisches Thunfischfilet (Sushi-Qualität)
1 1/2 EL Reisessig
60 ml helles Sesamöl
Salz
2 EL weißer Sesam
2 EL schwarzer Sesam
Saft von 2 Limonen
Pfeffer

Für die Passionsfrucht-Curry-Mayonnaise
7 Passionsfrüchte
10 g gelbe Currypaste (Asia-Markt)
3 frische Eigelb, zimmerwarm
1 TL Senf
50 ml Sesamöl
100 ml Traubenkernöl
150 ml Sonnenblumenöl
Salz
etwas Limonensaft
Cayennepfeffer

Den Thunfisch häuten und würfeln, danach direkt auf Eis kühl stellen. Aus Reisessig, dem Öl und Salz eine Marinade herstellen. Den Sesam im Backofen bei 160 °C goldgelb rösten und zu der Marinade geben.
Das Tatar 30 Minuten vor dem Servieren mit der Marinade vermischen und mit Limonensaft, Salz und Pfeffer abschmecken. Kurz vor dem Servieren nochmals mit Salz und Limonensaft abschmecken.
Für die Mayonnaise die Passionsfrüchte halbieren, das Fruchtfleisch mit einem Löffel auslösen, zusammen mit der Currypaste in einen Topf geben, einmal aufkochen lassen und etwas einreduzieren. Mit dem Mixstab pürieren, anschließend durch ein Sieb geben und abkühlen lassen.
Eigelb und Senf mit dem Handrührgerät vermischen, die Öle tropfenweise dazurühren, bis alles gleichmäßig bindet. Eventuell einige Tropfen kaltes Wasser zugeben. Die abgekühlte Curry-Passionsfrucht-Mischung unterarbeiten. Mit Salz, Limonensaft und Cayennepfeffer abschmecken.
Anrichten:
Die Passionsfrucht-Curry-Mayonnaise und das Thunfischtatar dekorativ auf Tellern anrichten.
Variationsvorschlag:
Marinade mit 2 Esslöffel geriebenem Ingwer, 1 Teelöffel klein gehackter roter Chilischote, 1 klein geschnittenen Knoblauchzehe, Saft von 1 Limone, 2 Esslöffel Sojasauce zubereiten und 4 Fischfilets darin etwa 2 Stunde marinieren.
Dann das Fischfilet aus der Marinade nehmen, braten und mit der Passionsfruchtmayonnaise servieren.

Mein Menüvorschlag:
Tatar vom Thunfisch mit Passionsfrucht-Curry-Mayonnaise
Rehrücken mit Brokkoli und Knollensellerie aus dem Rosmarinsud
Vanille-Passionsfrucht-Parfait

Wein-Tipp
1998er Riesling Kabinett feinherb Scharzhofberger Weingut Reichsgraf von Kesselstatt, Ruwer

DUCA
CIVIDALE
RAMANDOLO
INGA
GRAPPA
Cabreo

Alexander Herrmann

Herrmann's Romantik Posthotel & Restaurant, Wirsberg

Nicht nur für längere Ferien im romantischen Hotel, vor allem auch für ein Essen in Herrmann's Posthotel & Restaurant in Wirsberg sollte man einen Abstecher von der Autobahn Berlin–München machen. Dort gibt es etwas, was es nirgendwo anders gibt: Schiefertrüffel. Ein Wort, bei dem die Augen von Gourmets zu glänzen beginnen.

Eine richtige „Familienbande" hält in Herrmann's Romantik Posthotel & Restaurant die Fäden in der Hand. Der Boss in der Küche, Alexander Herrmann, trennt die Küche in die Bereiche Tradition und Innovation. Unter ersterem findet man z. B. eine seiner ureigensten Kreationen: Bratwurst von fränkischen Schiefertrüffeln auf Rahmkraut. Die schwarzen Edelknollen wachsen quasi vor der Haustür. Bei den Neuerungen setzt er auf eine Küche, die zwar auf der französischen Klassik basiert, jedoch mediterran, asiatisch und kalifornisch beeinflusst ist.

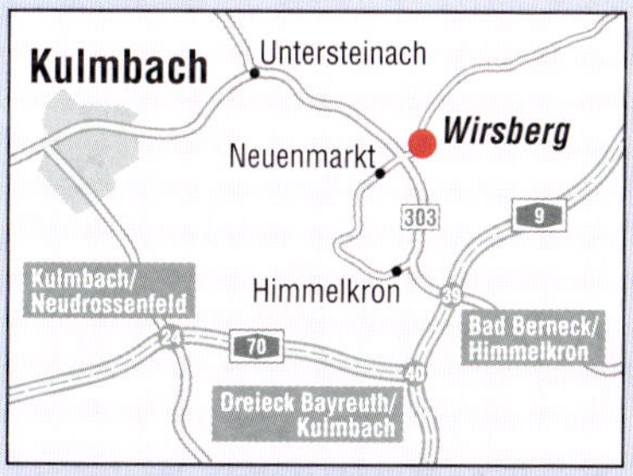

So finden Sie uns:

Auf der A 9 Berlin–München: Ausfahrt Bad Berneck, dann auf der B 303 5 km bis Wirsberg. Oder A 9 Ausfahrt Marktschorgast. Das Hotel liegt direkt am mittelalterlichen Marktplatz in der Ortsmitte von Wirsberg.

Infos auf einen Blick

Herrmann's Romantik Posthotel & Restaurant
Marktplatz 11
95339 Wirsberg
Tel.: 09227-20 80
Fax: 09227-58 60
Internet: www.romantikhotels.de/wirsberg/
e-mail: posthotel@romantikhotels.com
Kreditkarten: Amexco, Diners, Eurocard, Visa
Öffnungszeiten: kein Ruhetag
Mit Hotel: 47 Zimmer (Badelandschaft, Schlossgarten)
Umgebung: Bayreuth, Fichtelgebirge, Frankenwald, Fränkische Schweiz mit Tropfsteinhöhle, Silbereisenbergwerk, Golfplatz in der Nähe des Restaurants

Alexander Herrmann

Herrmann's Romantik Posthotel & Restaurant, Wirsberg

Die Stammgäste erinnern sich noch schmunzelnd an den niedlichen kleinen Alexander, der so eifrig die Koffer ins alt renommierte Haus schleppte. Aus dem kleinen Kerl ist ein großer geworden. Ein Koch, der gerade dabei ist, sich in den Charts ganz nach vorn zu kochen. Für seinen Erfolg hat er hart gearbeitet: Lehr- und Wanderjahre u. a. auf dem Scholteshof in Belgien, in den Schweizer Stuben in Wertheim, bei Karl Ederer in München und Alfons Schuhbeck in Waging am See. Das Ziel stand immer fest: der heimische Herd. Dort steht er nun schon seit zwei Jahren, unterstützt vom Herrmann'schen Familienverband. Viele hochkarätige Auszeichnungen ließen nicht lange auf sich warten. Bekannt ist der Starkoch auch aus dem Koch-Duell im Fernsehen. Für Feinschmecker veranstaltet er Kochkurse. Das einzige Geheimnis, das er dabei nicht verrät, sind die verborgenen Plätze, wo der fränkische Schiefertrüffel wächst.

Gebeiztes Rinderfilet auf pochiertem Chicorée und frittiertem Rucola

Für 4 Personen

Für das Rinderfilet
2 EL Olivenöl
300 g schieres Rinderfilet (Mittelstück)
1 EL grober Senf
Meersalz
je 1 Thymian-, Basilikum- und Rosmarinzweig

Für den Chicorée
4 Schalotten
1 EL Olivenöl
1/4 l Weißwein
1/4 l Brühe
Saft von 1 Orange
1 Lorbeerblatt
2 Knoblauchzehen
6 Chicorée
Salz
Pfeffer
1/2 TL Zucker

Für den Rucola
3 Bund Rucola
Öl zum Frittieren
Salz

Olivenöl erhitzen, das Rinderfilet von allen Seiten anbraten und auf einem Teller auskühlen lassen. Mit dem groben Senf von allen Seiten gut einstreichen, mit Meersalz und Pfeffer bestreuen.
Die Kräuter von den Stielen befreien (die Stiele aufheben) und ebenfalls um das Rinderfilet herum verteilen. Das Fleisch erst in Klarsichtfolie, anschließend in Alufolie straff, aber nicht zu fest, einwickeln. Über Nacht im Kühlschrank marinieren.
Wasser in einem Topf auf 70 °C erwärmen (mit dem Thermometer kontrollieren) und das Filet in diesem Wasserbad etwa 20 Minuten pochieren.
Mit einem Fleischthermometer die Kerntemperatur des Fleisches kontrollieren, damit es medium ist, sollte es mindestens 53° C haben (Achtung: ab 60° C wird das Fleisch durch). Anschließend das Filet aus dem Wasserbad nehmen, auf einem Teller mit leicht geöffneter Alufolie auf Zimmertemperatur auskühlen lassen.
Die Schalotten schälen, in Streifen schneiden und in einem Topf in Olivenöl glasig dünsten. Mit Weißwein, Brühe, und Orangensaft auffüllen. Das Lorbeerblatt, die Knoblauchzehen und die Kräuterstiele zugeben und aufkochen. Chicorée waschen und dazulegen, Salz, Pfeffer und Zucker hinzugeben und mit einem Teller beschweren. Den Chicorée etwa 15 bis 20 Minuten pochieren, bis der Strunk, wenn man mit einem Messer hineinsticht, schön weich ist. Den Chicorée in dem Fond auskühlen lassen.
Rucola waschen und gut trockenschleudern. Nur die oberen, schönen Teile in einer Fritteuse oder einem Topf mit Öl ganz kurz frittieren, dabei nicht zu viel auf einmal frittieren. Gut auf Küchenpapier abtropfen lassen, leicht salzen.
Rucola kurz vor dem Anrichten nochmals im Ofen erwärmen.

Anrichten:
Vom Fleisch die beiden Endstücke dünn abschneiden und das Mittelstück in vier gleich große Scheiben schneiden. Den Chicorée aus dem Fond nehmen, gut abtropfen und in Streifen schneiden. Zuerst den saftigen Chicorée in einen großen tiefen Teller geben, darauf das zartrosa Filet geben und mit dem frittierten Rucola garnieren.

Variationsvorschlag:
Das pochierte Rinderfilet noch warm aufschneiden und zu einer Pasta mit Pesto servieren.
Frittierter Rucola eignet sich auch sehr gut als Garnitur auf Kartoffel- oder Spargelcremesuppe.

Mein Menüvorschlag:
Gebeiztes Rinderfilet auf pochiertem Chicorée und frittiertem Rucola
Gebratene Scampi mit Cannelloni von Lachs und mildem Chili und Safrantomaten
Caipirinhaparfait mit Ananasconfit und Karamellblättern

Wein-Tipp
1997er Etelle -Bianco-
Indicazione Geografica Tipica
Casòn Hirschprunn
Selezione di Alois Lageder

Joachim Kaiser

Meyer's Keller, Nördlingen

Ein steifer Gourmettempel sollte es nie werden, sondern ein Restaurant mit sonnig heiterer Atmosphäre, in dem Essen Spaß macht. Volltreffer! „Meyer's Keller" in Nördlingen bietet vom feinen, kleinen Restaurant über ein rustikales Bierstüble und eine international sortierte Cocktail-Bar auch noch einen bezaubernden Biergarten, in dem sich wie anno dazumal im Sommer ganz Nördlingen unter 100-jährigen Linden und Kastanien trifft.

Noch vor 25 Jahren wurden die in 10 m Tiefe gelegenen alten Gewölbe zum Einlagern von Bier benutzt. Erst Kaiser junior entdeckte den Charme der meterdicken Mauern und der hohen Decken des geräumigen Wirtschaftsgebäudes. Und weil er schon von Kindesbeinen an gern Gäste bewirten wollte, er das Erbe seiner Mutter antrat und weil seine junge Frau Evelin quasi in die Gastronomie hineingeboren wurde, konnte daraus nur eines werden: ein kulinarisches Paradies, in dem es neben regionalen Produkten auch Fisch und Krustentiere von den Atlantik- und Mittelmeerküsten gibt.

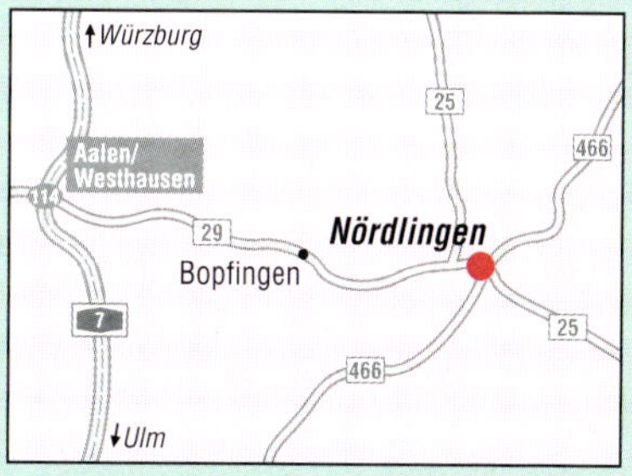

So finden Sie uns:

A 7 Kempten–Würzburg: Abfahrt Heidenheim, weiter auf die B 466. Oder Abfahrt Aalen/Westhausen, weiter auf die B 29. B 2 Augsburg-Nürnberg: Abfahrt Donauwörth auf die B 25. Das Restaurant Meyer's Keller liegt am nördlichen Stadtrand von Nördlingen, nahe der B 29.

Infos auf einen Blick

Meyer's Keller
Marienhöhe 8, 86720 Nördlingen
Tel.: 09081-44 93
Fax: 09081-2 49 31
Internet: www.meyerskeller.de
e-Mail: meyerskeller@t-online.de
Öffnungszeiten: Montag und Dienstagmittag geschlossen
Sitzplätze: 40
Kreditkarten: Amex, Eurocard, EC-Karte, Visa
Umgebung: die historische Stadt Nördlingen

Joachim Kaiser

Meyer's Keller, Nördlingen

„Ich bin gerne Gast und deshalb auch gerne Wirt", sagt er. Und deshalb möchte er sein Haus so führen, dass er gerne Gast bei sich sein würde. Das ist ihm und seiner Frau Evelin gelungen. Dafür machten beide erst einmal eine fundierte Ausbildung. Er als Koch, sie im Service, und 1984 starteten sie in die Selbstständigkeit. Joachim Kaiser ist ein Fan regionaler Produkte, was ihn nicht davon abhält, Gutes auch woanders herzuholen. Über den heimischen Kochtopf hinaus schauen, probieren, schnuppern in fremden Küchen, das macht die Faszination seiner Küche aus. Unter seinen Händen verwandeln sich die feinen Zutaten zu kleinen Feinschmeckermenüs, Brotzeiten und Gala-Diners. Das lockt nicht nur Stammgäste und Reisende mit dem Gourmetführer in der Hand an. Auch die großen Winzer und Weinexperten aus dem Burgund, der Toskana, aus der Champagne und aus deutschen Regionen lassen sich regelmäßig sehen.

Ziegenfrischkäse im Zucchinimantel auf Tomatenconfit

Für 4 Personen

Für den Ziegenfrischkäse
2 Zucchini
1 EL Olivenöl
Salz
Pfeffer
1 Rolle Ziegenfrischkäse ohne Asche
1 kleines Bund Schnittlauch

Für das Tomatenconfit
4 reife Fleischtomaten
4 Schalotten
1 Knoblauchzehe
1 EL Olivenöl
Salz
Pfeffer

Für die Sauce
1/2 l Apfelsaft
1/2 l Balsamico-Essig

Die Zucchini längs in 2 mm dünne Scheiben (auf der Aufschnittmaschine oder mit dem Gurkenhobel) schneiden. Olivenöl erhitzen, die Zucchini kurz darin andünsten, ohne dass sie Farbe annehmen, und mit Salz und etwas Pfeffer würzen.
Die Ziegenkäserolle in 1 cm dicke Scheiben schneiden und aus den Scheiben vorsichtig Quadrate formen. Zwei Zucchinischeiben kreuzweise auf die Arbeitsfläche legen, die Käsequadrate darauf setzen und mit den Zucchinischeiben einschlagen, so dass kleine Päckchen entstehen.
Den Schnittlauch kurz in heißes Wasser geben, in Eiswasser abschrecken und anschließend die Päckchen damit umschnüren.
Für das Tomatenconfit die Tomaten kurz blanchieren, in Eiswasser abschrecken, Haut und Kerne entfernen und in gleichmäßig große Würfel schneiden. Die Schalotten und die Knoblauchzehe schälen und in feine Würfel schneiden.
In einer Pfanne Olivenöl erhitzen, die Schalotten und den Knoblauch dünsten. Tomatenwürfel zugeben, schwenken und mit Salz und Pfeffer würzen.
Für die Sauce den Balsamico-Essig und den Apfelsaft bei geringer Hitze sirupartig einkochen.

Anrichten:
Das Tomatenconfit in einem tiefen Teller anrichten und die Päckchen darauf setzen. Kurz in den Ofen geben, bis sich die Käsepäckchen etwas erwärmt haben.
Herausnehmen, mit dem Essigsirup streifenförmig überziehen und servieren.

Variationsvorschlag:
Geben Sie zu dem Tomatenconfit noch 3 Esslöffel klein geschnittene, trocken eingelegte schwarze Oliven zu und verwenden Sie anstelle von Ziegenfrischkäse einen milden Schafskäse.

Mein Menüvorschlag:
Gebackene Ochsenschwanzpraline
Walnuss-Cannelloni mit Flusskrebsen und Zander
Ziegenfrischkäse im Zucchinimantel auf Tomatenconfit

Wein-Tipp
1999er Gavi del Comune di Gavi
DOCG
Villa Sparina

Christian Mittermeier

Mittermeier Restaurant und Hotel, Rothenburg o.T.

Ein Gasthaus vor dem Tor der Stadt hätte zu Zeiten des mittelalterlichen Rothenburg ob der Tauber schief gehen können. Doch heute ist die Lage des Restaurants ein Segen. Seit fünf Jahren kocht sich Christian Mittermeier in die Herzen seiner Gäste, fernab von jedem Touristentrubel. Fränkische Free-Style-Küche hat sein Restaurant weit über die Stadtgrenzen hinaus bekannt gemacht.

Im März 1995 wurde das Schmuckkästchen nach vielen Monaten Umbau und Restaurierung neu eröffnet. Das Restaurant im fränkischen Biedermeier, mit Chagall-Bildern an den Wänden, zeigt deutlich die Handschrift von Ulrike Mittermeier. Ebenso der umgestaltete elterliche Betrieb. Einfach, aber edel. Das ist auch das Konzept des Küchenchefs Christian Mittermeier. Wer beispielsweise einmal seine doppelte Steinpilzkraftbrühe mit Kräutermaultäschle oder das Hohenloher Kalbsherz gekostet hat, weiß, was damit gemeint ist.

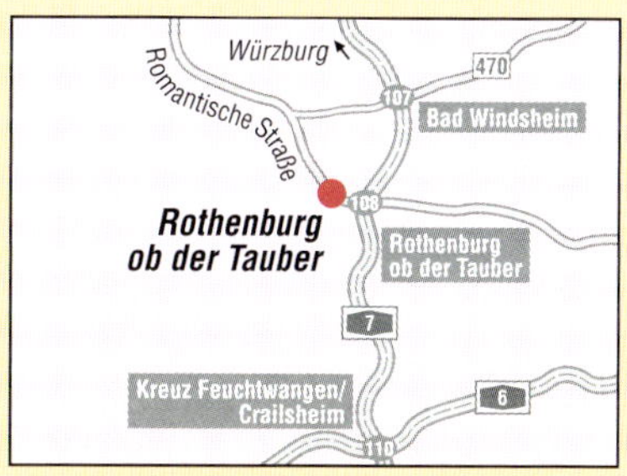

So finden Sie uns:
A 7 Ulm–Würzburg: Abfahrt Rothenburg, weiter in Richtung Stadtmitte. Das Haus liegt vor der Stadtmauer auf der rechten Seite.

Infos auf einen Blick
Mittermeier Restaurant und Hotel
Vorm Würzburger Tor 9
91541 Rothenburg ob der Tauber
Tel.: 09861-9 45 40
Fax: 09861-94 54 94
Internet:
www.mittermeier.rothenburg.de
e-mail:
info@mittermeier.rothenburg.de
Öffnungszeiten: Sonntag Ruhetag
Sitzplätze: 50
Kreditkarten: Amex, Diners, EC-Karte, Eurocard, Visa
Mit Hotel: 17 Zimmer & Appartements
Umgebung: Historische Altstadt, Romantische Straße, Dinkelsbühl, Taubertal, Altmühltal, Schloss Schillingsfürst, Würzburg, Burgenstraße

Christian Mittermeier

Mittermeier Restaurant und Hotel, Rothenburg o.T.

Mit 23 starteten er und seine heutige Ehefrau Ulrike schon voll durch mit einem kleinen Feinschmeckerlokal in Lörrach. Ihre Burg Rötteln wurde ein Riesenerfolg. Nicht verwunderlich. Er lernte „die Küche", wo sie am Feinsten ist. Sie lernte den Service, wo er perfekt ist: im Bareiss in Baiersbronn. Dort lernten beide einander kennen. Nach fünf Jahren war Schluss mit der Burg. Die älteren Mittermeiers riefen nach Ablösung, das alte Hotel in Rothenburg ob der Tauber nach frischem Wind. Die Fische, die täglich in anderen Variationen auf der Speisekarte stehen, kommen aus den fränkischen Seen und Flüssen. Zum Genuss gehört auch ein guter Wein – ein guter heimischer Franke, ein kräftiger Italiener, Spanier oder Franzose. Der Weinkeller ist ein Grund mehr, als Gast schon vor den Toren der Stadt Halt zu machen.

Vichyssoise vom Suppenhuhn mit Flusskrebsen

Für 4 Personen

Für die Vichyssoise
1 Suppenhuhn
200 g Suppengemüse (Sellerie, das Weiße vom Porree, Zwiebel)
1 Lorbeerblatt
1 Nelke
2 Wacholderbeeren
weiße Pfefferkörner
Salz
250 g mehlig kochende Kartoffel
200 g Porree
50 g Butter
200 g Crème double
Pfeffer
frisch gepresster Zitronensaft

Für die Einlage
16 Flusskrebse oder fertig zubereitete Flusskrebse (beides beim Fischhändler bestellen)
Salz
1/2 TL Paprikapulver
1/2 TL Kümmel
1 Stück Zitronenschale
1 EL Butter
Pfeffer
Zitronensaft

Für die Garnitur
Blätter vom Staudensellerie

Das Suppenhuhn abspülen und mit 3 l kaltem Wasser aufsetzen (das Huhn muss vollkommen bedeckt sein). Zum Kochen bringen, dann die Temperatur reduzieren und 2 Stunden sanft köcheln lassen. Das Suppengemüse und die Gewürze dazugeben und nochmals 1 Stunde leicht köcheln lassen. Anschließend die Brühe durch ein Sieb geben und das Huhn etwas abkühlen lassen.
Die Kartoffeln schälen und in Würfel schneiden. Den Porree waschen und in Ringe schneiden. Butter in einem Topf erhitzen, Kartoffeln und Porree zugeben, mit der Hühnerbrühe und Crème double auffüllen, etwas salzen und etwa 15 bis 20 Minuten kochen. In der Küchenmaschine pürieren, durch ein Sieb geben und mit Salz, Pfeffer und Zitronensaft abschmecken und kalt stellen. Die Vichyssoise nach Möglichkeit am Vortag fertig stellen, da sie, wie jeder gute Eintopf, ihren vollen Geschmack am Tag danach entfaltet.
Für die Einlage Flusskrebse in kochendes Wasser (gewürzt mit Salz, Kümmel, Paprika und Zitronenschale) geben, Topf beiseite stellen und die Flusskrebse je nach Größe 1 1/2 bis 2 Minuten ziehen lassen. Flusskrebse in kaltem Wasser abschrecken, ausbrechen und bereithalten.

Anrichten:
Das Flusskrebsfleisch kurz in etwas Butter anschwenken, mit Salz, Pfeffer und Zitronensaft abschmecken.
Die Vichyssoise erhitzen und in einen heißen, tiefen Teller geben. Die Flusskrebse gleichmäßig verteilen und mit einigen Blättern vom Staudensellerie garnieren.

Variationsvorschlag:
Als Einlage eignen sich auch um Beispiel die gekochten, panierten und gebackenen Flügel des Suppenhuhns oder frittierte Hahnenkämme.

Mein Menüvorschlag:
Heiß geräucherter Saibling auf Meerrettich-Bouillabaise-Gemüse
Vichyssoise vom Suppenhuhn mit Flusskrebsen
Kalbsherz in Eier-Bärlauch-Vinaigrette
Gebrannte Tonkabohnen-Creme
und Szechuanpfeffer-Eis auf Schokoladenschaum

Wein-Tipp
1999er Rieslaner Spätlese
Casteller Kugelspiel
Fürstlich Castell'sches
Domänenamt, Fanken

Stefan Rottner

Romantik-Hotel & Gasthaus Rottner, Nürnberg/Großreuth bei Schweinau

Seine Urgroßmutter Kunigunde Rottner hat es ihm vorgemacht. Sie lockte einst die Nürnberger mit innovativer Küche in ihren Biergarten am Rand der Stadt. Urenkel Stefan hat die Lust, Neues auszuprobieren, wohl von ihr geerbt. Er verwandelte die drei romantischen Bauernstuben in seinem Haus mit alten Kachelöfen und Butzenscheiben in ein edles Schlemmerlokal.

Wer einen Blick in Claudia Rottners von Hand geschriebene Speisekarte wirft, kommt in Entscheidungsnot: Die elegante neue Küche von Stefan? Oder die guten Gerichte von Mutter Irma (obwohl die das Zepter schon vor zehn Jahren an den Sohn weiterreichte)? Also Rehbratwürste auf Rahmpfifferlingen oder lieber Nürnberger mit Kraut und Kren? Egal, beides ist Spitze. Im Sommer ist der alte, gemütliche Biergarten ein Magnet für die Nürnberger. Wer danach lieber nicht mehr mit dem Auto heimfahren will, kann da bleiben: im kleinen feinen Hotel.

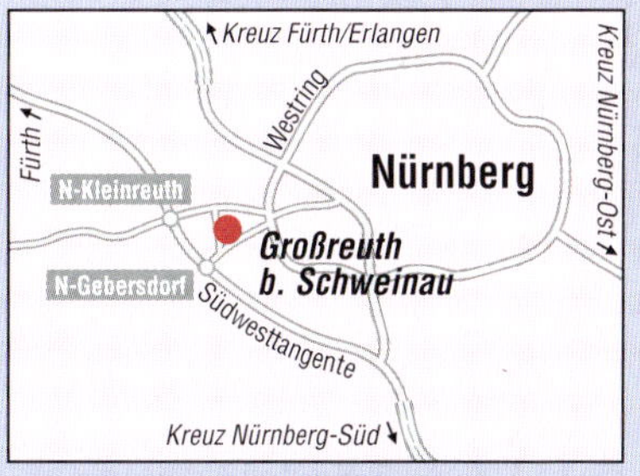

So finden Sie uns:

A 9 München–Berlin resp. A 6 Heilbronn–Berlin: am Autobahnkreuz Süd weiter auf die A 73 Richtung Fürth bis zur Ausfahrt Westring. Dort rechts einbiegen, nach der 3. Kreuzung wieder rechts Richtung Bayer. Rundfunk. Das Haus liegt am südwestlichen Stadtrand von Nürnberg

Infos auf einen Blick

Romantik-Hotel und Gasthaus Rottner
Winterstr. 15
90431 Nürnberg/Großreuth bei Schweinau
Tel.: 0911-61 20 32
Fax: 0911-61 37 59
Internet: www.rottner-hotel.de
e-mail: info@rottner-hotel.de
Öffnungszeiten: Samstagmittag und Sonntag geschlossen
Sitzplätze: 70 (in 3 Räumen), im Biergarten 120
Kreditkarten: Amex, Diners, Eurocard, Visa
Mit Hotel: 37 Zimmer
Umgebung: Nürnberg: Burg, Lorenzkirche, Sebalduskirche, Stadtmauer, Naherholungsgebiet „Fränkische Seenplatte"

Stefan Rottner

Romantik-Hotel & Gasthaus Rottner, Nürnberg/Großreuth

Als Bub hatte ihn das Fußballspielen manchmal mehr gereizt als das Probieren in Mutters Küche. Aber irgendwann hat's den mittleren der fünf Rottner-Kindern dann doch gepackt, und er absolvierte seine Ausbildung in den Hochburgen der feinen Küche: Kleber Post in Saulgau, Schweizer Stuben in Wertheim, um nur einige zu nennen. Abschluss zum Gastronom und Küchenmeister in Heidelberg. Wieder daheim, krempelte er die weißen Ärmel hoch und verfeinerte die fränkische Küche auf seine Art. Sein Konzept kam bei den Gästen an. Doch die schätzen außer der Küche auch das Talent der Frau an seiner Seite. Claudia Rottner führt das Haus mit viel Charme und heiterer Ungezwungenheit.

Waller im Kartoffelmantel auf Apfel-Zwiebel-Gemüse

Für 4 Personen

Für den Waller
600 g Wallerfilet ohne Gräten
Salz
Pfeffer
etwas Zitronensaft
4 große Kartoffeln
Mehl zum Bestäuben
Butterschmalz zum Braten

Für das Gemüse
3 rote Zwiebeln
2 Äpfel
1 EL Butter
Salz
Pfeffer
50 ml Apfelsaft

Für die Fischsauce
200 g helles Wurzelgemüse (Zwiebel, Sellerie, Fenchel, das Weiße vom Porree)
1 EL Butter
100 ml Weißwein
1/2 l Fischfond
200 g Sahne
Salz
Pfeffer
Saft von 1/2 Zitrone
2 cl Noilly-Prat
etwas Stärke
2 EL geschlagene Sahne

Für die Garnitur
einige Kerbelblätter

Die Wallerfilets in 8 gleichmäßige Stücke schneiden, salzen, pfeffern und mit Zitrone beträufeln.
Die Kartoffeln schälen, auf der Aufschnittmaschine in dünne Scheiben und dann in dünne Streifen schneiden. Mit diesen Kartoffelstreifen die Fischfilets einpacken, mit Mehl bestäuben, fest andrücken, und in genügend Butterschmalz bei mäßiger Hitze und mehrmaligem Wenden goldbraun braten.
Für das Gemüse die Zwiebeln schälen, halbieren und in feine Halbringe schneiden. Die Äpfel vierteln, das Kerngehäuse entfernen, in gleichmäßige Scheiben schneiden und in Butter anbraten. Jetzt die Zwiebeln zugeben und ebenfalls mitbraten. Mit Salz und Pfeffer würzen und mit dem Apfelsaft ablöschen. Die Flüssigkeit einkochen lassen.
Für die Sauce das Wurzelgemüse putzen, grob zerkleinern und in Butter anschwitzen, Weißwein zugeben und reduzieren lassen. Mit Fischfond auffüllen und um die Hälfte einkochen lassen. Sahne zugeben, mit Salz, Pfeffer, Zitronensaft und Noilly-Prat abschmecken. Mit etwas angerührter Stärke binden und durch ein Sieb geben. Vor dem Anrichten geschlagene Sahne zugeben und mit dem Mixstab aufschäumen.

Anrichten:
Das Apfel-Zwiebel-Gemüse mittig auf die Teller anrichten. Den Fisch auflegen und mit aufgeschäumter Sauce umgießen. Mit Kerbel garnieren.

Variationsvorschlag:
Anstelle von Waller können Sie ebenso Zanderfilet oder Seeteufel verwenden.

Mein Menüvorschlag:
Tellersülze vom Rehrücken mit Pfifferlingen
Waller im Kartoffelmantel auf Apfel-Zwiebel-Gemüse
Nougat-Grieß-Auflauf mit glacierten Sauerkirschen

Wein-Tipp
1999er Pinot Grigio d'Isonzo "Cru Gris" DOC Azienda Agricola Lis Neris, Friaul

Schloßanger Alp 1130m

Barbara Schlachter-Ebert

Restaurant Schloßanger Alp im Berghotel Schloßanger Alp, Pfronten im Allgäu

Eine kurze Fahrt vom Pfrontener Tal hinauf auf 1130 m Höhe: Dort steht sie, die Schloßanger Alp, am Fuße des Falkensteins, der höchstgelegenen Burgruine Deutschlands. Das urige Ambiente, die heimelige Atmosphäre kann nicht darüber hinwegtäuschen, dass hier eine Köchin am Werk ist, die ihr Handwerk bei den renommiertesten Küchenmeistern gelernt hat.

Eine schlichte Alphütte für Wanderer war es damals, 1913. Heute muss man nicht mehr zu Fuß hinauf, eine Autostraße führt bis vor die Haustür. Aber immer noch wird dem Gast heute Altbekanntes geboten, wenn auch auf ganz neue Art. Deshalb machen sich selbst die Münchner und die Augsburger des Öfteren dorthin auf den Weg. Das Rezept der Frau am Herd, Barbara Schlachter-Ebert, ist so klar und frisch wie Quellwasser: Regionales aus dem Allgäu, Schmankerln aus Bayern und Schwaben. Landhausküche auf höchstem Niveau.

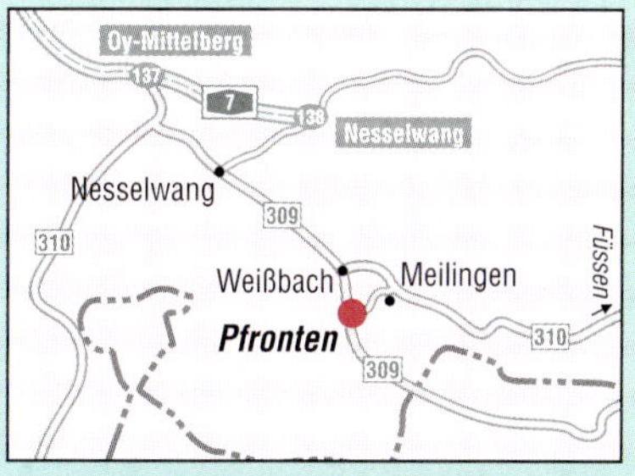

So finden Sie uns:
A 7 Ulm–Füssen: in Nesselwang abfahren, weiter in Richtung Füssen auf der B 310: Nesselwang-Pfronten-Weißbach-Füssen An der Hauptkreuzung rechts und nach 300 m links einbiegen. Durch Pfronten-Meilingen hindurch 2 km in Richtung Falkenstein fahren. An der kleinen Holzhütte rechts hoch.

Infos auf einen Blick
Restaurant Schloßanger Alp im Berghotel Schloßanger Alp
Am Schloßanger 1
87459 Pfronten im Allgäu
Tel.: 08363-91 45 50
Fax: 08363-91 45 55 55
Internet: www.schlossanger.de
e-mail: ebert@online-service.de
Öffnungszeiten: kein Ruhetag
Sitzplätze: 120 (3 Räume)
Mit Hotel: 30 Zimmer
Kreditkarten: Eurocard, Visa
Umgebung: Schloss Neuschwanstein, Schloss Hohenschwangau, Wieskirche bei Steingaden, Musical „Ludwig II." in Füssen.

Barbara Schlachter-Ebert

Restaurant Schloßanger Alp im Berghotel Schloßanger Alp, Pfronten

Das Bodenständige hat die junge Küchenmeisterin im elterlichen Betrieb gelernt. Die Raffinesse der großen internationalen Küchen holte sie sich bei Winkler im Tantris, in den Schweizer Stuben in Wertheim, im Bareiss in Baiersbronn, bei Hans Haas im Frankfurter Brückenkeller, in der Schweiz und in Frankreich. Dass sie eine Spitzenköchin ist, bestätigte ihr auch das Fernsehen. Zehn Tage lang hat ihr ein Team des Bayerischen Rundfunks beim Zubereiten ihrer Käsespätzle und Maultaschen zugeguckt. Doch sie kann auch anderes: Kalbsfilet im Haselnussmantel, Hirsch als köstliches Carpaccio ... Das Haus gibt sich kinderfreundlich – die Familie Schlachter-Ebert hat selber drei. „Alles eine Frage der Organisation", sagt die vielbeschäftigte Barbara, „und machbar, wenn die Familie hilft." Ihre besteht aus Ehemann, Vater, Mutter, Brüdern und Schwester.

Filet vom Milchkalb mit Meerrettichkruste und Wirsingfleckerl

Für 4 Personen

Für den Wirsing
1 Wirsing
Salz
50 g Butter
Pfeffer
Muskat

Für die Meerrettichkruste
4 Scheiben frisches Weißbrot ohne Rinde
2 EL Meerrettich aus dem Glas
2 EL geschlagene Sahne
1 Ei
1 Eigelb
60 g weiche Butter
Salz
Pfeffer
etwas Zitronensaft

Für die Sauce
2 Schalotten
100 g Champignons
50 g Butter
100 ml Weißwein
2 cl Portwein
100 ml Kalbsfond
150 g Sahne
1 Bund Schnittlauch

Für das Kalbsfilet
700 g pariertes Kalbsfilet
Salz
Pfeffer
2 EL Butterschmalz

Für die Garnitur:
frischer Kerbel
kleine Möhrchen

Den Wirsing vierteln, vom Strunk befreien und in 2 cm große Rauten schneiden. In Salzwasser blanchieren, durch ein Sieb abgießen und einen Teil des Wirsingfonds auffangen. Den Wirsing in kaltem Wasser abschrecken und abtropfen lassen.
Vor dem Anrichten mit Butter und etwas Wirsingfond erwärmen, mit Salz, Pfeffer und Muskat würzen.
Für die Meerrettichkruste Weißbrot fein reiben und mit Meerrettich, Sahne, Ei, Eigelb und Butter vermischen. Mit Salz, Pfeffer und Zitronensaft abschmecken und kühl stellen.
Für die Sauce die Schalotten schälen und fein würfeln. Champignons säubern und in Scheiben schneiden. Butter erhitzen, Schalotten und Pilze zugeben und alles anschwitzen. Mit Weißwein, Portwein und Kalbsfond ablöschen und 10 Minuten köcheln lassen. Mit der Sahne auffüllen und reduzieren, bis eine sämige Sauce entsteht. Mit dem Pürierstab durchmixen und durch ein Sieb abpassieren.
Kurz vor dem Servieren den in Röllchen geschnittenen Schnittlauch zugeben.
Das Kalbsfilet in 12 gleich große Stücke schneiden, salzen und pfeffern und in Butterschmalz rosa braten.
Aus der Pfanne nehmen, auf ein Backblech geben, mit der Kruste bestreichen und unter dem Grill goldbraun gratinieren. Danach noch 1 bis 2 Minuten ruhen lassen.

Anrichten:
Den heißen Wirsing auf der Mitte des Tellers platzieren. Die Filets im Dreieck um den Wirsing platzieren. Die Sauce in den Zwischenräumen eingießen. Mit Kerbel und kleinen Möhrchen garnieren und mit Salzkartoffeln oder Schupfnudeln servieren.

Variationsvorschlag:
Die Meerrettichkruste kann ebenfalls zum Gratinieren von anderen Fleischteilen (zum Beispiel rosa gebratenem Rumpsteak) oder zu pochiertem Fisch (zum Beispiel Lachs) verwendet werden. Wird die Meerrettichkruste bei Fisch verwendet, dann wird sie noch mit etwas Pernod abgeschmeckt und mit Keta-Kaviar verfeinert.

Mein Menüvorschlag:

Geräuchertes Hirschfilet mit mariniertem Sellerie und Pfifferlingvinaigrette
Filet vom Milchkalb mit Meerrettichkruste und Wirsingfleckerl
Grießknödelchen auf Dörrobstconfit mit Walnusseis

Wein-Tipp
1997 Chianti Classico
DOCG
Castello di Ama

Heinrich Schöpf

Schöpfs Hotelchen, Restaurant & Vinothek Jägerstüberl, Wunsiedel-Luisenburg

Kunstgenuss mal drei: eine edle Küche, ein faszinierendes Interieur und schmeichelnde Opernarien – live zu Languste oder süßsaurem bayerischem Kraut gesungen. Im Jägerstüberl haben sich zwei Künstler getroffen. Beate singt, Heinrich kocht, und zusammen schaffen die Schöpfs das hohe C der kulinarischen Verwöhnung.

Das Restaurant ist in Resedagrün gehalten. Im Moment. Denn in den elf Jahren seines Bestehens hat es Beate Schöpf siebenmal komplett umgestaltet. Sie ist Diplom-Designerin und Sängerin aus Leidenschaft. Beide Talente bringt sie ein, während Künstler Nr. 2, Heini Schöpf, sein Talent täglich neu unter Beweis stellt. Seine Küche ist zwischen Heimat und weiter Welt angesiedelt: Fränkisches mit mediterranem Touch, einem Hauch Asien und einer Prise Orient.

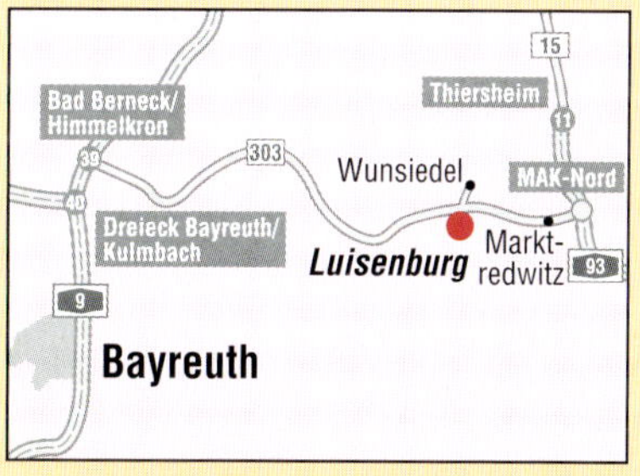

So finden Sie uns:
A 9 München–Berlin: Abfahrt Bad Berneck. Weiter auf der B 303, Richtung Wunsiedel. Kurz vor Wunsiedel der Ausschilderung „Luisenburg" folgen. Auf der A 93 Berlin–Hof: Abfahrt Marktredwitz / Rathausmitte in Richtung Wunsiedel. Ausschilderung beachten, siehe oben.

Infos auf einen Blick
Schöpfs Hotelchen, Restaurant & Vinothek Jägerstüberl
Luisenburg 5
95632 Wunsiedel-Luisenburg
Tel.: 09232-44 34
Fax: 09232-15 56
Öffnungszeiten: Sonntagabend und Montag geschlossen
Sitzplätze: 35
Kreditkarten: Amex, Diners, Eurocard, EC-Karte, Visa
Mit Hotel: 6 Zimmer
Umgebung: Freilichtbühne Luisenburg, Wunsiedel (Festspielstadt), Bayreuth, Kaiserbäder, Europas größtes Felsenlabyrinth, Golfplatz

Heinrich Schöpf

Restaurant & Vinothek Jägerstüberl, Wunsiedel

Den Umgang mit Bustouristen, Brotzeiten, Kaffeegedecken im Ausflugslokal seiner Eltern lernte er früh. Koch wollte er werden. Aber dass das mehr bedeutet als Schnitzel und Salat, das entdeckte er als Schüler mit 15 im Feinkostgeschäft Käfer in München. Ein Wunderland tat sich auf. Später ging er dort in die Lehre, danach ins Hilton und ins Weinhaus Schwarzwälder in München und nach weiteren Stationen heim ins elterliche Lokal. Und eröffnete darin, sozusagen als Kontrastprogramm, das Jägerstüberl. Punkte, Kochlöffel, goldene Flaschen und der begehrte „Metternich-Preis" brachten ihm bald die Bestätigung, dass er auf dem richtigen Weg war. Hochgelobt sind unter Kennern auch seine Weinproben, für die er – wie nicht anders zu erwarten – natürlich auch die jeweils passenden Menüs austüftelt.

Stubenkükensaltimbocca mit Kartoffelrisotto

Für 4 Personen

Für das Stubenküken
4 Stubenkükenbrüstchen
4 Stubenkükenschenkel
Pfeffer
Salz
11 Salbeiblätter
8 dünne Scheiben Parmaschinken
1 EL Olivenöl
1 Knoblauchzehe
1 Thymianzweig
1 Rosmarinzweig
1 EL Butter

Für das Kartoffelrisotto
250 g Kartoffeln
2 Schalotten
3 EL Olivenöl
100 g Pfifferlinge
70 ml Weißwein
150–200 ml Brühe
Salz
Pfeffer
60 g frisch geriebener Parmesan

Die Stubenkükenteile pfeffern und nur leicht salzen. Die Brüstchen und Schenkel nun mit je 1 Salbeiblatt belegen und danach mit dem Schinken umwickeln. Olivenöl in einer Pfanne erhitzen, Stubenkükensaltimbocca einlegen und rundherum schön braun anbraten. Knoblauch schälen und fein hacken. Thymianblättchen, Rosmarinnadeln und restliche Salbeiblätter fein hacken. Die Hitze reduzieren, Knoblauch, Kräuter und Butter hinzugeben (sie darf nicht verbrennen) und die Filets mit dieser Butter übergießen. In 4 bis 5 Minuten fertig braten.
Die Kartoffeln schälen und in gleichmäßige, 1 cm große Würfel schneiden. Die Schalotten schälen, in kleine Würfel schneiden und in Olivenöl anschwitzen, Pfifferlinge und Kartoffeln zugeben und mitdünsten. Mit dem Weißwein ablöschen und mit Brühe auffüllen. Nach etwa 5 Minuten sind die Kartoffeln gar. Parmesan dazugeben und mit Salz und Pfeffer abschmecken.

Anrichten:
Je 1 Brüstchen und 1 Schenkel des Stubenkükensaltimboccas auf das mittig platzierte Risotto setzen und etwas von der Bratbutter herumgießen.

Variationsvorschlag:
Das Stubenkükensaltimbocca schmeckt auch sehr gut zu frischen Blattsalaten. Anstelle von Stubenküken können Sie auch Kaninchenrückenfilets verwenden.

Mein Menüvorschlag:
Forellentatar auf Kartoffelspänen
Stubenkükensaltimbocca mit Kartoffelrisotto
Soufflé von Ziegenricotta
Erdbeersüppchen

Wein-Tipp
1999er Spätburgunder
Rotwein trocken
Weingut Meyer-Näkel

Krombach
Pils

Jens Dannenfeld

Johannes King

Ralf J. Kutzner

Hartmut Leimeister

Schleswig-Holstein • Hamburg

iedersachsen • Berlin • Sachsen

JENS DANNENFELD
Dannenfelds Restaurant und Dannis Brasserie, Braunschweig

•

JOHANNES KING
Söl'ring Hof, Rantum/Sylt

•

RALF J. KUTZNER
Restaurant Caroussel im Hotel Bülow Residenz, Dresden

•

HARTMUT LEIMEISTER
Restaurant La Fontaine im Hotel Ludwig im Park, Wolfsburg-Fallersleben

•

MARIO PATTIS
Romantik Hotel & Restaurant Pattis, Dresden

•

TIM RAUE
Restaurant e.t.a. hoffmann, Berlin

•

ALEXANDER TSCHEBULL
Restaurant Allegria, Hamburg

•

RAINER WOLTER
Restaurant Lindenlife, Berlin

Jens Dannenfeld

Dannenfelds Restaurant und Dannis Brasserie, Braunschweig

Braunschweig: ein altes Fabrikgebäude auf einem Industriegelände, aus dem inzwischen ein Zentrum für Kunst, Medien und Design geworden ist. Das hat sich Jens Dannenfeld als Standort für sein Restaurant ausgesucht. Darin sind Künstler, Studenten, Professoren und Feinschmecker anzutreffen. Und Leute, die einfach mal so richtig gut essen wollen.

Als er auf Sylt die aufregendste Kollegin seines Lebens traf, Melanie, war klar: Ab sofort geht es nur noch zu zweit. 1995 übernahmen die Dannenfelds das schöne Jugendstil-Restaurant „Brabanter Hof" in Braunschweig. Nach drei Jahren der Umzug in die alte Fabrik. Das alte Gemäuer wurde umgekrempelt und mit viel Liebe neu gestaltet, der große Garten nutzbar gemacht. Im Restaurant stehen edel gedeckte Eichentische, die Brasserie mit dem 10 m langen Tresen und den langen Bänken wurde dem französischen Vorbild nachempfunden.

So finden Sie uns:

A 39 Göttingen–Hannover: Abfahrt Braunschweig-Westend, weiter Richtung Stadtmitte, über den westlichen Ring über die München- und Luisenstraße zum ARTmax.

Infos auf einen Blick

Dannenfelds Restaurant
Dannis Brasserie auf dem ARTmax
Frankfurter Str. 4
38122 Braunschweig
Tel.: 0531-2 81 98 10 (Restaurant),
Tel.: 0531-2 81 98 11 (Brasserie)
Fax: 0531-2 81 98 28
Internet: www.dannenfelds-restaurant.de
e-mail: dannenfelds@gmx.de
Öffnungszeiten: Dienstag Ruhetag im Restaurant, in der Brasserie kein Ruhetag
Sitzplätze: 36 im Restaurant, 80 in der Brasserie
Kreditkarten: Amex, EC-Karte, Eurocard, Visa
Umgebung: Harz und Lüneburger Heide

Jens Dannenfeld

Dannenfelds Restaurant und Dannis Brasserie, Braunschweig

Seine Gäste nehmen klaglos auch längere Anfahrtswege in Kauf. Und werden mit einer leicht mediterran angehauchten Küche mit einem Schuss Niedersachsen-Tradition belohnt, etwa einer Crepinette von der Heidschnucke auf Bärlauchpüree. Oder, ein bißchen exotischer, mit einer Poularde mit Tandoori auf jungem Lauch. In der Brasserie geht's naturgemäß trendiger und preiswerter zu, aber mit Spaghetti mit Pesto und Edelfischen – um nur ein Beispiel zu nennen – keineswegs uninteressanter. Gelernt ist eben gelernt: Kempinski in Berlin, Berkeley-Hotel in London, Schweizerhof in Lenzerheide, La Perla in Lugano ... Die Liste ist lang und enthält auch Abstecher zu Sterne-Tempeln wie z. B. dem Tantris in München. Ein Gastgeber wollte er immer werden, denn in seiner Kindheit saß, kochte und feierte die Großfamilie immer zusammen. Diesen Traum hat er sich erfüllt.

Roulade von Spargel und Rucola mit Heideschinken

Für 4 Personen

Für den Spargel
500 g weißer Spargel
1/2 unbehandelte Zitrone
Salz
1/2 TL Zucker

Für die Mousse
50 g kalte Butter, in Stücke geschnitten
2 cl Noilly-Prat
50 g Creme fraîche
5 Blatt Gelatine
2 Bund Rucola
Salz
Pfeffer
Zucker
1 EL Walnussöl
100 g Sahne

Für die Crêpes (etwa 6 Stück)
1/8 l Milch
4 EL Mehl
3 Eier
Salz
Pfeffer
1 Msp. Muskat

Außerdem
150 g Heideschinken

Für den Spargel von den Spargelstangen das untere holzige Ende abschneiden und den Spargel schälen. Je nach Dicke 8 bis 10 Stangen mit Küchengarn zu einem Bündel binden.
Wasser mit der Zitrone, Salz und Zucker erhitzen. Die Spargelbündel etwa 15 bis 20 Minuten garen. Der Spargel sollte noch etwas Biss haben. Den Spargel herausheben und den Spargelfond aufheben.
Für die Mousse die Spargelenden (etwa 4 cm) von dem gegarten Spargel abschneiden, in etwas Butter anschwitzen, mit Noilly-Prat ablöschen. 1/8 l von dem Spargelfond angießen und auf die Hälfte einkochen. Creme fraîche und restliche Butter mit dem Mixstab unterarbeiten. Gelatine in kaltem Wasser einweichen.
Rucola waschen, die Stielenden abschneiden und pürieren, zusammen mit der ausgedrückten Gelatine unter die noch warme Spargelmasse ziehen und mit Salz, Pfeffer und Zucker abschmecken. Das Walnussöl untermixen, alles durch ein Sieb streichen und leicht abkühlen lassen.
Die Sahne schlagen und, sobald die Masse langsam fest wird, vorsichtig unterheben und kühl stellen.
Für die Crêpes aus Milch, Mehl, Eiern und Gewürzen einen Teig herstellen. In einer beschichteten Pfanne dünne Crêpes ausbacken und diese abkühlen lassen.
Die Crêpes mit Heideschinken belegen, die Mousse darauf streichen, dicht mit den Spargelstangen belegen, nochmals mit Mousse bestreichen und einrollen.

Anrichten:
Nach einer Kühlzeit von etwa 3 Stunden die Rollen mit einem scharfen Messer fingerdick aufschneiden und zusammen mit einem kleinen Spargel- oder Blattsalat servieren.

Variationsvorschlag:
Den Spargel in noch heiße Crêpes rollen und mit einer Sauce Hollandaise zusammen servieren.

Mein Menüvorschlag:
Roulade von Spargel und Rucola mit Heideschinken
Heidschnuckengugelhupf auf Steckrübenpüree
Roulade vom Elmer Ziegenkäse und Sellerie mit Rhabarber
Heidelbeeren im Reisblatt mit Eis von Limonengras und Mascarpone

Wein-Tipp

1997er Gaisböhl Ruppertsberg
Riesling Spätlese trocken
1. Gewächs nach gutseigener
*Klassifiz. **
Weingut Dr. Bürklin-Wolf

Johannes King

Dorint Söl'ring Hof, Rantum auf Sylt

Der Meister des „Grand Slam" in Berlin hat den Center Court verlassen. Johannes King, der einzige Mann von „Rot-Weiß", der nie ein Spiel verlor, brach zu neuen Ufern auf – nach Rantum auf Sylt. Inmitten der faszinierenden Dünenlandschaft bringt er frischen (Küchen-)Wind in das reetgedeckte Friesenhaus Söl'ring Hof. Und was dort jetzt abgeht, ist schlicht und einfach „King-Size".

23 000 m^2 naturgeschützte Dünen auf Sylt und oben auf den Dünen mit weitem Blick aufs Meer der „Söl'ring Hof". Ein Freundeskreis um das Fußballidol Uwe Seeler hat das im Laufe der Jahre etwas angeschlagene Gästehaus einer Hamburger Bank übernommen und zu einem einzigartigen Landhaus umgebaut, in dem Johannes King, ein Schwabe, wahrhaft der König ist und seither auch von Schollen, Seezungen, Krabben, Sylter Austern, Matjes schwärmt ... Und so ein neues Wallfahrtsziel für Leute schuf, die wissen, wo man abwechslungsreich genießen kann.

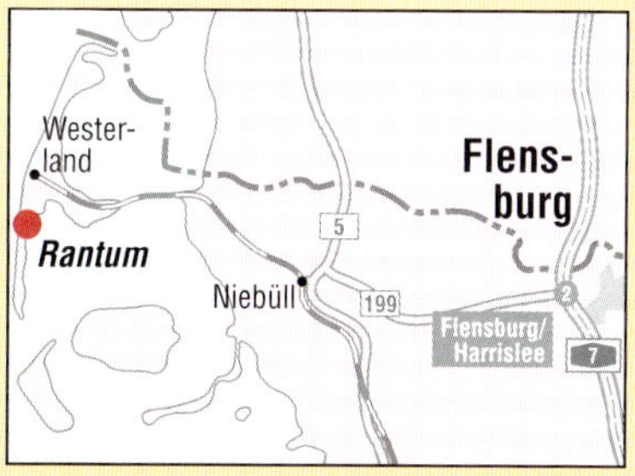

So finden Sie uns:

A 7 Hamburg–Flensburg: Abfahrt Flensburg/Harrislee, weiter auf der B 199 nach Niebüll, Autozug nach Westerland auf Sylt. In Rantum auf der Hörnumer Straße in Richtung Westerland links auf den Sandwall abbiegen (vorbei am Feuerwehrhaus auf der rechten Seite).

Infos auf einen Blick

Dorint Söl'ring Hof
Am Sandwall 1
25980 Rantum auf Sylt
Tel.: 04651-83 62 00
Fax: 04651-8 36 20 20
Internet:
www.rantum.de/soelring-hof
oder www.dorint.de/sylt-rantum
e-mail: info.GWTRAT@dorint.com
Öffnungszeiten: kein Ruhetag
Sitzplätze: 40
Mit Hotel: 15 Zimmer und Suiten
Kreditkarten: Amex, Diners, EC-Karte, Eurocard, Visa
Umgebung: Dünen mit herrlichem Meeresblick, Kampen

Johannes King

Dorint Söl'ring Hof, Rantum, Sylt

Ein langer Weg aus dem Ländle bis an den Nordseestrand. Dabei fing alles mal so südlich an: in Rottweil, wo ihm Irmgard Meier im Ringhotel Johanniterbad das Abc des Kochens beibrachte. Anreiz für einen langen Weg durch die großen Küchen: bei Franz Keller in Köln, in der Kur-Konditorei in Wien-Oberlaa, bei Henri Levy im Maître, im Nobelrestaurant Zum Hugenotten im Berliner Interconti, eine Saison im Burgund – dann zehn Jahre im Grand Slam in Berlin. Und Sylt. Sand und Meer vor dem Haus, heimelige offene Kamine, Holz, Kristall und Silber im Inneren. Und dann: das Frühstück mit Meeresblick! Nach wie vor reizt es ihn, schnell mal in den USA oder in Frankreich für eine handverlesene Gästeschar zu kochen oder an einem Wettbewerb teilzunehmen. Sein Wunsch: Das neue Haus möge im Sternenglanz erstrahlen.

Kleine Suppen-Arie

Für 6 Personen

Für das Hummersüppchen
1 Hummer, 300–400 g
1 Schalotte
1 kleine Fenchelknolle
2 mittelgroße Champignons
2 EL Butter
1 Thymianzweig
6 Estragonblätter
4 cl trockener Noilly-Prat
150 ml Fischfond
200 g Sahne
Salz
Pfeffer

Für das Spinatcremesüppchen
100 g Champignons
2 Schalotten
3 EL Butter
1/4 l Geflügelfond
125 g Sahne
200 g Blattspinat
Salz
Pfeffer
Muskat
Zitronensaft
1 Knoblauchzehe

Für die Pfifferlingsconsommé
250 g Rinderbeinfleisch
1 mittelgroße Möhre
100 g Knollensellerie
2 Schalotten
150 g Pfifferlinge
3 Eiweiß
300 ml kaltes Wasser
200 g Eiswürfel
Salz
Pfeffer
1 EL Butter
1 EL gehackte glatte Petersilie

Hummer in reichlich stark kochendem Wasser töten und 5 Minuten bei schwacher Hitze ziehen lassen. Kalt abspülen und das Fleisch aus der Schale brechen. Hummerschale zerhacken. Schalotte schälen und fein würfeln, Fenchel putzen, waschen und würfeln, Pilze putzen und in dünne Scheiben schneiden.

Butter in einem großen Topf erhitzen und die Hummerschalen kurz anrösten. Schalotten, Kräuter, Fenchel und Pilze dazugeben und unter Rühren andünsten. Noilly-Prat, Fischfond und Sahne dazugießen und bei kleiner Hitze etwa 10 Minuten köcheln lassen. Mit Salz und Pfeffer würzen. Suppe durch ein feines Haarsieb gießen. Hummerfleisch in Stücke schneiden und in die Suppe geben.

Für das Spinatcremesüppchen Champignons putzen und würfeln. Schalotten schälen und fein würfeln. Butter erhitzen und Schalotten darin leicht braun andünsten. Geflügelfond und Sahne dazugießen und alles 5 Minuten bei kleiner Hitze kochen lassen.

Den Spinat von Stielen befreien, waschen und in die Suppe geben, aufkochen und mit dem Schneidestab des Handrührers fein pürieren. Die Suppe durch ein feines Sieb streichen und mit Salz, Pfeffer, Muskat und einem Spritzer Zitronensaft abschmecken. Die Knoblauchzehe schälen, auf eine Gabel spießen, für 5 Minuten in die Suppe geben und wieder herausnehmen.

Für die Pfifferlingsconsommé das Beinfleisch durch die grobe Scheibe des Fleischwolfs drehen (oder beim Metzger durchdrehen lassen). Möhre und Sellerie putzen, Schalotten schälen und klein würfeln. Pfifferlinge putzen und 100 g davon klein schneiden.

Eiweiß leicht verschlagen. Wasser, Beinfleisch, Gemüse, Schalotten, klein geschnittene Pfifferlinge, Eiweiß und die Eiswürfel mischen und langsam aufkochen.

Vorsichtig langsam mit einem Pfannenwender umrühren und die Mischung vom Topfboden lösen. Etwa 40 Minuten ziehen lassen.

Den Fleischkuchen mit einer Schaumkelle abheben und abtropfen lassen. Consommé durch ein feines Haarsieb oder Tuch gießen und mit Salz und Pfeffer würzen. Die restlichen Pfifferlinge in der Butter anbraten, mit Salz und Pfeffer abschmecken und in die Consommé geben. Mit Petersilie bestreuen.

Anrichten:

Die verschiedenen Suppen in kleine Mokkatässchen geben und gleichzeitig servieren.

Variationsvorschlag:

Wenn Sie die Menge der Zutaten verdoppeln reicht auch jede einzelne Suppe als Vorspeise.

Mein Menüvorschlag:
Kleine Suppen-Arie
Törtchen vom Salzgras-Lamm mit Steckrübe und geschmorten Schalotten
Karamellisierter weißer Pfirsich mit Lavendelblüteneis

Wein-Tipp

1999er Riesling halbtrocken
Schloss Wallhausen
Prinz zu Salm-Dalberg'sches
Weingut

Ralf J. Kutzner

Restaurant Caroussel im Hotel Bülow Residenz, Dresden

Sachsens August – der Starke –, berühmtester Gourmet seiner Zeit, wäre über das barocke Bülow-Palais in Dresden mit Sicherheit entzückt gewesen, hätte es darin schon damals das Caroussel gegeben, und Ralf J. Kutzner, der dem Restaurant im Herzen der Stadt zu wahrem Sternenglanz verhalf. Inzwischen *die* Adresse in Elbflorenz, wenn es darum geht, alle Sinne nach Strich und Faden zu verwöhnen.

Die Überraschung war perfekt: Keiner hätte gedacht, dass das schöne, aber im Laufe vieler Jahre baufällig gewordene Gebäude jemals eines der führenden Hotels in Dresden würde. Und eines der führenden Restaurants beherbergen würde. Als Ralf J. Kutzner der Ruf nach Dresden ereilte, kochte er noch in London. Über Nacht musste alles, was zum Führen eines erstklassigen Hotels und Restaurants notwendig war, herbeigezaubert werden.
Der Zauber gelang. Kutzner wurde nicht nur zum Aufsteiger des Jahres 1996 gekürt, auch der gestrenge Gault Millau brach in untypischen Jubel aus.

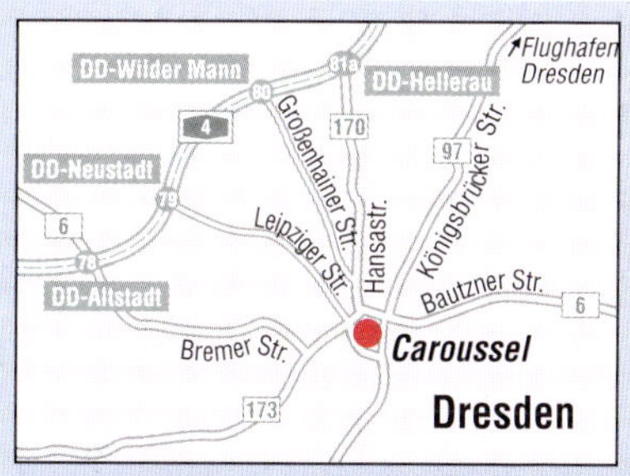

So finden Sie uns:
A 4 Bad Hersfeld–Dresden: Abfahrt Dresden/Hellerau, Richtung Zentrum (Radeberger- bzw. Hansa-Straße oder Route B – Rote Hotelroute). Nach ca. 4 km (Neustädter Bahnhof) links über die Kreuzung, vor der nächsten Ampel links auf den Palais-Platz einbiegen, dann die 1. Straße links (Königstraße), dann die 1. rechts (Obergraben). Das Restaurant befindet sich im 1. Eckhaus rechts.

Infos auf einen Blick
Restaurant Caroussel
im Hotel Bülow Residenz
Rähnitzgasse 19, 01097 Dresden
Tel.: 0351-8 00 30
Fax: 0351-8 00 31 00
Internet: www.buelow-residenz.de
e-mail: buelow-residenz@t-online.de
Öffnungszeiten: kein Ruhetag
Sitzplätze: 44
Kreditkarten: Amex, Diners, Eurocard, Visa
Mit Hotel: 30 Zimmer
Umgebung: Semperoper, Zwinger, Schloss Pillnitz, Schloss Moritzburg, Sächsische Schweiz

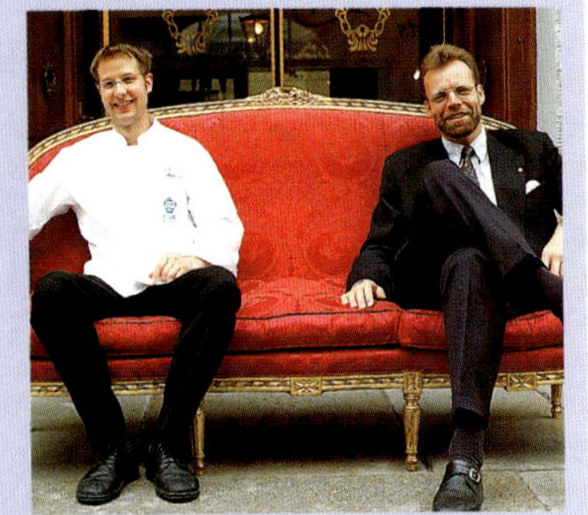

Ralf J. Kutzner (rechts) mit seinem Chefkoch Stefan Hermann (links)

Ralf J. Kutzner

Restaurant Caroussel im Hotel Bülow Residenz, Dresden

In der Kutzner-Familie ist er der erste seiner Zunft. Nach einer Schnupperlehre, die seine Begeisterung für diesen Beruf erst einmal arg dämpfte, entschloss er sich dann doch, nicht nur Koch, sondern auch noch Betriebswirt und sogar Hoteldirektor zu werden. Einige seiner Stationen: Landhaus Scherrer, Tantris, Mandarin Oriental in Hongkong, Balmoral International Hotels in Edinburgh, Four Season Regent in London ... Wer im weichen Schimmer der Kerzen im barock gestalteten Caroussel speist, genießt nicht nur eine festliche Stimmung und eine intuitiv künstlerisch gestaltete Küche: z. B. Stefans Seeteufelmedaillons mit Lachs im Spinatmantel auf Kaviarschaum oder gekräuterten schottischen Lammrücken. Nein, der bekommt auch was fürs Auge geboten. Nicht nur das Gericht, auch der Teller muss stimmen.

Strudel von der Lachsforelle mit Krebsschwänzen und frischen Morcheln

Für 4 Personen

Für die Krebsschwänze
20 frische Krebsschwänze
1/8 l Weißwein
1 Bund Dill
1 TL Kümmel
10 grob zerstoßene weiße Pfefferkörner
1 TL Butter
Salz, Pfeffer

Für den Strudel
500 g Lachsforellenfilet ohne Haut und Gräten
Salz, Pfeffer
75 g kalte Sahne
100 g Blattspinat
1 EL Zitronensaft
4 Blatt Blätterteig oder Frühlingsrollenteig (Asia-Markt)
je 1 EL Öl und Butter

Für die Bohnen und Morcheln
32 dicke grüne Bohnenkerne
Salz, Pfeffer
2 EL Butter
1 EL gehackter Kerbel
24 frische Morcheln
1/8 l Geflügelfond

Für die Sauce
je 100 g Sellerie, Porree und Zwiebel
1 EL Butter
100 g Sahne
200 ml Fischfond
50 ml Champagner
Salz, Pfeffer
1 TL Zitronensaft

Außerdem
200 ml Krebsglacé (reduzierter Krebsfond, fertig zubereitet kaufen)

Die Krebse in einem kochenden Sud aus Wasser, Weißwein, Dillstängeln, Kümmel und Pfefferkörnern circa 4 Minuten garen. In kaltes Wasser geben und ausbrechen.
Ein Drittel der Krebsschwänze wird für die Strudelfüllung verwendet. Die restlichen zwei Drittel werden kurz vor dem Anrichten in etwas Butter geschwenkt und abgeschmeckt.
Für den Strudel von der Lachsforelle etwa 100 g zur Zubereitung der Fischfarce abschneiden, klein schneiden und in der Moulinette mit Salz und Pfeffer pürieren. Nach und nach die flüssige Sahne zugeben, bis eine gleichmäßige Farce entsteht.
Den Blattspinat in Salzwasser ganz kurz blanchieren und in kaltem Wasser abschrecken. Die Lachsforelle würzen, mit Zitronensaft beträufeln und bereit halten.
Die Teigplatten dünn mit der Farce bestreichen, Spinat trockentupfen und den Teig damit auslegen. Das gewürzte Lachsforellenfilet darauf platzieren, mit Fischfarce einstreichen (etwas Fischfarce für die Morcheln übrig behalten) und mit einem Drittel der Krebsschwänze zu einer Roulade einrollen. In Pflanzenöl von allen Seiten anbraten und noch etwa 4 bis 5 Minuten in Butter fertig braten.
Die Bohnenkerne in Salzwasser garen, das Häutchen abziehen, in 1 Esslöffel Butter mit etwas gehacktem Kerbel schwenken und mit Salz und Pfeffer abschmecken. Die Morcheln mit der restlichen Fischfarce füllen, in Butter anbraten, mit etwas Geflügelfond angießen und garen.
Für die Sauce das Gemüse putzen und klein schneiden. In etwas Butter anschwitzen, mit der Sahne, dem Fond und der Hälfte des Champagner aufgießen und reduzieren lassen. Alles durch ein Sieb gießen und mit Salz, Pfeffer und Zitronensaft abschmecken. Kurz vor dem Anrichten den restlichen Champagner zugeben.

Anrichten:
Die Roulade schräg in Scheiben schneiden und in der Tellermitte anrichten.
Die Bohnenkerne, Morcheln und Flusskrebse darum verteilen, mit der Champagnersauce leicht umgießen und der Krebsglacé vollenden.

Variationsvorschlag:
Servieren sie die Krebsschwänze, Bohnen und Morcheln mit kross gebratenem Seewolf.

Mein Menüvorschlag:

Carpaccio von Rinderfilet und Salat von geschmorten Rinderbacken mit Tomaten-Oliven-Vinaigrette und gehobeltem Parmesan
Strudel von der Lachsforelle mit Krebsschwänzen und frischen Morcheln
Grießsoufflé mit karamellisierten Calvados-Äpfeln, Mohneis in einer Honigwabe

Wein-Tipp
1997er Puligny-Montrachet
Domaine Leflaive
Côte de Beaune, Burgund

JEUNES
RESTAURATEURS
D'EUROPE
1997
Wir
müssen
draussen
bleiben

Hartmut Leimeister

Restaurant La Fontaine im Hotel Ludwig im Park Wolfsburg (Inhaber: Familie Schulz-Hausbrandt)

Er ist der einzige Mann in Wolfsburg, der VW fährt und unter einem Stern „jobbt". Und zudem einsamer Spitzenkoch in dieser Region: Hartmut Leimeister mit seinem eleganten La Fontaine, in dem auch die süße Seite der Kochkunst gepflegt wird.

Noble Atmosphäre, alte Stiche, schweres Tafelsilber, leiser Service – gediegene Business-Klasse eben. Der überwiegende Teil der Gäste sind denn auch Männer. Der Küchenchef hat sich darauf eingestellt: kein Schickimicki, sondern klassische Küche eben, ein richtiges Stück Fisch oder Fleisch kommt hier auf den Teller, dazu herzhafte Beilagen, die Portionen zwischen Lust und Linie. Gekocht wird leicht, frisch, nach Jahreszeiten und, soweit möglich, mit regionalen Produkten.

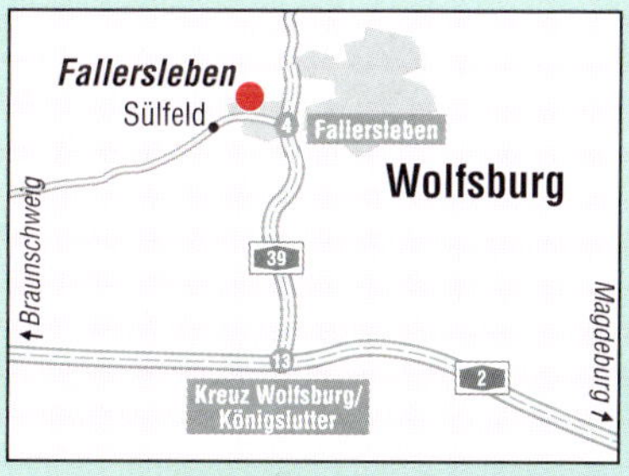

So finden Sie uns:
A 2 Hannover–Berlin: Abfahrt Kreuz Wolfsburg/Königslutter. Weiter auf der A 39: Ausfahrt Fallersleben, Richtung Schwefelbad-Sülfeld. Das Restaurant liegt im Wolfsburger Vorort Fallersleben.

Infos auf einen Blick
Restaurant La Fontaine
im Hotel Ludwig im Park
(Inhaber: Familie Schulz-Hausbrandt)
Gifhorner Str. 25,
38442 Wolfsburg-Fallersleben
Tel.: 05362-94 02 50 und
05362-6 34 34 (Restaurant)
Fax: 05362-94 04 00
Internet: www.ludwig-im-park.de
e-mail: info@ludwig-im-park.de
Öffnungszeiten: Abends geöffnet, Sonntag Ruhetag
Sitzplätze: 40, weitere Räumlichkeiten für 10-70 Personen
Kreditkarten: Amex, Diners, Eurocard, Visa
Umgebung: VW Autostadt, Automuseum, Kunstmuseum, Planetarium, Schloss Wolfsburg, Geburtshaus von Hoffmann von Fallersleben (Museum)

Hartmut Leimeister

Restaurant La Fontaine im Hotel Ludwig im Park, Wolfsburg

Als Erstes lernte er Konditor (Schleckermäuler danken es ihm!), danach Koch, den die Neugier in die ganz großen Häuser des Landes trieb. Er ließ nichts aus: Nassauer Hof in Wiesbaden, Waldhotel Friedrichsruhe in Öhringen, die Traube-Tonbach. Drei Jahre blieb er bei Harald Wohlfahrt. Fortsetzung bei Jörg Müller auf Sylt, bei Josef Viehhauser in Hamburg. Sechs Jahre Hamburg und die Erfahrung mit den hanseatischen Geschäftsleuten vermittelten dem jungen Franken das beste Rüstzeug für seine heutige Aufgabe. Hanseatisch zurückhaltend ist er auch, was seine Person betrifft. Trotz hoher Auszeichnungen, darunter ein Michelin-Stern, hält er sich lediglich für einen soliden Handwerker. Kunsthandwerker wäre die treffendere Bezeichnung. Er ist nebenbei noch Schatzmeister der Jeunes Restaurateurs, die er mitgegründet hat.

Lachstatar mit Kerbel-Pinienkern-Marinade und Tomaten-Zucchini-Törtchen

Für 4 Personen

Für die Tomatenmousse
3 EL Tomatenfleischwürfel (frisch oder aus der Packung)
4 TL Ketchup
1 EL Tomatenmark
1 1/2 Blatt Gelatine
1 1/2 EL Geflügelfond
Salz
Pfeffer
120 g Sahne

Für die Törtchen
1 große Zucchini
Salz
Olivenöl zum Ausfetten
Pfeffer
4 Tomaten
1/2 Blatt Gelatine

Für die Marinade
75 ml Geflügelfond
2 EL weißer Balsamico-Essig
120 g geröstete Pinienkerne
60 ml Sonnenblumenöl
Salz
Pfeffer
Zucker
frischer Kerbel

Für das Lachstatar
300 g Graved Lachs oder ganz frischer Lachs
1 1/2–2 EL Olivenöl
1–2 EL Limonensaft
Salz
Pfeffer
1 EL gehackter Kerbel

Für die Tomatenmousse das Tomatenfleisch, den Ketchup und das Tomatenmark verrühren. Die in kaltem Wasser eingeweichte Gelatine in dem warmen Geflügelfond auflösen und zu den Tomaten geben. Mit Salz und Pfeffer abschmecken. Die Sahne steif schlagen und nach und nach unter die kalte Tomatenmasse heben.

Für die Törtchen die Zucchini mit der Aufschnittmaschine oder dem Gemüsehobel in circa 2 mm dünne Scheiben schneiden. Kurz in Salzwasser blanchieren, in kaltem Wasser abschrecken und abtropfen lassen. Vier Förmchen oder Ringe mit einem Durchmesser von 7 cm mit Öl ausstreichen und mit den Zucchinischeiben kreuzförmig so auslegen, dass der Boden und der Rand bedeckt sind und die Scheiben leicht überlappen. Die Mousse in die ausgelegten Ringe geben, die Zucchinischeiben vorsichtig umklappen und circa 4 Stunden kalt stellen.

Die Tomaten in kochendes Wasser geben und, sobald die Haut sich löst, in kaltem Wasser abschrecken. Die Haut abziehen, Tomaten vierteln, Kerngehäuse entfernen und das Fleisch in Würfel schneiden. Die Tomatenreste in einen Topf geben, mit etwas Wasser auffüllen, abschmecken, aufkochen lassen und durch ein Tuch gießen. 50 ml von diesem Fond mit der eingeweichten Gelatine versetzen, abkühlen lassen, die Hälfte der Tomatenwürfel dazugeben und gleichmäßig über die kalten Törtchen verteilen.

Die andere Hälfte der Tomatenwürfel kurz vor dem Anrichten zu der Marinade geben.

Für die Marinade Geflügelfond, Balsamico und 80 g Pinienkerne mixen, das Sonnenblumenöl nach und nach zugeben, so dass eine gleichmäßige Creme entsteht. Mit Salz, Pfeffer und Zucker abschmecken.

Den Lachs leicht anfrieren und in feine Würfel schneiden. Mit Olivenöl, Limonensaft, Salz und Pfeffer marinieren und kurz vor dem Anrichten den gehackten Kerbel zugeben.

Anrichten:

Die restlichen Tomatenwürfel und die Pinienkerne in die Marinade geben. Das Törtchen in die Mitte des Tellers setzen, von dem Tatar je 2 Nocken formen und auf dem Teller anrichten.

Die Marinade angießen und mit Kerbel ausgarnieren.

Variationsvorschlag:

Die Kerbel-Pinienkern-Marinade passt auch sehr gut zu gebratener Hühnchenbrust auf Blattsalaten.

Mein Menüvorschlag:

Lachstatar mit Kerbel-Pinienkern-Marinade und Tomaten-Zucchini-Törtchen
Maispoulardenbrust auf Spargel-Morchel-Ragout mit Spinatgnocchi
Zweierlei von der Limone mit Himbeeren in der Mandeltulpe

Wein-Tipp
1998 Terre di Tufi
IGT
Teruzzi & Puthod

Davidoff
CAFE

Hotel & Restaurant
Pattis

Mario Pattis

Romantik Hotel & Restaurant Pattis, Dresden

Sächsische Küche? Ja, klar – Dresdner Stollen und Leipziger Allerlei. Und sonst? Nichts. Bis einer die Rezepte von Friedrich Baumann, 1836 Koch am Sächsischen Hof, ausprobierte und der heutigen Zeit anpasste. Das war Mario Pattis. Seither gibt es wieder eine fürstliche sächsische Küche.

Ein ganzes Jahr hat der Umbau im Familienverband – Mutter, Vater, Bruder und Ehefrau – gedauert, dann war aus einer mehr als 100 Jahre alten Mühle, damals ein beliebtes Ausflugslokal, ein stilvolles Hotel mit einem ebenso stilvollen Restaurant geworden. Das Gourmetrestaurant (es gibt auch noch ein gut bürgerliches) ist spezialisiert auf „Sächsisch Höfisches Essvergnügen". Klar, dass das Protokoll hier auch echtes Meissener Porzellan vorschreibt.

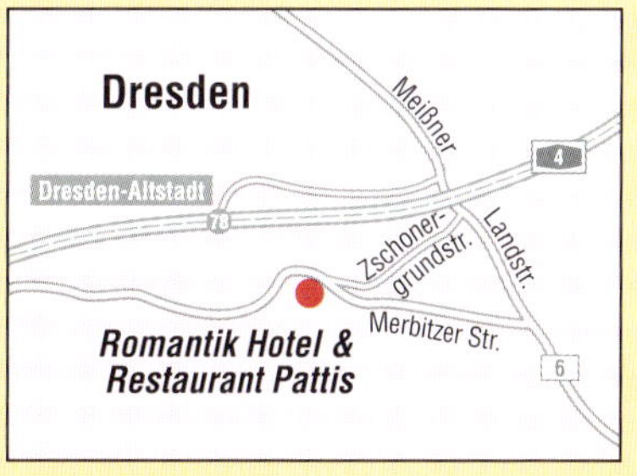

So finden Sie uns:

A 4 Eisenach–Dresden: Abfahrt Dresden-Altstadt. Bei der ersten Ampelkreuzung rechts abbiegen. Das Haus liegt ca. 100 m von der Ausfahrt entfernt.

Infos auf einen Blick

Romantik Hotel & Restaurant Pattis
Merbitzer Str. 53, 01157 Dresden
Tel.: 0351-4 25 50
Fax: 0351-4 25 52 55
Internet:
www.romantikhotels.com/dresden
und www.pattis.net
e-mail: pattis@romantik.de
Öffnungszeiten: Sonntag Ruhetag
Sitzplätze: 48
Kreditkarten: Amex, Diners, Eurocard, EC-Karte, Visa
Mit Hotel: 42 Zimmer und 5 Suiten
Umgebung: Vitalgarten im Hotel (Wellnessbereich, Beauty-Studio), Semper-Oper, Schloss Zwinger, Frauenkirche, Meißen, Moritzburg

Mario
Pattis

Romantik Hotel & Restaurant Pattis, Dresden

Er hat einen großen Traum: Nein, kein neues Restaurant. Er möchte wieder einmal mit dem Wohnmobil durch Amerika fahren. Daraus wird vorerst wohl nichts. Wenigstens war inzwischen Zeit, seine Herzensdame Katrin zu heiraten. Die Frau seines Herzens ist ihm schon länger ganz nah – der Service im Hause Pattis ist ihr Revier.
Die „Koch-Gene" kommen aus seiner Familie. Seine Eltern machten sich in der ehemaligen DDR als Gastronomen selbstständig. Er selber wäre lieber Lehrer geworden. Keine Chance im damaligen System. Nach der Wende schnupperte er in fremden Küchen im Westen, machte seinen Küchenmeister in Zürich. Danach trieb es ihn, die fast vergessene sächsische Küche neu zu beleben, er schrieb das Kochbuch „Unsere sächsische feine Küche" und bereitet für seine Gäste beispielsweise Geflügelklößchen auf Artischocken in Steinpilzsud zu.

Kalbsnierchen in altem Sherryessig auf Kartoffelmousseline

Für 4 Personen

Für die Kalbsnierchen
600 g Kalbsnierchen
Mehl zum Wenden
200 g Champignons
4 Schalotten
4 EL Traubenkernöl
100 ml Kalbsjus (ersatzweise fertige Bratensauce)
2 cl alter Sherryessig
Salz
Pfeffer

Für die Mousseline
350 g Kartoffeln
3 EL Sahne
60 ml Milch
50 g Butter
2 Thymianzweige
Salz
Pfeffer

Für die Garnitur
2–3 Rosmarinzweige
2–3 Thymianzweige

Die Kalbsnieren von Sehnen und Fett befreien, in kleine Stücke schneiden, würzen und in Mehl wenden. Champignons putzen und in Scheiben schneiden. Schalotten schälen und in feine Würfelchen schneiden. Die Schalotten in 2 Esslöffel Traubenkernöl glasig dünsten, die Champignons dazugeben und alles kurz durchschwenken.
Die Nierchen in einer anderen Pfanne kurz kräftig im restlichen Öl anbraten und mit zu den Champignons geben. Das Ganze mit dem Sherryessig ablöschen, die Kalbsjus zugeben und etwas reduzieren. Mit Salz und Pfeffer abschmecken.
Für die Mousseline die Kartoffeln schälen, kochen und abgießen. Sahne, Milch und Butter aufkochen und diese Mischung mit einem Mixer nach und nach zu den Kartoffeln geben. Das Kartoffelpüree mit Salz und Pfeffer abschmecken. Thymianblättchen abzupfen, klein hacken und dazugeben.
Anrichten:
Das Püree auf den Teller geben, die Nierchen darauf anrichten und mit Rosmarin und Thymian garnieren.
Variationsvorschlag:
Anstelle von Sherryessig kann dieses Gericht auch sehr gut mit Balsamico-Essig zubereitet werden, abgeschmeckt mit etwas Portwein. Richten Sie diese Nierchenvariation mit pro Person 1 in Olivenöl ausgebackenen Rosmarinzweig und frischem Baguette an und beträufeln Sie zum Schluss die Nierchen je nach Geschmack mit einigen Tropfen Balsamico-Essig.

Mein Menüvorschlag:
Forellentatar mit einem Kräuterpotpourri
Zanderfilet mit Tomatenmarmelade auf Leipziger Allerlei im Krebsschaum
Kalbsnierchen in altem Sherryessig auf Kartoffelmousseline
Sächsische Quarkkeulchen mit gebrannter Kardamomcreme und Orangeneis

Wein-Tipp
1996er Montesodi
Chianti Rufina DOCG
Castello di Nipozzano
Marchesi de' Frescobaldi

Tim Raue

Restaurant e.t.a. hoffmann im Hotel Riehmers Hofgarten, Berlin

Etwas hat er mit dem Namensgeber seines Restaurants, dem Schriftsteller E.T.A. Hoffmann, gemeinsam: Die Begabung, fantastische Geschichten zu ersinnen. Tim Raue bringt sie allerdings nicht zu Papier, er „schreibt" sie am Herd – jede einzelne bestsellerverdächtig.

Das Restaurant liegt mitten in Kreuzberg: drei Räume in Weiß, Beige und Champagner gehalten, 14 Tische, Platzgedecke mit Platinrand. Doch nichts wirkt steif. Im Gegenteil. Marie-Anne Raue zaubert daraus eine ungezwungene Atmosphäre. Die Küche: französisch, leicht und modern, gepaart mit Akzenten aus der ganzen Welt und sehr aromastark. Regionales wird nicht ausgespart, aber apart verfeinert. Nirgendwo sonst wird das Berliner Senfei mit Kaviar gereicht. Tim Raue tut's.

So finden Sie uns:

Stadtautobahn: Abfahrt Tempelhof, Tempelhofer Damm. Vom Mehringdamm links in die Yorckstraße einbiegen. Das Haus liegt nach 200 m auf der linken Seite. Haltestelle für den Bus (Nr. 119, 140 und 219) und die U-Bahn (U6, U7) in der Nähe. Vom Flughafen Tempelhof ca. 1 km, vom Bahnhof Zoologischer Garten ca. 6 km entfernt.

Infos auf einen Blick

Restaurant e.t.a. hoffmann
im Hotel Riehmers Hofgarten
Yorckstr. 83, 10965 Berlin
Tel.: 030-78 09 88 00
Fax: 030-78 09 88 08
Internet:
www.hotel-riehmers-hofgarten.de
e-mail:rhg@snafu.de
Öffnungszeiten: Sonntag Ruhetag
Sitzplätze: 60 (3 Räume)
Kreditkarten: Amex, EC-Karte, Eurocard, Visa
Mit Hotel: 20 Zimmer
Umgebung: Bezirk Kreuzberg (kleine Shoppingstraßen, Viktoria-Park mit Wasserfall), Gendarmenmarkt

Tim
Raue

**Restaurant
e.t.a. hoffmann
im Hotel Riehmers
Hofgarten, Berlin**

In der Fremde hat es ihn nie lange gehalten, nicht in Winklers Tristan auf Mallorca, nicht im sternebestrahlten La Mer in Hamburg. Er braucht die Berliner Luft. Also kochte er sich hier durch alle edlen Adressen – vom Chalet Suisse über das Restaurant Schloß Glienicke, die Kaiserstuben bis zum Ritz Carlton. Im e.t.a. hoffmann ist er nicht nur Küchenchef, er leitet auch das alte, schöne Hotel Riehmers Hofgarten. An seiner Seite, seit sechs Jahren, seine Frau Anne-Marie. Die ging damals noch zur Schule, als er sie in einer Disko entdeckte. Die Lust am Kochen hat er nicht, wie viele seiner Kollegen, geerbt: Mutter Kindergärtnerin, Vater Unternehmensberater. Die Überlebensstrategie von Jung-Tim bestand aus Spiegeleiern in hundert Variationen. Vielleicht hat ihn gerade das animiert, die Kunst des Kochens zu erlernen.

Berliner Senfei mit Roter Bete und Kaviar

Für 4 Personen

Für die Senfeier
4 große Landeier
1 Schalotte
70 g Butter
200 ml Geflügelfond
2 EL Crème fraîche
60 g Sahne
3 TL Bautzener Senf
2 TL Feigensenf
Salz
Pfeffer

Für die Rote Bete
100 g Rote Bete, gekocht
1 TL Johannisbeergelee
1 TL Himbeeressig

Für das Kartoffelpüree
600 g Pellkartoffeln
80 g Sahne
2 EL Butter
Salz
Pfeffer
1/2 TL Muskat

Außerdem
ca. 60 g Kaviar
Kerbel zum Garnieren

Die Eier anstechen, in kochendem Wasser 7 Minuten kochen, abschrecken und pellen. Etwa 2 Minuten in heißes Wasser legen und warm halten.
Die Schalotten schälen und fein würfeln. Butter in einem Topf erhitzen und die Schalotten darin anschwitzen. Alle Zutaten bis auf den Senf dazugeben, aufkochen und mixen. Den Senf dazugeben, nochmals aufkochen und erneut mixen. Mit Salz und Pfeffer abschmecken.
Rote Bete grob raspeln, in einem Topf erhitzen, das Gelee und den Essig hinzufügen und ebenfalls abschmecken.
Die Kartoffeln kochen, pellen und noch heiß durch die Kartoffelpresse drücken oder stampfen. Sahne zusammen mit der Butter erhitzen. Mit Salz, Pfeffer und Muskat abschmecken und so viel zu den Kartoffeln geben, bis ein schön sämiges Püree entsteht. Bis zum Anrichten warm halten.

Anrichten:
Das Kartoffelpüree in die Mitte eines tiefen Tellers geben, die heißen Eier halbieren, darauf legen und mit etwas Sauce übergießen.
Rote Bete rund um das Püree verteilen und den Kaviar als Nocke auf die Eier geben. Mit Kerbel garnieren.

Variationsvorschlag:
Die Rote Bete kann auch mit Kopfsalatjulienne und Kerbel im Sommer gut als Beilage zu Kalbfleischgerichten oder Heilbutt serviert werden.

Mein Menüvorschlag:
Berliner Senfei mit Roter Bete und Kaviar
Maräne auf Kürbispüree mit Honigglace und jungem Porree
Kalbsherz in Rotweinjus mit geschmortem Kohl
und gebackenem Schweineohr
Himbeer-Zitronenmelisse-Chatreuse mit geeister »Berliner Weiße«

Wein-Tipp
1998er "Montosa" Riesling
"CHARTA"
Weingut Georg Breuer

ALLEGRIA

Alexander Tschebull

Restaurant Allegria, Hamburg

Dort, wo die Hamburger Nobelviertel Winterhude und Eppendorf zusammentreffen, ist ein neuer Genießertreff entstanden – das Allegria. Was so viel heißt wie Lebensfreude. Und die wollen Alexander und Yvonne Tschebull ihren Gästen vermitteln. In ihren Kristallpalast kommen Schauspieler, Besucher des Theaters nebenan, Gourmets und Leute, die einfach mal reinschauen wollen.

Dem kühlen, modernen Bau aus Glas und Stahl haben die Tschebulls viel Atmosphäre eingehaucht, mit Pflanzen, sanften Farben, Wintergarten und einem künstlichen Sternenhimmel im oberen Raum. Gekocht wird mit einer Mischung aus französischer Raffinesse, italienischer Opulenz und österreichischer Bodenständigkeit – Alexander Tschebull kommt aus Kärnten. Sogar Wiener Schnitzel steht auf Wunsch der Gäste auf der Menükarte.
Und dann, ein Muss in Hamburg, Fisch, Fisch, Fisch, aber der natürlich vom Feinsten.

So finden Sie uns:
A 7 Hannover–Flensburg: Ausfahrt Stellingen, Richtung Zentrum. An der 1. großen Kreuzung links, Richtung Eppendorf/Winterhude. Kostenpflichtiger Parkplatz beim Haus. Bus- und U-Bahn-Haltestelle 200 m.

Infos auf einen Blick
Restaurant Allegria
Hudtwalckerstr. 13, 22299 Hamburg
Tel.: 040-46 07 28 28
Fax: 040-46 07 26 07
Internet: www.tschebull.at/allegria
e-mail: Y.A.Tschebull@t-online.de
Öffnungszeiten: Montag Ruhetag. An Sonn- und Feiertagen auch mittags geöffnet.
Sitzplätze: im Restaurant 80, im Garten 60, Beletage 60
Kreditkarten; keine, nur EC-Karte
Umgebung: Außenalster, Eppendorf, Die „Komödie im Winterhuder Fährhaus" befindet sich im selben Gebäude

Alexander Tschebull

Restaurant Allegria, Hamburg

Mit Gästen ist er aufgewachsen. Generationen der Familie betrieben Hotels im österreichischen Kärnten. Das prägte. Trotzdem hätte er sich als Teenager vorstellen können, Biologe zu werden. Biologie blieb sein Hobby, der Koch in ihm siegte. Sein Weg zur Meisterschaft begann im Wiener Nobelrestaurant Zu den drei Husaren. Danach Viehhausers Le Canard, zu Jörg Müller in Westerland, zwischendurch ein Abstecher nach Australien. Wie viele seiner Kollegen lernte auch er die Frau seines Lebens in seinem Job kennen. Bei Jörg Müller auf Sylt war's. Von da an arbeiteten sie gemeinsam, u. a. im Fürstenhof in Leipzig, im Taschenberg Palais in Dresden. An der US-Cornell Universität machte er sich fit in Management und Mitarbeiter-Motivation. Danach wagten die Tschebulls den Sprung in die Selbstständigkeit, ins Allegria.
Eine Zeitungsannonce hat sie dazu quasi verführt.

Dorade mit Pancetta auf Kartoffel-Pfifferling-Fond mit Liebstöckel und Rucola

Für 4 Personen

Für den Kartoffel-Pfifferling-Fond
4 große mehlig kochende Kartoffeln
Salz
1 EL Olivenöl
1/4 Porreestange
2 cl Noilly-Prat
300 ml Hühnerfond
Pfeffer
150 g Pfifferlinge
1 EL Butter
2 EL geschlagene Sahne

Für den Fisch
4 Dorade Royale, filetiert, entgrätet, mit Haut und geschuppt
8 Scheiben sehr fein geschnittene Pancetta oder einen anderen luftgetrockneten Schinkenspeck
Salz
Pfeffer
2 EL Olivenöl
2 EL kalte Butter
4 Liebstöckelblätter

Für den Rucola
1 Bund Rucola
3 Schalotten
1 TL Butter

Die Kartoffeln schälen, in gleichmäßige Würfel schneiden und in gesalzenem Wasser weich kochen. Die Endstücke der Kartoffeln, die beim Schneiden in Würfel übrig bleiben, mit dem Weißen vom Porree in Olivenöl anschwitzen, mit Noilly-Prat ablöschen und den Hühnerfond beigeben. Alles mixen und passieren. Den so entstandenen Kartoffelfond zu Saucenkonsistenz einkochen und abschmecken. Die Pfifferlinge putzen, in Butter anschwitzen und zusammen mit den Kartoffelwürfeln in die Sauce geben.
Die Doradenfilets vorsichtig würzen und mit Pancetta umwickeln. In Olivenöl knusprig anbraten. Kurz vor dem Servieren frische Butter zugeben. Wenn die Butter aufschäumt, den Fisch damit übergießen und warm stellen.
Rucola waschen, trockenschleudern und grob zerkleinern. Schalotten schälen, fein würfeln, in Butter glasig anschwitzen und den Rucola beigeben.

Anrichten:
Den Rucola mittig auf einen Teller geben, die Fischfilets darauf legen und den Kartoffel-Pfifferling-Fond rundherum anrichten. Zum Schluss den Liebstöckel klein schneiden und in die Bratbutter von den Doraden geben, etwas von der Butter über den Fisch und den restlichen Teller verteilen.

Variationsvorschlag:
Statt Pfifferlingen können Sie auch andere frische Pilze verwenden. Der Kartoffel-Pfifferling-Fond ist auch separat als kleine Vorspeise geeignet.

Mein Menüvorschlag:
Torte von der Ente und Frühlingsgemüsen
Dorade mit Pancetta gebraten auf Kartoffel-Pfifferling-Fond mit Liebstöckel und Rucola
Milchferkelbraten auf Spitzkohl mit Spargel und Morcheln im Bärlauchjus
Limonentarte mit Estragon-Rahm-Eis

Wein-Tipp
1997er Meursault La Barre
Appellation Contrôlée
Domaine Jean Monnier & Fils

POTSDAMER PLATZ

LINDENLIFE

Rainer Wolter

Restaurant Lindenlife, Berlin

Erlebnisgastronomie der absolut neuen Art: Vom Lindenlife im Haus des Deutschen Bundestags haben die Gäste die Möglichkeit, den Journalisten im angrenzenden gläsernen Fernsehstudio bei der Arbeit zuzusehen. Und sich dabei von einer Küche verwöhnen zu lassen, die der Gastgeber und Küchenchef, Rainer Wolter, leitet.

Im neu eröffneten "Lindenlife" auf dem Prachtboulevard "Unter den Linden" dominiert eine leichte kosmopolitische Küche.
Im Restaurant kann der Gast von feinen Gerichten bis hin zu köstlichen Menüs wählen und gleichzeitig können die Gäste im angrenzenden "Studio 52" den TV-Sendungen durch die Glaswand hindurch beiwohnen.
In der Weinstube "Weinlife" erwarten die Besucher 100 Spitzenweine aus Rheinland-Pfalz.

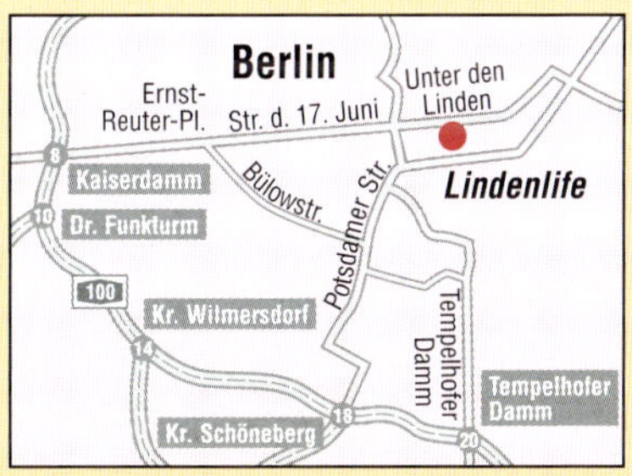

So finden Sie uns:
Egal, aus welcher Richtung man Berlin erreicht: der Beschilderung Zentrum folgen. „Reichstag" und „Unter den Linden" sind deutlich gekennzeichnet. Mit der S 1 und S 2 bis Station „Unter den Linden". Für weitere S- und U-Bahnen: Bahnhof Friedrichstraße ganz in der Nähe.

Infos auf einen Blick
Lindenlife
Unter den Linden 44–60,
10117 Berlin
Tel.: 030-2 06 29 03 00
Fax: 030-2 06 29 03 21
Internet: www.lindenlife.de
e-mail: mediaevent@t-online.de
Öffnungszeiten: kein Ruhetag
Sitzplätze: 240, auf der Terrasse 100
Kreditkarten: Amex, Diners, Eurocard, Visa
Umgebung: Brandenburger Tor, Hotel Adlon, Russische Botschaft, Friedrichstraße

Rainer Wolter

Restaurant Lindenlife, Berlin

Die wenigste Zeit auf seinem Weg zum Erfolg verbrachte der gebürtige Badener südlich der Main-Linie. Auch die Aubergine unter Witzigmann hielt ihn nicht, ihn zog es nach Norden. Die Zeit im La Mer in Hamburg brachte ihm einen Michelin-Stern und den Titel "Aufsteiger des Jahres".
Wegen seiner innovativen Küche wurde er sogar zweimal nach Kalifornien zum "Master of Food and Wine" eingeladen.
Er war Gründer und erster Präsident der Jeunes Restaurateurs d'Europe Sektion Deutschland und TV-Auftritte in der Serie „Kochen mit den Meistern" folgten.
Rainer Wolter orientiert sich im Lauf seiner Karriere immer wieder neu und beweist das auch: diesmal mit seiner neuesten Herausforderung, dem "Lindenlife".

Schaumsuppe von rotem Thaicurry mit Wachtelsaté und zweierlei Sesam

Für 4 Personen

Für das Schaumsüppchen
200 ml Hühnerbrühe
40 g Sahne
40 g Kokosmilch (Asia-Markt)
1 TL roter thailändischer Curry (Asia-Markt)
1 kleine Stange Zitronengras (Asia-Markt)
1 TL geriebener Ingwer
2 EL kalte Butter

Für Spargel und Saté
1 Bund Thailändischer Spargel
Salz
8 Wachtelbrüstchen
Pfeffer
2 EL helles Sesamöl
2 EL Hoisin-Sauce (Asia-Markt)
50 g weißer Sesam,
50 g schwarzer Sesam
1 EL Butter

Für die Garnitur
1 kleine rote Chilischote

Außerdem
8 kleine Holzspieße

Für das Schaumsüppchen Hühnerbrühe mit Sahne, Kokosmilch, Curry und Zitronengras erhitzen, Ingwer dazugeben. Aufkochen lassen, Zitronengras herausnehmen und mit kalter Butter mit dem Stabmixer aufschlagen, damit die Suppe schön schaumig wird.
Vom Spargel die Enden abschneiden, in kochendes Salzwasser geben und 4 bis 5 Minuten blanchieren. Anschließend in Eiswasser abschrecken.
Je 1 Wachtelbrust auf einem Spieß stecken, mit Salz und Pfeffer würzen und in Sesamöl anbraten. 2 Esslöffel Hoisin-Sauce auf die Spieße geben und in der Pfanne zerlaufen lassen.
Spieße aus der Pfanne nehmen und 4 Spieße in weißem Sesam, die anderen 4 Spieße in schwarzem Sesam wenden.

Anrichten:
Chilischote waschen, entkernen und in feine Streifen schneiden. Den Thailändischen Spargel kurz in Butter erhitzen und in der Mitte des Suppenteller anrichten.
Mit dem Schaumsüppchen auffüllen und mit ein paar Streifchen Chili garnieren.
Jeweils 2 Wachtel-Saté auf der Suppe anrichten und servieren.

Variationsvorschlag:
Anstelle von Wachtelbrust können Sie auch Hühnchenbrust verwenden und die Suppe in diesem Fall mit blanchierten Zuckerschoten zubereiten.

Mein Menüvorschlag:
Schaumsuppe von rotem Thaicurry mit Wachtelsaté und zweierlei Sesam
Millefeuilles vom geschmorten Kalbstafelspitz, Périgord-Gänseleber und Spitzkohl mit Pfifferlingen und Kartoffelstroh
Kirschpfannenküchlein mit Vanilleeis

Wein-Tipp

1999er Wallhäuser Felseneck
Riesling Kabinett
Prinz zu Salm-Dalberg'sches
Weingut

Christian Bau

Wilhelm Biermann

Jens Bomke

Patrik Kimpel

Karl-Emil Kuntz

Alexander Kunz

Nils Potthast

Hessen • Nordrhein-Westfalen

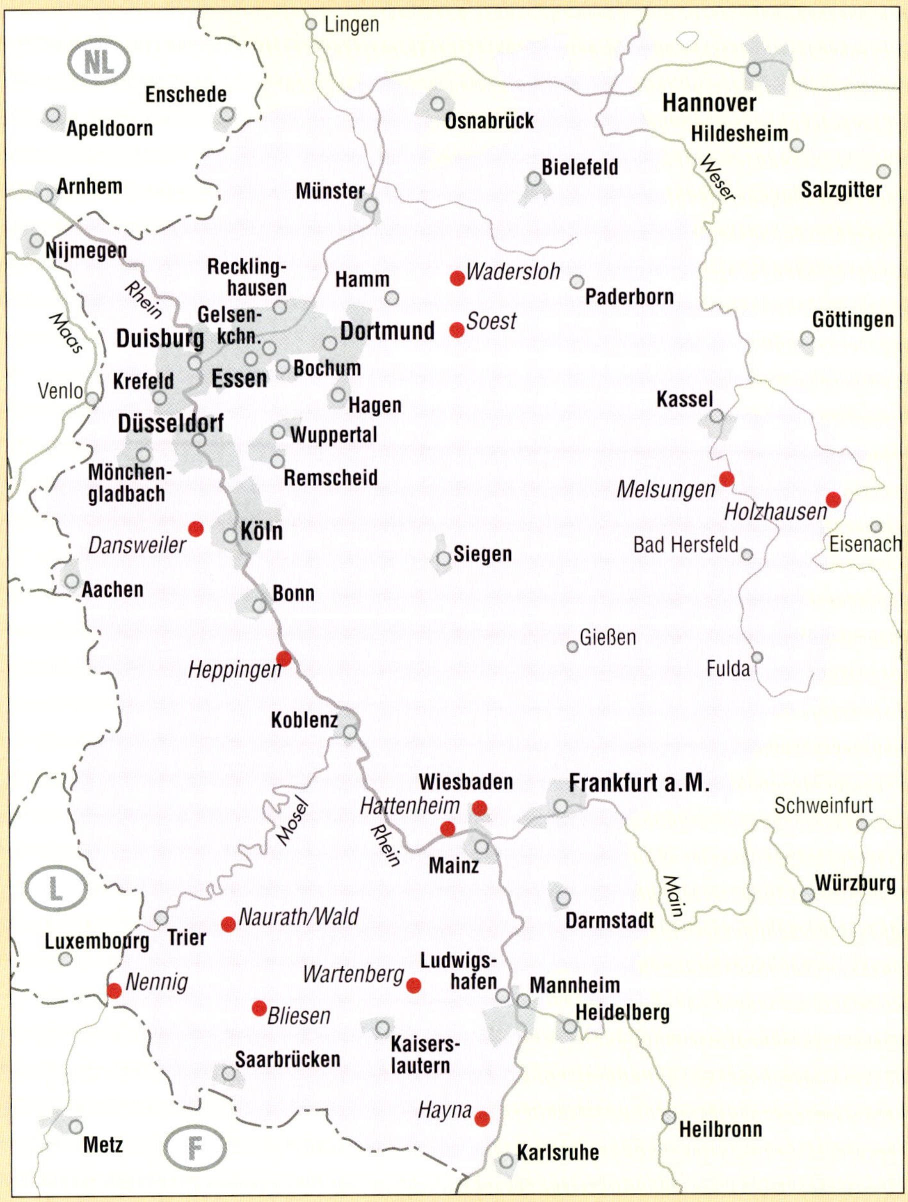

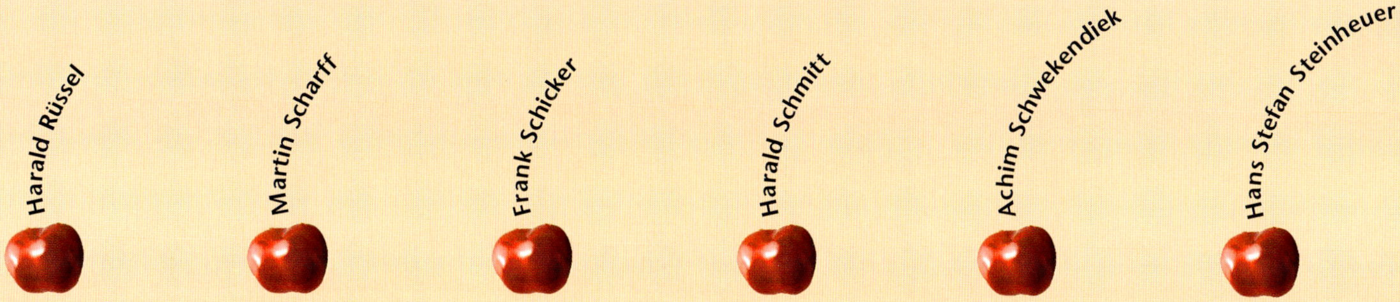

Rheinland-Pfalz • Saarland

CHRISTIAN BAU
Victor's Gourmetrestaurant Schloss Berg, Perl-Nennig

WILHELM BIERMANN
Biermann's Restaurant, Soest

JENS BOMKE
Ringhotel Bomke, Wadersloh

PATRIK KIMPEL
Hotel-Restaurant Kronenschlößchen, Hattenheim

KARL-EMIL KUNTZ
Hotel-Restaurant "Zur Krone", Herxheim-Hayna

ALEXANDER KUNZ
Restaurant Kunz, St. Wendel-Bliesen

NILS POTTHAST
Restaurant Landhaus Ville, Pulheim-Dansweiler

HARALD RÜSSEL
Landhaus St. Urban, Naurath/Wald

MARTIN SCHARFF
Scharff's Restaurant, Landhotel Wartenberger Mühle, Wartenberg-Rohrbach

FRANK SCHICKER
Gasthaus Alte Apotheke, Melsungen

HARALD SCHMITT
ENTE im Hotel Nassauer Hof, Wiesbaden

ACHIM SCHWEKENDIEK
Hotel Hohenhaus, Herleshausen

HANS STEFAN STEINHEUER
Steinheuers Restaurant Zur Alten Post, Bad Neuenahr-Heppingen

 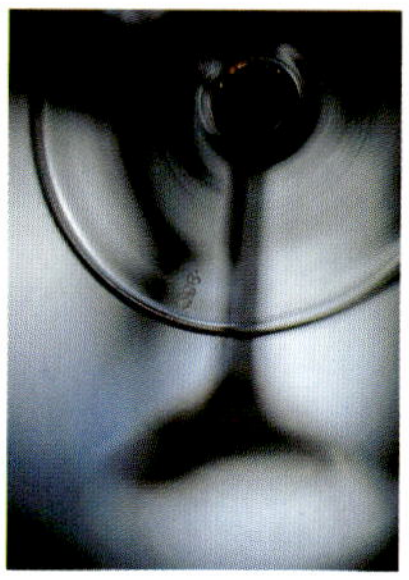 

Christian Bau

Victor's Gourmetrestaurant Schloss Berg, Perl-Nennig

Im Dreiländereck Deutschland-Frankreich-Luxemburg liegt das Victor's Residenzhotel Schloss Berg, unmittelbar am eigenen Weinberg. Drinnen, im edel ausgestatteten Gourmetrestaurant, wird fürstlich aufgetischt. Das heißt Verwöhnung vom Feinsten, denn in der Schlossküche hat Christian Bau das Sagen.

Im Jahre 1100 als Wasserburg errichtet, 1520 zum Schloss umgebaut, im 2. Weltkrieg völlig zerstört, 1950 wieder aufgebaut, seit 1990 ein exklusives Hotel mit Spielcasino und wunderschönem Gourmetrestaurant: mit alten Kassettendecken, modernen Gemälden, edlen Holztönen, viel Gold und dunklem Rot. Auf der Speisekarte die klassische französische Küche, leicht befreit von allzu viel Butter und Mehl, stark geprägt vom Stil des jungen Kochs. Der darüber aber keineswegs die einfachen Genüsse vergisst.

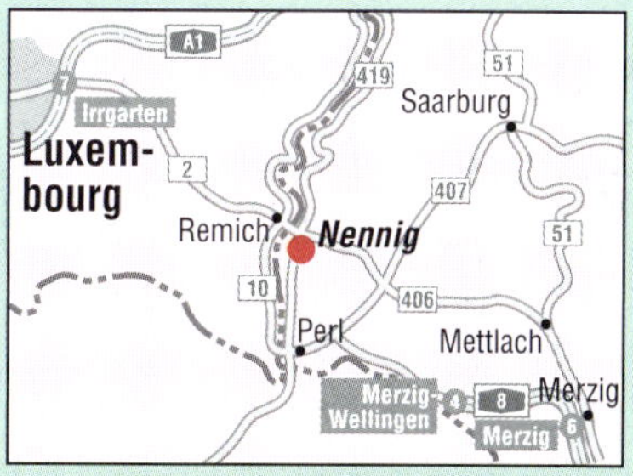

So finden Sie uns:
Von Trier die B 419 bis Höhe Remich moselaufwärts fahren. Von Saarbrücken auf der A 620/A8 kommend, bei Perl abfahren.

Infos auf einen Blick
Victor's Gourmetrestaurant Schloss Berg in Victor's Residenz Hotel
Schlosshof 7,
66706 Perl-Nennig
Tel.: 06866-7 90
Fax: 06866-7 91 00
Internet: www.victors.de
e-mail: christian.bau@t-online.de
Öffnungszeiten: Montag und Dienstag Ruhetag
Sitzplätze: 34
Kreditkarten: Amex, Eurocard, EC-Karte, Visa
Mit Hotel: 14 Zimmer, 3 Suiten
Umgebung: Trier, Luxemburg, Frankreich, Metz (Kathedrale)

Christian Bau

Victors Gourmet-restaurant Schloss Berg, Perl-Nennig

Nach zwanzig Monaten hatte er es geschafft: Über dem Schloss Berg gingen zwei Michelinsterne auf. Dafür hat er hart gearbeitet. „Niemand hat mir im Leben meiner schönen braunen Augen wegen etwas geschenkt", kokettiert er. Geschenkt bekam er aber dennoch etwas: Bewunderung und den festen Glauben an sein Talent. Zuerst von seiner Mutter, einer Hotelfachfrau. Die hatte er als Kind mit seinen gebrutzelten Kreationen überrascht. Seine Lehre in der Sonne Eintracht in Achern beendete er als bester Lehrling in Baden-Württembergs Hotellerie. Er war Sieger beim Commis Rotisseur Wettbewerb und mit 22 bereits Jungkoch in der Traube-Tonbach. Chef Harald Wohlfahrt, bewunderter Ziehvater, beförderte ihn bald zum Stellvertreter. Nach dem Sieg, Dritter im Weltfinale des Prix Taittinger in Paris 1996, dann der Einzug ins Schloss Berg. Mit Yildiz, seiner Frau, die ebenfalls vom Fach ist.

Karamellisierte Sauerrahmtarte mit Rhabarber und Rotweineis

Für 4 Personen

Für den Mandelmürbeteig
150 g weiche Butter
95 g Puderzucker
1 Vanilleschote
1 Prise Salz
1 Ei
250 g Mehl
2 EL Mandelgrieß (grob gemahlene Mandeln)

Für die Sauerrahmmasse
250 g Schmand
3 EL Zucker
1 kleines Ei
1 TL Cremepulver (Puddingpulver)
3 EL brauner Rohrzucker zum Karamellisieren

Für das Rotweineis
1/4 l Rotwein
90 ml Portwein
2 EL Cassismark oder Crème de Cassis
1 Vanilleschote
abgeriebene Schale von 1/2 Zitrone und 1/2 Orange
1 Zimtstange
100 g Zucker
6 Eigelbe
100 g weiche Butter

Für den Rhabarber
200 g Rhabarber
100 ml Wasser
75 g Zucker
1 EL Cassismark oder Crème de Cassis
etwas Rotwein und Stärke

Für die Garnitur
8 schöne reife Erdbeeren
Puderzucker
einige Pfefferminzblätter

Für den Mürbeteig Butter mit Puderzucker, ausgekratztem Vanillemark und Salz verkneten und das Ei einarbeiten. Gesiebtes Mehl und Mandelgrieß unterarbeiten. Teig in Klarsichtfolie einschlagen und 12 Stunden ruhen lassen.

Vier Backförmchen (8 cm Durchmesser) mit dünn ausgerolltem Mürbeteig auslegen und mit einer Gabel einstechen. Teig mit Alufolie bedecken, mit getrockneten Linsen auffüllen und im vorgeheizten Ofen 10 Minuten bei 180 °C blindbacken.

Für die Sauerrahmmasse Schmand, Zucker, Ei und Cremepulver zu einer homogenen Masse verrühren. In die erkalteten Mürbeteigtartes füllen und bei 95 °C im Backofen circa 45 Minuten stocken lassen.

Für das Eis Rotwein, Portwein, Cassismark mit längs aufgeschnittener Vanilleschote, Orangen- und Zitronenschale und Zimtstange aufkochen. Flüssigkeit um die Hälfte reduzieren. Zucker und Eigelb schaumig schlagen. Reduzierten Wein auf die Eischaummasse passieren. Die Masse im heißen Wasserbad rühren, bis sie dick wird, aber nicht kochen lassen. Mit dem Handmixstab Butter untermixen. Die Masse in der Eismaschine gefrieren lassen.

Den Rhabarber schälen und in Rauten schneiden. Wasser und Zucker bis kurz vor dem Karamellisieren einkochen lassen. Cassismark und Rhabarberrauten zugeben und im Ofen bei 180 °C zugedeckt circa 10 Minuten garen. Die Rauten abgießen und erkalten lassen, den Fond mit etwas in Rotwein angerührter Stärke binden und wieder zu den Rauten geben.

Anrichten:

Die erkalteten Sauerrahmtartes mit Rohrzucker bestreuen und unter dem Haushaltsgrill mit starker Oberhitze karamellisieren.

Die Erdbeeren dünn aufschneiden, mit Puderzucker bestreuen und eine kleine Rosette legen, in die Mitte den Rhabarber und 1 Kugel Rotweineis geben.

Sauerrahmtarte ansetzen, Tellerrand mit Puderzucker abstäuben und eventuell mit 1 Pfefferminzblatt garnieren.

Variationsvorschlag:

Sie können auch separat die Sauerrahmtarte mit Rhabarber oder das Rotweineis mit Rhabarber als eigenes Dessert servieren.

Mein Menüvorschlag:

Drei Rondell von der Gänseleber
Sautè von der Bresse-Taube mit würzigem Speck, Artischocken und Sauce Rouennaise
Karamellisierte Sauerrahmtarte mit Rhabarber und Rotweineis

Wein-Tipp
Quinta da Urtiga
Ramos-Pinto

WARSTEINER

Wilhelm Biermann

Biermann's Restaurant, Soest

Sein Superrestaurant in Soest ist nur noch freitags und samstags geöffnet. Unter der Woche kocht Wilhelm Biermann jetzt in fremden Küchen, gibt Partys, Bällen, Jubiläen oder Hochzeiten diesen ganz einzigartigen Biermann-Kick. Und der Mann mit dem Michelin-Stern und der Varta-Kochmütze ist gefragter denn je.

Seit Anfang 1997 reist er nicht mehr aus Lust am Schlemmen. Jetzt reist er als Koch. Zum Hennessy Cup Golf Turnier, zum Ball des Sports, zum Kanzlerfest, zum Marler Musiksommer mit Justus Frantz, zum zum zum ... Leipzig, Berlin, Kassel, Hamburg, Stuttgart – überall war Wilhelm Biermann mit seinem Gourmetservice vor Ort. Für den Mann am Herd eine Riesenumstellung, denn jetzt sind nicht nur seine Kochkünste gefragt, sondern auch sein Organisations- und Improvisationstalent.

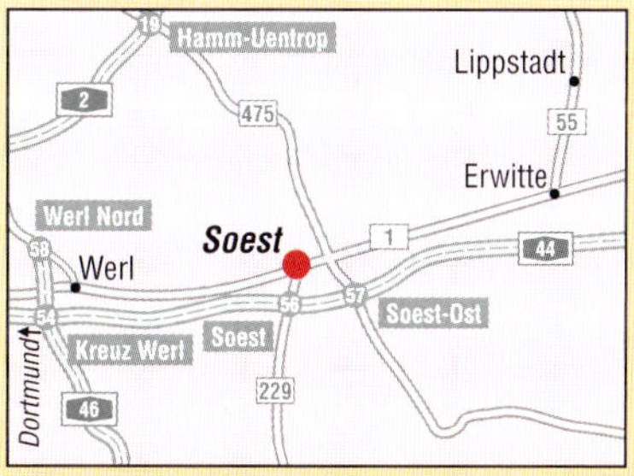

So finden Sie uns:

Aus Richtung Dortmund von der A 44 Dortmund–Kassel bei Soest/ Möhnesee abfahren, auf der B 1 weiter bis Ringstraße, Richtung Sassendorf-Ostenhellweg-Thomästraße, beim Stoppschild rechts ab. Aus Richtung Kassel: Abfahrt Soest-Ost bis B 1, Paderborner Landstraße-Ostenhellweg-Thomästraße . Weiter s. o.

Infos auf einen Blick

Biermann's Restaurant
Biermann's Gourmetservice
Thomästr. 47, 59494 Soest
Tel.: 02921-1 33 10
Fax: 02921-1 32 34
Internet: www.biermannsoest.de
e-mail: gourmet@biermannsoest.de
Öffnungszeiten: Freitag- und Samstagabend geöffnet
Sitzplätze: 65 (2 Räume)
Kreditkarten: keine
Umgebung: Möhnesee, historische Soester Altstadt

Wilhelm Biermann

Biermann's Restaurant, Soest

Backen kann er auch. Denn er hat Konditor gelernt. Doch dann vertauschte er die Backbleche mit den Kochtöpfen im Gambrinus in Duisburg, im Atlantic in Hamburg, im Au Fer Rouge in Colmar, im Scherrer und im Le Delice in Hamburg. Da war er bereits zum Souschef, nach der Meisterprüfung zum Küchenchef avanciert. 1985 Start in die Selbstständigkeit. Erst große Verblüffung bei den eher Deftiges gewohnten Westfalen, dann aber volle Akzeptanz. Dass er heute öfter an fremden Herden kocht, nennt er eine ganz andere Herausforderung. Insbesondere, wenn er in Privatküchen von maximal 15 qm Größe steht. Da wird schon mal ein Balkon überdacht, ein Küchenzelt im Garten aufgebaut. Ein Geburtstagsmenü könnte so aussehen: Kleine Hummertarte mit Salatbouquet und Limonensauce, asiatische Tandoorisuppe mit gebackenem Zander im Reisblatt, bunte Nudeln mit Venusmuschelsauce, Entenbrust Chinoise, gefüllte Mandelrippenrollen.

Lammfilet an Wokgemüsen und glacierten Schalotten

Für 4 Personen

Für das Lamm
8 Lammfilets
3 EL Sojasauce
3 EL Olivenöl
Salz
Pfeffer

Für die Schalotten
8 Schalotten
2 EL Olivenöl
3 EL Honig
3 EL Balsamico-Essig
3 EL Kalbsjus
Salz
Pfeffer

Für das Gemüse
je 200 g grüner und weißer Spargel
1 Zucchini
100 g Kaiserschoten
je 1 rote, gelbe und grüne Paprikaschote
1/2 Aubergine
1 Knoblauchzehe
3 EL Olivenöl
Salz
Pfeffer
1 EL Sojasauce

Die Lammfilets von Haut und Sehnen befreien und in der Sojasauce und dem Olivenöl einlegen. Nach der Zubereitung von Schalotten und Gemüse die Lammfilets aus der Marinade nehmen, mit Salz und Pfeffer würzen und in einer beschichteten Pfanne anbraten. Dabei häufig wenden, weil durch die Marinade eine schnelle Bräunung erreicht wird. Die Filets sind nach etwa 2 Minuten rosé gebraten.

Die Schalotten schälen und in einer Kasserolle in Olivenöl anbraten und bei mäßiger Hitze häufig wenden, damit sie schön bräunen. Nun den Honig dazugeben und ebenfalls durch Karamellisieren mitbräunen. Anschließend den Balsamico-Essig und die Kalbsjus dazugeben und circa 7 Minuten bei reduzierter Hitze schmoren. Zum Schluss mit Salz und Pfeffer würzen und warm stellen.

Die geputzten und gewaschenen Gemüse in circa 6 cm lange Stifte schneiden, von der Zucchini und der Aubergine nur die äußeren Partien benutzen. Die Knoblauchzehe schälen und klein schneiden. Den Wok erhitzen, das Olivenöl hineingeben und die Gemüse und Knoblauch im Wok schwenken. Die Garzeit beträgt nur etwa 1 1/2 Minuten. Wenn die Gemüse gar sind, mit Salz, Pfeffer und Sojasauce würzen.

Anrichten:
Die Gemüse aus dem Wok in der Mitte der Teller anrichten und die Lammfilets einmal schräg halbieren und sternförmig um das Gemüse anlegen. Die Schalotten in die freien Flächen neben den Filets anrichten und servieren.

Variationsvorschlag:
Die Gemüse richten sich nach Saison.
Sie können zusätzlich Pilze, Sojasprossen, Möhren, Chillies und Staudensellerie verwenden.

Mein Menüvorschlag:
Thunfisch an Glasnudelsalat mit Senfschaumsauce
Halber Hummer mit Fenchelmus und Basilikumsauce
Lammfilet an Wokgemüsen und glacierten Schalotten
Haselnuss-Eierlikör-Törtchen mit Schokoladenstäbchen

Wein-Tipp
1995er Château de Pez
Cru Bourgeois
Appellation Saint Estèphe
Contrôlée

Jens Bomke

Ringhotel Bomke, Wadersloh

Jens Bomke hat die große Gourmet-Welt nicht nur in sein 180 Jahre altes Hotel geholt, er hat auch aus der – angeblich – tiefsten Provinz zwischen Münster, Hamm und Bielefeld einen kulinarischen Anziehungspunkt gemacht, über dem nun schon seit sieben Jahren ein Stern blitzt und blinkt. In Wadersloh. Wadersloh – noch nie gehört? Dann ist es höchste Zeit, sich diesen Ort zu merken.

Jens Bomke ist Westfale von echtem Schrot und Korn, der alles liebt, was rundherum im Münsterland angebaut, gekocht und gegessen wird. Da wird ein Steinbutt von einer Mangoldroulade begleitet, ein Blumenkohlsalat getrüffelt und ein Tomatensüppchen mit Lavendel abgeschmeckt. In diesem Haus wurde schon vor sechs Generationen gut getafelt. Damals war es noch eine Ausspann- und Poststation. Ein bisschen sehen die drei alten, schönen Speisezimmer mit ihren behäbigen Möbeln und Stuckdecken auch heute noch aus wie Großmutters gute Stube.

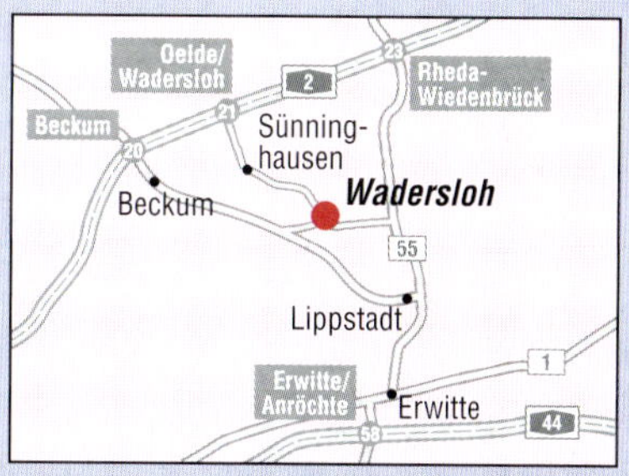

So finden Sie uns:
A2 Dortmund–Hannover: Ausfahrt Oelde-Wadersloh, Richtung Sünninghausen/Wadersloh, an der Ampel geradeaus. In Sünninghausen links in Richtung Wadersloh. A 44 Kassel–Dortmund: Ausfahrt Erwitte-Anröchte, B 1 in Richtung Erwitte/ Paderborn. In Erwitte links auf die B 55, an Lippstadt vorbei, nach ca. 6 km links in Richtung Wadersloh. Das Hotel liegt neben der Kirche.

Infos auf einen Blick
Ringhotel Bomke
Kirchplatz 7, 59329 Wadersloh
Tel.: 02523-13 01 und 9 21 60
Fax: 02523-13 66
Internet: www.ringhotel-bomke.de
e-mail: bomke@ringhotels.de
Öffnungszeiten: Donnerstag und Samstagmittag geschlossen
Sitzplätze: 65 (3 Räume)
Mit Hotel: 21 Zimmer
Umgebung: Münsterland, Mönesee, Teutoburger Wald, Barock-Musikfestival in Schloss Hovestadt

Jens Bomke

Ringhotel Bomke, Wadersloh

Neun Jahre kochte er sich durch die besten Restaurants in Deutschland. Bei Franz Keller in Köln war er, bei Jörg Müller auf Sylt, bei Egbert Engelhardt in Oestrich-Winkel und bei Harald Wohlfahrt in der Traube-Tonbach. Als staatlich geprüfter Gastronom und Küchenmeister kam er heim. Seither sammelt er Kochmützen, Eulen, Punkte, Kronen. Ein Blick in seine Weinkarte zeigt, dass der junge Koch auch hierfür eine Leidenschaft hat. Auch für sein eigenes Zwetschgenwasser. Wichtig ist ihm die Ausbildung von Nachwuchs. Christa, Ärztin und Frau Nr. 1 in seinem Leben, ist zuständig für den Service, das Management und das „Menschliche" im Hause. Frau Nr. 2 in der 5. Bomke-Generation, Luisa, unterhält die Stammgäste. Frau Nr. 3, Anna-Sophie, inspiziert inzwischen neugierig Küche und Keller. Frau Nr. 4, Carlotta, hält's eher mit der Ruhe. Verständlich, liegt sie doch noch in der Wiege.

Krosses Spanferkel mit Essigzwiebel auf jungem Stielmus und geschmelzten Kartoffel-Blutwurst-Knödeln

Für 4 Personen

Für Spanferkeljus und Spanferkel
1 1/2 kg Spanferkelrücken am Knochen (vorbestellen)
3 EL Butterschmalz
350 g Röstgemüse (Möhre, Zwiebel, Sellerie)
2 Knoblauchzehen
1 EL Tomatenmark
5 Pfefferkörner
1/2 l Rotwein
Salz , Pfeffer
2 Thymianzweige
2 Majoranzweige
5 Wacholderbeeren
1 Lorbeerblatt
1 EL Butter
4 Schalotten
Stärke zum Abbinden
2 EL gehackte Petersilie
2 EL Semmelbrösel

Für die Essigzwiebeln
20 frische Perlzwiebeln
1 EL Butter
1 TL Zucker
Salz
1 Knoblauchzehe
100 ml Balsamico-Essig
1 Thymianzweig

Für die Knödel
600 g mehlig kochende Pellkartoffeln vom Vortag
2 Eigelb
2 EL Grieß
Salz, Pfeffer
2 EL Kartoffelstärke
12 Würfel geräucherte Blutwurst
1 EL ausgelassene Speck- und Zwiebelwürfel
1 EL Kartoffelmehl
3 EL Butter
3 EL Semmelbrösel

Für das Stielmus
100 g fest kochende Kartoffeln
250 g Sahne
1 Knoblauchzehe
1 Thymianzweig
300 g Stielmus (Mairübe oder Rübstiele)
Salz, Pfeffer
1 EL ausgelassene Speck- und Zwiebelwürfel

Den Spanferkelrücken auslösen und von Haut, Sehnen und Knorpeln befreien. Alternativ eine ausgelöste Spanferkelkeule oder -schulter in gleicher Weise verwenden, dann erhöht sich die Garzeit um circa 5 Minuten. Für die Jus Haut, Sehnen, Knorpel und Knochen hacken und mit 1 Esslöffel Butterschmalz gleichmäßig braun rösten. Geputztes und grob zerkleinertes Röstgemüse, 1 geschälte, gehackte Knoblauchzehe, Tomatenmark und Pfefferkörner zugeben und mitrösten. Mit der Hälfte des Rotweins ablöschen, mit Wasser auffüllen, mit Salz, Pfeffer, 1 Thymianzweig, 1 Majoranzweig, Wacholderbeeren und Lorbeerblatt würzen und aufkochen. Immer wieder entfetten (am besten mit einer Saucenkelle) und langsam köcheln lassen. Nach 4 Stunden Kochzeit die Jus durch ein Sieb gießen.

Butter in einem Topf erhitzen. Schalotten schälen und schneiden. Zusammen mit der restlichen geschälten, gehackten Knoblauchzehe und den abgezupften Thymianblättchen anschwitzen, mit dem restlichen Rotwein auffüllen, wieder reduzieren, abseihen und nun die Spanferkeljus zugeben. Langsam reduzieren und immer wieder Schaum und Fett abschöpfen. Sobald die Jus auf circa 400 ml eingekocht ist, mit etwas angerührter Stärke binden.

Für das Spanferkel das ausgelöste Fleisch in einer heißen Pfanne mit dem restlichen Butterschmalz erst auf der Fleischseite, danach auf der Haut-/Schwartenseite knusprig braten. Anschließend bei 200 °C im vorgeheizten Backofen mit der Hautseite nach oben 10 bis 12 Minuten garen, herausnehmen und 5 Minuten ruhen lassen. Die Schwarte abschneiden und das Fleisch mit Salz und Pfeffer würzen, mit abgezupften Majoranblättchen und gehackter Petersilie bestreuen. Die Semmelbrösel und etwas von dem Bratenfett darüber geben und unter dem Grill oder bei Oberhitze im Ofen überkrusten.

Für die Essigzwiebeln die Perlzwiebeln schälen und in einem kleinen Topf mit Butter anschwitzen. Zucker, Salz, Knoblauchzehe, etwas Balsamico und Thymianzweig zugeben und zugedeckt circa 15 Minuten bei 180 °C im Backofen schmoren. Den restlichen Balsamico während des Schmorens nach und nach über die Perlzwiebeln geben.

Für die Knödel die Kartoffeln pellen, durch die Presse drücken und dann mit Hilfe eines Spatels durch ein feines Sieb streichen. Eigelb, Grieß, Gewürze und Stärke zugeben, alles zu einer glatten Masse verarbeiten und eventuell erneut abschmecken. (Nicht zu lange kneten, sonst verkleistert die Masse. Sollte sie zu feucht sein, etwas mehr Kartoffelstärke verwenden.)

Aus dem Teig eine Walze formen, in 12 gleich große Stücke zerteilen, in die Mitte der Scheiben die Blutwurstwürfel drücken, etwas Speck- und Zwiebelwürfel einstreuen und zu Klößchen rollen. Eine Platte mit Kartoffelmehl bestreuen und die Klößchen darauf bereithalten. In siedendes Salzwasser (am besten mit etwas Stärke gebunden) geben und gar ziehen lassen. Die Klöße sind gar, sobald sie nach oben steigen und an der Wasseroberfläche schwimmen.

Vor dem Servieren die heißen Klöße in geschmolzener Butter und Semmelbrösel schwenken.
Für das Stielmus Kartoffeln schälen, in feine, gleichmäßige Würfel schneiden und in der Sahne mit geschältem, gehacktem Knoblauch und abgezupftem Thymian garen. Das Stielmus waschen und fein schneiden, blanchieren und gut ausdrücken. Unter das Sahne-Kartoffel-Ragout geben, abschmecken und die Speck- und Zwiebelwürfel hinzufügen.

Anrichten:
Das Stielmus-Kartoffel-Ragout mittig platzieren, das Spanferkel aufgeschnitten mit einem knusprigen Stück Schwarte und einem Kartoffelknödel daneben setzen, die Balsamico-Zwiebeln herumstreuen und saucieren.

Variationsvorschlag:
Die Blutwurstknödel passen auch sehr gut zu dunklen Schmorgerichten. Falls Sie kein Stielmus bekommen, können Sie auch Porree, Möhren, Spitzkohl und jungen Wirsing verwenden.

Wein-Tipp
1997er Cabernet Sauvignon
»Valley Oaks«
California
Fetzer Vineyards

Mein Menüvorschlag:
Warm geräucherte Taubenbrust auf Ölrauke und getrockneter Tapenade
Krosses Spanferkel mit Essigzwiebel auf jungem Stielmus und geschmelzten Kartoffel-Blutwurst-Knödeln
Geflämmte Panna cotta auf Aprikosen-Limonen-Ragout und Rahmsorbet von Moscato di Asti

KRONEN-SCHLÖSSCHEN
HOTEL

HOTEL

Patrik Kimpel

Hotel-Restaurant Kronenschlösschen, Hattenheim

Wenn drunten, auf dem Rhein, die Schiffe vorbeituckern, und hoch oben die Gäste im idyllisch gelegenen Kronenschlösschen in Hattenheim unter Sonnenschirmen auf der großen Terrasse oder hinter der großartig renovierten historischen Fassade ihren Cocktail schlürfen, steht Patrik Kimpel mit seiner Crew am Herd und zaubert. Was dabei herauskommt, grenzt tatsächlich ein bißchen an Zauberei.

Französische, italienische und asiatische Elemente, verknüpft mit regionalen Einflüssen, ohne Bodenständiges und Althergebrachtes zu vernachlässigen – so könnte man die Philosophie von Patrik Kimpel auf einen kurzen Nenner bringen. Ideen holt er sich auf dem Großmarkt, aus seiner Sammlung alter Kochbücher und aus Mutters Rezepten. Deren Kochkünste haben ihn schon früh beeindruckt und ihm die Einsicht vermittelt: Kochen ist ein Stück unserer Kultur und so wichtig wie Musik und Malerei.

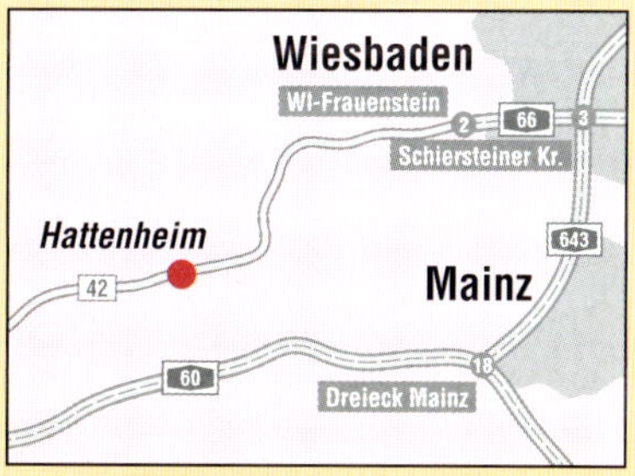

So finden Sie uns:
Auf der A 66 von Frankfurt kommend bis Eltville. Dort geht die Autobahn in die B 42 über. Wenn die B 42 einspurig wird, taucht nach ca. 3 km eine Shell-Tankstelle auf. Nach 20 m rechts abbiegen.

Infos auf einen Blick
Hotel Restaurant Kronenschlösschen
Rheinallee, 65347 Hattenheim
Tel.: 06723-6 40
Fax: 06723-76 63
Internet: www.kronenschloesschen.de
e-mail: info@kronenschloesschen.de
Öffnungszeiten: kein Ruhetag
Sitzplätze: Restaurant 30, Bistro 30
Kreditkarten: Amex, Diners, EC-Karte, Eurocard, Visa
Mit Hotel: 18 Zimmer und Suiten
Umgebung: Rheingau, Wiesbaden, Mainz

Patrik Kimpel

Hotel-Restaurant Kronenschlösschen, Hattenheim

Die ersten Versuche startete er in Mutters Küche. Die waren schon vielversprechend. Das kleine Einmaleins der guten Küche erwarb er sich dann später – in deutschen Gourmettempeln wie der Krone in Assmannshausen, im Wald- und Schlosshotel Friedrichsruhe, in der Ente vom Lehel und bei Harald Wohlfahrt in Baiersbronn. Heute verwöhnt er seine Gäste im idyllischen Kronenschlösschen als Geschäftsführer des Hotels und als Küchenchef, inszeniert zusammen mit seiner 12-köpfigen Küchenmannschaft kulinarische Höhepunkte, die ihn zum Aufsteiger des Jahres machten. Außerdem veranstaltet er Kochkurse mit Kindern. Und sorgt so schon für die nächste Generation der Jeunes Restaurateurs. Und wo holt er sich seine Inspirationen? Indem er total abschaltet: bei Musik – von Mozart bis Phil Collins, – beim Malen, seiner zweiten Leidenschaft. Oder beim Autofahren, einfach so ins Grüne.

Bonbon von Wachtel, Taube und Gänseleber auf Mosaik von Sellerie und Roter Bete

Für 4 Personen

Für das Bonbon
je 4 Tauben- und Wachtelbrüste (beim Feinkosthändler vorbestellen)
50 g Putenbrust
Salz, Pfeffer
100 g Sahne
4 Blatt Frühlingsrollenteig (Asia-Markt)
50 g Gänseleber (beim Feinkosthändler vorbestellen)
Fett zum Frittieren

Für das Mosaik
1/2 großer Knollensellerie
2 Rote Beten
Salz, Pfeffer
4 EL weißer Balsamico- oder Champagneressig
2 EL Olivenöl
Saft von 1 Zitrone

Für den Selleriesalat
1/2 großer Knollensellerie
2 Äpfel
Saft von 1 Zitrone
100 g Sahne
1 EL Mayonnaise
Salz, Pfeffer, Zucker

Für die Sauce
10 Schalotten
80 g Butter
einige Tropfen Knoblauchöl
200 ml Geflügelfond
je 1 Rosmarin- und Thymianzweig
200 g Sahne
Salz, Pfeffer

Für die Garnitur
Kräuter und Blattsalate je nach Saison

Für das Bonbon Tauben- und Wachtelbrüste von der Haut befreien und leicht platt klopfen. Gut gekühltes Putenfleisch in der Moulinette zerkleinern. Salz und Pfeffer zugeben und mit kalter Sahne auffüllen. Alles zu einer Farce vermixen und kühl stellen.
Den Frühlingsrollenteig dünn mit der Farce bestreichen. Die Brüste mit Salz und Pfeffer würzen und die Gänseleber in vier Teile schneiden. Die Taubenbrust auflegen, den Gänseleberkern mittig platzieren und mit der Wachtelbrust abschließen.
Vorsichtig den Frühlingsrollenteig einrollen, die Ränder mit Eigelb bestreichen und alles etwas andrücken. Die Ränder fest drücken und eventuell mit einem Bindfaden fixieren. In heißem Fett bei circa 180 °C 4 Minuten frittieren, danach 4 Minuten im Backofen bei 150 °C gar ziehen lassen.
Für das Mosaik Sellerie und Rote Bete in Scheiben von etwa 5mm (am besten mit der Aufschnittmaschine) und danach in Vierecke schneiden. Getrennt voneinander in Salzwasser weich kochen.
Aus Essig, Öl, Zitronensaft und Gewürzen eine Marinade herstellen. Sellerie und Rote Beten getrennt voneinander darin marinieren.
Für den Salat Sellerie und Äpfel schälen, in feine Streifen schneiden und mit Zitronensaft beträufeln. Sahne mit Mayonnaise verrühren, zugeben und mit Salz, Pfeffer und Zucker abschmecken.
Für die Sauce die Schalotten schälen und grob würfeln, in Butter und einigen Tropfen Knoblauchöl anschwitzen. Den Geflügelfond dazugeben und einkochen lassen. Die Kräuter zugeben und alles um die Hälfte reduzieren. Die Sauce mit Salz und Pfeffer abschmecken und passieren.

Anrichten:
Sellerie und Rote Beten schachbrettförmig auf einen Teller legen, in die Mitte den Apfel-Sellerie-Salat geben.
Das Bonbon schräg anschneiden, darauf stecken, mit etwas Sauce (eventuell mit dem Mixer aufgeschäumt) leicht umgießen.
Mit angemachten Kräutern oder Salaten garnieren.

Variationsvorschlag:
Als Variante können Sie dieses Gericht auch mit Perlhuhnbrust zubereiten. Statt Gänseleber können Sie Apfelscheiben oder eine Pilzfarce verwenden.

Mein Menüvorschlag:
Bonbon von Wachtel, Taube und Gänseleber auf Mosaik von Sellerie und Roter Bete
Gebratene Seezungenroulade mit grünem Spargel und Curry-Ingwer-Sauce
Lammrücken im Nudelblatt auf Petersilienpüree und Rotwein-Trüffel-Butter
Kleine Variation von Valrhonaschokolade mit glacierten Orangenfilets

Wein-Tipp
1998er »Montosa«
Riesling »CHARTA«
Weingut Georg Breuer

Karl-Emil Kuntz

Hotel-Restaurant "Zur Krone", Herxheim-Hayna

Er ist ein Marathon-Mann. Er läuft täglich in aller Herrgottsfrühe mindestens zehn Kilometer, danach steht er bis tief in die Nacht hinein am Herd. Ein zweiter Marathon also. Durchhaltevermögen und Siegeswille brachten Karl-Emil Kuntz nicht nur unzählige Auszeichnungen ein, sondern auch eine Adresse, die Gourmets in ihrem Restaurantführer rot angestrichen haben: die "Krone" im südpfälzischen Dorf Herxheim-Hayna.

Karl-Emil Kuntz, Sammler alter Kochbücher, ist ein Freund der klassischen und traditionellen Küche und Feind alles Extremen. Weg vom Saumagen-Image, das war seine größte Herausforderung, als er 1983 mit dem Meisterbrief und dem besten Abschlussexamen als jüngster Prüfling aus Heidelberg in sein 800-Seelen-Heimatdorf zurückkehrte. Neue Ideen, neues Styling waren angesagt. Eine Gratwanderung. Sie gelang und damit der Aufstieg auf den Olymp der Küchenmeister.

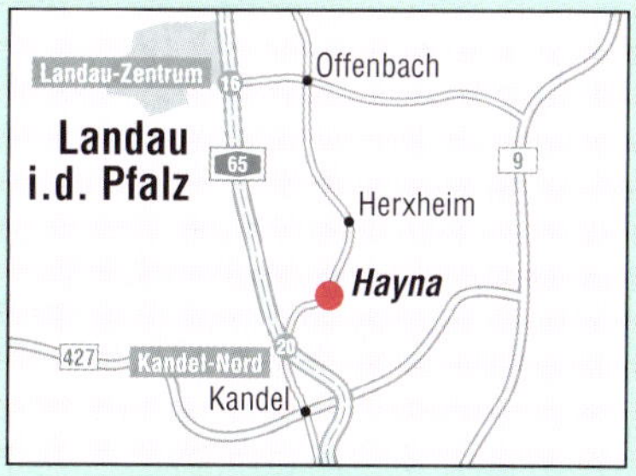

So finden Sie uns:
A 65 Karlsruhe–Ludwigshafen: Abfahrt Kandel-Nord, über Erlenbach weiter in Richtung Herxheim. Das Restaurant liegt in Hayna, einem Ort vor Herxheim, auf der rechten Seite der Hauptstraße.

Infos auf einen Blick
Hotel-Restaurant "Zur Krone"
Hauptstr. 62–64
76863 Herxheim-Hayna
Tel.: 07276-50 80
Fax: 07276-5 08 14
Internet: www.hotelkrone.de
e-mail: info@hotelkrone.de
Öffnungszeiten: im Gourmet-Restaurant Montag und Dienstag, in der Pfälzer-Stube Dienstag Ruhetag
Sitzplätze: 58 (2 Räume)
Kreditkarten: Amex, Eurocard, Visa
Mit Hotel: 52 Zimmer
Umgebung: idyllisches Dorf mit vielen Fachwerkhäusern, Südliche Weinstraße

Karl-Emil Kuntz

Hotel-Restaurant "Zur Krone", Herxheim-Hayna

„Du trägst nicht schwer an dem, was du gelernt hast" – diese väterliche Maxime hat er verinnerlicht. Der Kochlehre fügte er gleich noch „den Konditor" hinzu. Er wurde Chef-Saucier im Ritter in Durbach, Chef-Tournant bei Hans Stucki, Chef-Rotisseur im Erbprinz in Ettlingen. Er erkochte sich ohne viel Tamtam viele Auszeichnungen, darunter einen Michelin-Stern. Den Pfälzer Saumagen hat er immer noch auf der Karte, aber in seiner Variation – kross gebraten auf Apfel-Rahmsauerkraut. Heute stehen Wachtelbrüstchen mit Pralinen von Gänseleber oder Crepinette von Täubchen, Röllchen vom Rehrücken mit Wacholdersößchen auf der Karte. Morgen wieder etwas ganz Anderes. In Bewegung bleiben ist seine Maxime. Nicht verwunderlich, dass er schnelle Autos liebt. Der Hockenheimring ist nahe. Wenn Formel 1 angesagt ist, läuft er die 25 km in 45 Minuten hin – und danach wieder zurück. Ein Marathon-Mann eben.

Pfälzer Wirsingkrautwickel mit Flusszander und rosa Forelle in Siebeldinger Weißburgunder Sektsauce

Für 4 Personen

Für die Farce
100 g Zanderfilet
Salz
1 Ei
100 g Crème double
Pfeffer aus der Mühle
3 EL geschlagene Sahne

Für den Fisch
400 g Zanderfilet
Salz
Pfeffer
1 EL Zitronensaft
8 große Wirsingblätter
40 g Lachsforelle in dünne Streifen geschnitten (oder Lachs)
Butter zum Einfetten

Für die Sauce
2 Schalotten
1/2 EL Butter
1/4 l Fischfond
2 EL Crème fraîche
100 ml Weißburgunder Sekt
50 g kalte Butter
1 EL geschlagene Sahne
Salz

Für die Farce den Zander gut kühlen, in Stücke schneiden, salzen und in der Moulinette mixen. Das Ei zugeben, nach und nach die Crème double unterziehen. Mit Salz und Pfeffer abschmecken, durch ein Haarsieb streichen. Kalt stellen und kurz vor Gebrauch die geschlagene Sahne unterheben.

Den Zander in dünne Scheiben schneiden und etwas flach drücken. Mit Salz, Pfeffer und Zitronensaft würzen.

Die Wirsingblätter kurz blanchieren, abschrecken und vom Strunk befreien. Auf einem Küchentuch je zwei Blätter zusammenlegen, trockentupfen und mit dem Nudelholz etwas glatt rollen. Den Wirsing dünn mit etwas Farce bestreichen, die gewürzten Zanderscheiben auflegen und wiederholt etwas Farce aufstreichen. An dem unteren Rand die Lachsforellenstreifen (oder Lachsstreifen) einlegen und vorsichtig mit Hilfe des Küchentuchs einrollen.

Vier Blatt Brat- oder Alufolie mit Butter einfetten. Die Wirsingrollen darin einschlagen und an den beiden Enden zudrehen. Die Rouladen im Wasserbad bei etwa 70 °C 12 bis 15 Minuten pochieren. Kurz vor dem Anrichten herausnehmen und vorsichtig an beiden Enden aufschneiden.

Für die Sauce die Schalotten schälen, fein würfeln und in Butter anschwitzen. Den Fischfond dazugeben und im geöffneten Topf auf ein Drittel einkochen. Crème fraîche und den Weißburgunder Sekt zugeben und die kalte Butter mit dem Pürierstab einarbeiten. Die geschlagene Sahne unterziehen und zum Schluss mit Salz abschmecken.

Anrichten:
Pro Teller jede Roulade in drei gleich große Scheiben schneiden. Sauce in die Mitte des Tellers geben und die Scheiben auf die Sauce legen.

Variationsvorschlag:
Die Weißburgunder Sektsauce kann auch separat zu gebratenem Fischfilet serviert werden.

Mein Menüvorschlag:

Variation von der Taube mit kleinem Salat und Mousse von weißem Spargel und Rucola
Pfälzer Wirsingkrautwickel mit Flusszander und rosa Forelle in Siebeldinger Weißburgunder Sektsauce
Kleine Crépinette vom Rehrücken mit Sonnenblumenkernen auf Selleriepüree in Wacholder-Limonen-Sauce
Warmer Schwarzbrotpudding mit Erdbeer-Rhabarber-Kompott und Karamelleis

Wein-Tipp
1999er Weißburgunder trocken
Weingut Dr. Bürklin-Wolf

RESTAURANT
Kunz

Alexander Kunz

Restaurant Kunz, St. Wendel-Bliesen

Sollte man im kleinen, eleganten Restaurant Kunz mit seiner klassischen, aber leichten französischen Küche keinen Stuhl mehr ergattern, hat man vielleicht trotzdem Glück gehabt. Denn in der Pilsstube gibt's statt Alexanders raffinierter Menüs einen bodenständigen Imbiss: Tafelspitz, Coq au Vin ... Hier lernt der Gast den Zauber der guten alten Gerichte kennen.

Man fährt zweigleisig. Als Alexander Kunz nach vielen Lehr- und Praxisjahren nach Hause kam, brachte er tausend neue Ideen mit. Also beschloss die Familie, Neues zu wagen und Altbewährtes zu hüten. Familien-Management macht's möglich. Mutter Christa leitet den Service in der Pilsstube, Vater und Sohn sind für Küche und Einkauf zuständig und Ehefrau Anke für die Weine und den Service des Restaurants. Und Sohnemann Maximilian, 6 Jahre alt, ist auch schon im Geschäft: Er schnippelt Karotten – sofern er dazu Lust hat.

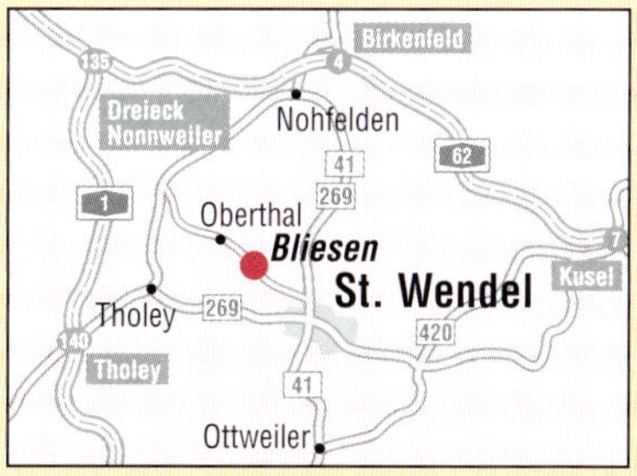

So finden Sie uns:

A 62, von Kaiserslautern kommend: Abfahrt Freisen. Auf der A 1, von Saarbrücken oder von Norden kommend: Ausfahrt Tholey.

Infos auf einen Blick

Restaurant Kunz
Kirchstr. 22
66606 St. Wendel-Bliesen
Tel.: 06854-81 45
Fax: 06854-72 54
Internet: www.restaurant-kunz.de
e-mail: restaurant-kunz@t-online.de
Öffnungszeiten: Montag, Dienstag Ruhetag, Samstagmittag geschlossen.
Sitzplätze: 50
Kreditkarten: Amex, Eurocard, EC-Karte, Visa
Umgebung: Diverse Märkte in der restaurierten Innenstadt von St. Wendel, Naturpark Saar-Hunsrück

Alexander Kunz

Restaurant Kunz, St. Wendel-Bliesen

Er tanzte nicht aus der Reihe. Seine Familienchronik verzeichnet neben Bäckerei und Metzgerei auch einen Gasthof. Doch was er den Bliesenern ab 1991 servierte, war anfangs schon ein bisschen gewöhnungsbedürftig. Die zehn Jahre, die er bei einigen der ganz Großen der Kochkunst verbrachte, hatten eben ihre Spuren hinterlassen. Dieter Müller war z. B. einer, von dem er viel lernte, oder Harald Wohlfart in der Traube-Tonbach. Wenn er nicht gerade kocht, brät oder bäckt, düst Alexander auf seiner heißgeliebten BMW Enduro mal schnell hinüber ins Elsass – auf der Suche nach neuen Rezepten und alten Kochbüchen. Oder zum Angeln in die Vogesen. Aber meistens zieht es ihn schnell zurück an seinen Herd. Und der ist schon etwas ganz Besonderes: fünf Meter lang, aus bordeauxrotem Gusseisen, mit Gas zu beheizen. Ein Meisterstück eben, „Master-Size" wie der Koch, der vor ihm steht.

Rouge barbet en papilotte mit Artischocken-Tomaten-Ragout und Olivenöl

Für 4 Personen

Für den Fisch
2 bretonische Rotbarben (rouge barbet) à 250 g
50 ml Olivenöl
Salz
Saft von 1 Zitronensaft
3 Knoblauchzehen, in feine Scheiben geschnitten
2 Thymianzweige
500 g Meersalz

Für das Artischocken-Tomaten-Ragout
6 große Artischocken oder fertige Artischockenböden
Saft von 1/2 Zitrone
1 EL Olivenöl
16 Kirschtomaten
4 Thymianzweige
1 Knoblauchzehe
Salz
Pfeffer

Die Rotbarben schuppen, filetieren und von den Gräten befreien oder vom Fischhändler vorbereiten lassen. Ein großes Stück Pergamentpapier ausbreiten und die Hälfte des Olivenöls auf die Mitte des Papiers gießen. Die Rotbarben von beiden Seiten salzen und mit Zitronensaft beträufeln. Knoblauch schälen und in Scheiben schneiden. Die Fischfilets mit der Hautseite nach oben nebeneinander auf das Olivenöl legen, die Knoblauchscheiben und die Thymianzweige darauf legen. Das restliche Olivenöl über den Fisch gießen.

Das Pergamentpapier von oben wie eine Tasche einrollen und an den Enden mit Bindfaden fest verschließen. Den Fisch mit dem Pergamentpapier auf ein mit Meersalz ausgestreutes Backblech setzen und bei 200 °C im vorgeheizten Ofen 8 Minuten garen.

Von den Artischocken den Stiel an der Tischkante abbrechen, die äußeren Blätter mit der Hand entfernen, die mittleren direkt über dem Boden mit einem Sägemesser abschneiden, das Heu mit einem Löffel sorgfältig aus dem Boden kratzen und den Boden in kleine Dreiecke schneiden. Die Artischockenböden bis zur Weiterverwertung in Zitronenwasser legen, damit sie nicht braun werden. Die Artischocken in Olivenöl anbraten, bis sie etwas Farbe annehmen.

Die Kirschtomaten, die Thymianzweige und die geschälte, fein geschnittene Knoblauchzehe hinzufügen und bei 200 °C 8 bis 10 Minuten in den Backofen stellen. Mit Salz und Pfeffer abschmecken.

Anrichten:
Das Ragout in der Mitte des Tellers anrichten, das Pergamentpapier aufschneiden und die Rotbarbenfilets auf das Ragout setzen. Das Olivenöl mit den Kräutern über den Fisch gießen.

Variationsvorschlag:
Anstelle von Rotbarbe können sie auch Zanderfilet verwenden.
Das Artischocken-Tomaten-Ragout kann auch mit etwas Balsamico-Essig abgeschmeckt und geröstetem Weißbrot als vegetarische Vorspeise serviert werden.

Mein Menüvorschlag:

Rouge barbet en papilotte mit Artischocken-Tomaten-Ragout und Olivenöl
Mastochsenfilet im Mangoldblatt pochiert auf Kohlrabistreifen mit Portwein-Schalotten-Sauce
Karamellisiertes Mandarinen-Eismousse-Törtchen im Mandelbiskuit mit Champagnersabayon

Wein-Tipp
1998er Heggies Chardonnay
Eden Valley
Yalumba Winery, Australia

Château
1989

Dom
Landhaus Ville
DOM PILS

Nils Potthast

Restaurant Landhaus Ville, Pulheim-Dansweiler

Etwa 20 Minuten von der Kölner Innenstadt entfernt steht ein altes, backsteinernes Bauernhaus an der Hauptstraße von Pulheim-Dansweiler, das Landhaus Ville. Kein Duck, kein Pomp, keine Circumstances – einfach nur Nils Potthast, Koch, und Birgit Potthast, Gastgeberin. Die Speisekarte ist klein, fein und jeden Tag neu. Und jedes Mal ein Fest für alle Sinne.

Alte, naturbelassene Mauern, die Rundbögen der alten Scheune als Raumteiler, ein lichter Glaserker, Holzvertäfelung, an den Wänden moderne Gemälde, auf den Tischen schlichtes weißes Porzellan, im Kamin an kühlen Tagen ein flackerndes Feuer. Der Maître kocht mit einer Mischung aus Schlichtheit und wohl dosierter Raffinesse. Dazu werden anstelle von Wein auch – jawohl! – edle Essige kredenzt. Dass es schon nach einem Jahr einen Michelin-Stern gab (inzwischen sind es zwei), erfuhren die Potthasts aus der Zeitung, typisch für ihre erfrischend unprätentiöse Art.

So finden Sie uns:
Aus allen Richtungen bis Autobahnkreuz Köln-West. Auf die A 1 abbiegen; Abfahrt Lövenich/Weiden. Weiter stadtauswärts Richtung Bergheim und Königsdorf.

Infos auf einen Blick
Restaurant Landhaus Ville
Friedenstr. 10
50259 Pulheim-Dansweiler
Tel.: 02234-8 33 45
Fax: 02234-20 88 53
Öffnungszeiten: Abends ab 19 Uhr geöffnet, Sonntag und Montag Ruhetag
Sitzplätze: 25
Kreditkarten: Amex, Eurocard, Visa
Umgebung: Köln, Düsseldorf, Leverkusen

Nils Potthast

Restaurant Landhaus Ville, Pulheim-Dansweiler

Gäste bekochen, das wollte er immer und sonst gar nichts. Der junge Nils, in Hamburg aufgewachsen, arbeitete sich durch die hanseatischen Edelküchen: Hotel Berlin, Le Canard, Vier Jahreszeiten, Le Delice. Dann die Ente vom Lehel in Wiesbaden, die Fuggerei in Schwäbisch-Gmünd, der von zwei Sternen beschienene Scholteshof, schließlich Chez Alex in Köln. Da war er schon wer unter den deutschen Köchen, aber allein – bis eine Bekannte ihre Freundin mit zum Essen brachte: Birgit, heute seine Frau und inzwischen eine echte Weinkennerin. Ein Gemüse, ein schaumiges Püree, ein Risotto sind Nils Potthast Unterstreichung genug. Zu viel Aromen durcheinander ist nicht seine Sache. Ein Traiteur aus Brüssel liefert ihm die frischesten Zutaten. Da kann es dann schon mal passieren, dass der Fisch in der Freitagabend-Rushhour stecken bleibt und die ersten Gäste etwas mehr Zeit beim Apéritif verplaudern müssen.

Grießstrudel mit Topfenknödel und Mohneis

Für 8 Personen

Für den Grießstrudel
500 g tiefgekühlter Strudelteig
200 ml Milch
250 g Butter
Salz
Mark von 1 Vanillestange
2 cl Rum
1 TL Strohrum
abgeriebene Schale von je 1 ungespritzten Orange und Zitrone
80 g Grieß
2 Eigelb
100 g Zucker
1 Eiweiß
einige Spritzer Zitronensaft
1 EL flüssige Butter

Für die Topfenknödel
50 g Puderzucker
50 g Butter
1 Päckchen Vanillezucker
abgeriebene Schale von 1 unbehandelten Zitrone und 1/2 Orange
500 g Magerquark (Topfen)
3 Eigelb
1 Ei
250 g frisches Weißbrot ohne Rinde
2 EL Butterbrösel

Für das Mohneis
3 Eigelb
2 Eier
50 g Zucker
300 ml Milch
300 g Sahne
100 g Honig
100 g Mohnmasse
Saft von 1/2 Zitrone

Wein-Tipp
1994er Gewürztraminer
»Hugel« Vendange Tardive
Appellation Contrôlée
Hugel et Fils

Den Strudelteig auftauen lassen. Milch, 200 g Butter, 1 Prise Salz, Vanillemark, Rum, Strohrum und abgeriebene Orangen- und Zitronenschale aufkochen. Den Grieß auf einmal einrühren, aufkochen lassen, den Topf vom Herd nehmen und 20 Minuten quellen lassen.
Eigelbe, 1 bis 2 Esslöffel Zucker und die restliche Butter schaumig rühren und zur fertigen Grießmasse geben. 1 Eiweiß, 75 g Zucker, 1 Prise Salz und Zitronensaft steif schlagen und vorsichtig unterheben. Strudelteig auf einem Tuch auslegen, mit etwas flüssiger Butter bestreichen. Die Grießmasse darauf verteilen und einrollen. Bei 180 °C im vorgeheizten Backofen etwa 10 bis 15 Minuten goldbraun backen.
Für die Topfenknödel Puderzucker, Butter, Vanillezucker und abgeriebene Zitronen- und Orangenschale im Mixer schaumig rühren. Quark im Küchenhandtuch sehr gut ausdrücken. Mit den Eigelben, dem Ei und dem Weißbrot sehr gut verkneten und durch ein Sieb streichen.
Die beiden Massen miteinander vermengen und kleine Knödel daraus formen. Diese in sanft kochendem Salzwasser circa 10 Minuten ziehen lassen. Die Knödel abtropfen lassen.
Für das Eis Eigelb, Ei und Zucker über einem warmem Wasserbad schaumig schlagen. Milch, Sahne, Honig, Mohnmasse und Zitronensaft aufkochen und langsam noch heiß unter ständigem Rühren zu den Eiern geben und weiter auf dem Wasserbad unter Rühren erhitzen.
Die Masse ist dann fertig, wenn sie fester zu werden beginnt. Sie muss auf circa 70 °C erhitzt werden. Zur Kontrolle die Rückseite eines Holzlöffels nehmen, in die Creme eintauchen und dagegen pusten. Bleiben die Schlieren bestehen (sieht aus wie eine Rose), ist die Masse zur Rose abgezogen.
Die Masse unter ständigem Rühren abkühlen lassen und zum Gefrieren in die Eismaschine geben. Sie können die Masse auch in die Gefriertruhe geben, müssen dann jedoch immer wieder die angefrorenen Ränder unterrühren, damit das Eis cremig wird und gleichmäßig gefriert.

Anrichten:
Den Strudel aufschneiden, die Topfenknödel mit den Butterbröseln bestreuen und das Mohneis dazugeben.

Variationsvorschlag:
Servieren Sie die Topfenknödel oder den Grießstrudel mit Aprikosenröster.

Mein Menüvorschlag:
Grüße des Frühlings
Variation vom Baskischen Milchlamm
Grießstrudel mit Topfenknödel und Mohneis

Harald Rüssel

Landhaus St. Urban, Naurath/Wald bei Trier

Schlemmer und Country-Fans hingehört: Gleich hinter einer Moselschleife, versteckt im beschaulichen Seitental der Dhron, öffnen sich die Pforten zum Paradies. Über einen einsamen Weg und eine steinerne Brücke gelangt man ins Landhaus St. Urban mit eigenem Fischweiher und Garten.

„Family Power" heißt eines der guten Rezepte bei den jungen Rüssels. Harald lernte schon im elterlichen Haus, was es bedeutet, Gäste zu betreuen. Ruth wurde nicht mit Mosel-Wasser, sondern eher mit Mosel-Wein großgezogen und wuchs auf dem elterlichen Weingut St. Urbanshof regelrecht in die „Szene" hinein. Bacchus rieb sich die Hände, als sie als Commis Sommelière in den Schweizer Stuben in Wertheim auf einen viel versprechenden jungen Koch traf. Der hatte damals schon in vielen illustren Küchen gekocht. Die Küche in seinem Landhaus: ländlich mit leicht französisch-mediterranem Einschlag.

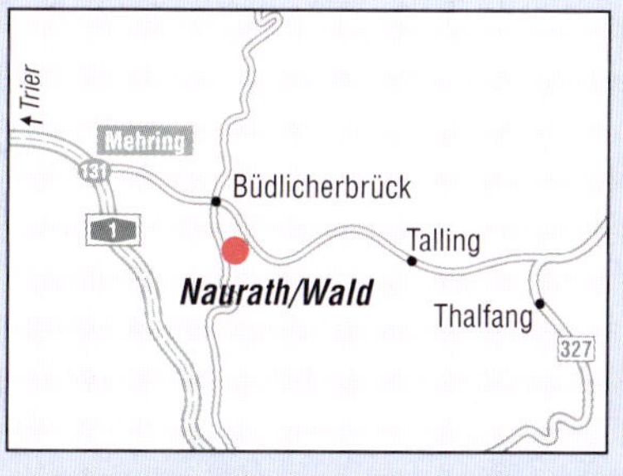

So finden Sie uns:

A 61 Frankfurt–Mainz: Abfahrt Rheinböllen, weiter über die Hunsrück-Höhenstraße Richtung Trier über Thalfang, Talling, Büdlicherbrück. Oder: Auf der A 1 bei Mehring abfahren, dann links in Richtung Büdlicherbrück. An der Kreuzung im Tal rechts abbiegen Richtung Landhaus St. Urban.

Infos auf einen Blick

Landhaus St. Urban
Büdlicherbrück 1
54426 Naurath/Wald
Tel.: 06509-9 14 00
Fax: 06509-91 40 40
Internet: www.landhaus-st-urban.de
e-mail: info@landhaus-st-urban.de
Öffnungszeiten: Dienstag und Mittwoch Ruhetag
Sitzplätze: 40
Kreditkarten: Amex, Eurocard, Visa
Mit Hotel: 10 Zimmer
Umgebung: Weinregion Mosel-Saar-Ruwer, Trier, Luxemburg

Harald Rüssel

Landhaus St. Urban, Naurath/Wald

Seine Ausbildung zum Koch erfolgte in Stolberg (Rheinland). Danach Praxisjahre bei den allerbesten Adressen, bei Christof Lang, „La Bécasse" in Aachen, bei Jo und Philippe Rostang in Antibes, Dieter Müller und Fritz Schilling sowie bei Dieter Kaufmann. Dann: Koch meets Sommelière – Harald meets Ruth. Erstes Fest: die eigene Hochzeit im frisch renovierten Landhaus St. Urban. 1992 Eröffnung, 1993 der erste Stern, „Entdeckung des Jahres" im Gault Millau – geboren aus Haralds Kochkunst und Ruths Weinkenntnissen. Bei den Rüssels wird mit Lebenslust gefeiert, und wenn die Band nach dem Essen losfetzt, hängt der Koch die Schürze an den Haken: das Schlagzeug lockt. An dem ist Harald Rüssel, da sind sich Gäste und Profi-Musiker einig – mindestens genauso gut wie am Herd.
Jede Menge Auszeichnungen und 1999 die eigene Koch-Fernsehserie: 38 Folgen von „Einfach köstlich – Kochen mit Harald Rüssel"

Warmer Mandelauflauf mit Gewürz-Apfel-Confit und geeistem Vanilleschaum

Für 4 Personen

Für den geeisten Vanilleschaum
6 Eigelb
150 g Zucker
1 Vanilleschote
1/4 l Milch
450 g Sahne

Für das Gewürz-Apfel-Confit
100 g Zucker
2 cl weißer Portwein
2,5 cl halbtrockener Riesling
1/8 l Apfelsaft
1 Vanilleschote
1 Zimtstange
2 Sternanisknospen
1 EL Weizenpuderstärke
3 Äpfel (Delicious oder Boskoop)

Für den Mandelauflauf
85 g Butter
90 g Zucker
3 Eier
75 g Biskuitbrösel
75 g Mandelgrieß (grob gemahlene Mandeln)
Amaretto
Butter und Zucker für die Förmchen

Für die Garnitur
gehackte Pistazien
einige frische Minzeblätter

Eigelb und Zucker schaumig schlagen. Vanilleschote auskratzen. Mark und Schote in die Milch und 250 g Sahne geben und zum Kochen bringen. Die Vanilleschote herausnehmen und die kochende Flüssigkeit unter schnellem Rühren in die Eigelb-Zucker-Masse geben. Wieder zurück in den Topf geben und unter mäßiger Hitzezufuhr ständig rühren, bis die Masse in der Konsistenz etwas fester zu werden beginnt. Durch ein feines Küchensieb in eine Schüssel geben und kalt stellen. In der Eismaschine gefrieren und im Gefrierfach bereithalten. Dabei darauf achten, dass das Eis nicht zu fest wird. (Die restliche Sahne wird steif geschlagen und erst kurz vor dem Servieren untergehoben.)
Den Zucker mit mäßiger Hitze karamellisieren, mit Portwein ablöschen, Riesling und Apfelsaft dazuschütten. Die Vanilleschote längs aufschneiden, damit sich das Vanillemark besser löst, und ebenfalls zugeben, die weiteren Gewürze in einem Teesieb als Gewürzbeutel in den Fond geben. Die Flüssigkeit leicht reduzieren und mit Weizenpuderstärke binden.
Die Äpfel schälen und schneiden, im Fond einmal aufkochen. Mit einer Schaumkelle herausnehmen, Fond und Äpfel auskühlen lassen. Anschließend Äpfel wieder in den Fond geben.
Butter mit der Hälfte des Zuckers schlagen. Eier trennen. Die Eigelbe unter die Butter-Zucker-Mischung geben und weiterschlagen. Brösel und Mandelgrieß dazugeben. Die Eiweiße mit dem restlichen Zucker zur Meringenmasse schlagen, unter die Butter-Brösel-Masse geben und mit Amaretto abschmecken.
In gebutterte und gezuckerte Pastetenförmchen füllen, in ein Wasserbad stellen und im Ofen bei Umluft 170 °C etwa 35 Minuten backen. Aus den Förmchen nehmen und warm stellen.
Anrichten:
Das Vanilleeis aus dem Gefrierfach nehmen und die Schlagsahne unterheben. Das Gewürz-Apfel-Confit in der Mitte eines tiefen Tellers, den geeisten Vanilleschaum rundherum verteilen, in die Mitte den Mandelauflauf geben und mit gehackten Pistazien und Pfefferminze garnieren.
Variationsvorschlag:
Je nach Saison das Dessert mit frischen Beeren oder Kernobstkompott, zum Beispiel Aprikosen oder Birnen, servieren.

Mein Menüvorschlag:
Kohlrabimaultaschen mit Flusskrebsen und Romana in Krustentierbutter
Kartoffel-Artischocken-Eintopf mit Kaninchenkeulen in Thymiansauce
Warmer Mandelauflauf mit Gewürz-Apfel-Confit und geeistem Vanilleschaum

Wein-Tipp
1997 Ockfener Bockstein
Riesling Auslese
Weingut St. Urbans-Hof,
Leiwen/Mosel

Hommage
1492

Martin Scharff

Scharff's Restaurant, Landhotel Wartenberger Mühle, Wartenberg-Rohrbach

Ein wunderschönes, betagtes Gemäuer und eine exzellente Küche – daraus wird leicht ein „amour fou". So geschehen in der Alten Mühle am Schlossberg in Wartenberg. Mit ihrem neuen Restaurant in den 600 Jahre alten Gewölben haben sich ein begabter Koch und seine Frau einen Traum erfüllt.

Aus dem ehemaligen Kuhstall mit Kreuzgewölbe entstand ein Restaurant, aus dem Pferdestall ein Bistro. Der Innenhof ist ein idealer Rahmen für Sommerfeste und Konzerte. Ihren Aperitif können die Gäste beim Bummeln durch den Kräutergarten einnehmen, der an die große Außenterrasse grenzt. Die vielen kaum bekannten Kräuterarten geben der Küche, geführt von den Brüdern Peter und Martin Scharff, eine besondere Note. Wer hinter dieses Geheimnis kommen will, kann eines der vielen Kochseminare besuchen.

So finden Sie uns:

Wartenberg liegt an der B 40, 12 km nördlich von Kaiserslautern. Von Norden kommend: über die A 63 Mainz–Kaiserlautern, Abfahrt Winnweiler. Weiterfahrt Richtung Kaiserslautern bis Wartenberg. Von Osten kommend: über die A 6 Richtung Kaiserslautern–Saarbrücken: Abfahrt Enkenbach-Alsenborn.

Infos auf einen Blick

Scharff's Restaurant
Landhotel Wartenberger Mühle
Am Schlossberg 16
67681 Wartenberg-Rohrbach
Tel.: 06302-9 23 40
Fax: 06302-92 34 34
Internet: www.scharffs.de
e-mail: martin.scharff@t-online.de
Öffnungszeiten: Montag Ruhetag
Sitzplätze: Restaurant 45, Bistro 40
Kreditkarten: Amex, Diners, Eurocard, Visa
Mit Hotel: 14 Zimmer
Umgebung: Kaiserslautern, Reitmöglichkeit im Ort, 18-Loch-Golfanlage in der Nähe

Martin Scharff

Scharff's Restaurant, Landhotel Wartenberger Mühle, Wartenberg-Rohrbach

Seine Lehr-und-Wanderjahre führten ihn über die Traube-Tonbach, die Schweiz, bis nach Hongkong und Kalifornien. Sesshaft wurde er in Dinkelsbühl, wo er mit seiner Frau Anja – auch sie vom Fach – lange Jahre den Eisenkrug mit dem Restaurant „zum kleinen Obristen" führte. Auszeichnungen – darunter auch einmal Aufsteiger des Jahres – sammelt er wie andere Leute Briefmarken. Auch vor der TV-Kamera machte er Karriere. Er kochte im Bayerischen Fernsehen und bei Südwest 3, schreibt nebenher für Fachjournale, veranstaltet Kochkurse, macht Berufsberatung in der Schule und kümmert sich intensiv um die Ausbildung seiner zehn Azubis. Und wenn ihm dann doch einmal alles ein bisschen zu viel wird, bearbeitet er sein Schlagzeug. Auch von Musik versteht er etwas als Ex-Bandleader einer Rock-Combo und Dirigent der Dinkelsbühler Knabenkapelle.

Maispoulardenbrust auf Rahmkohlrabi mit Frühlingsmorcheln und Brezenauflauf

Für 4 Personen

Für den Brezenauflauf
2 Brezen vom Vortag
Fett für die Förmchen
1 Ei
150 ml Milch
Salz
Muskat

Für die Poulardenbrüstchen
4 Maispoulardenbrüste
Salz
Pfeffer
1 EL Butterschmalz
1 Schalotte
1 Thymianzweig
1 Rosmarinzweig
1 EL Butter
100 ml Geflügeljus oder Bratensauce

Für die Morcheln
200 g frische Frühlingsmorcheln
2 Schalotten
80 g Butter
je 2 cl Cognac, weißer Portwein und Madeira
Salz
Pfeffer
Kerbel

Für den Kohlrabi
2 Kohlrabi
200 g Sahne
Salz
Pfeffer

Für die Garnitur
4 kleine Kerbelsträußchen

Für den Brezenauflauf die Brezen in kleine Würfel schneiden und in vier ausgefettete Porzellanförmchen geben. Das Ei in die Milch einschlagen, mit wenig Salz und Muskat abschmecken. Die Eiermilch in die Förmchen gießen, bis die Brezen bedeckt sind. In ein Wasserbad mit 80 °C stellen und bei 140 °C für 25 bis 30 Minuten im Backofen garen lassen. Anschließend servierfertig auf den Teller stürzen.

Die Maispoulardenbrüste mit Salz und Pfeffer würzen und auf der Hautseite in heißem Fett knusprig anbraten, kurz wenden und wieder auf die Hautseite legen. Die Schalotte schälen, halbieren, mit den Kräutern dazugeben und für etwa 8 bis 10 Minuten bei 180 bis 200 °C in der Pfanne auf der Hautseite in den Backofen schieben. Pfanne aus dem Ofen holen und die Brüste mit etwas Butter nachbraten.

Wenn Sie mit dem Finger beim Drücken auf die Brust eine feste Spannung spüren, aus der Pfanne nehmen und abgedeckt etwa 5 Minuten an einem warmen Ort ruhen lassen, damit sich das Fleisch wieder etwas entspannt.

Die Morcheln mehrmals waschen, damit sie komplett vom Sand befreit sind. Die Schalotten schälen, in feine Würfel schneiden und in der Butter im Topf andünsten, die Morcheln zugeben, mit dem Alkohol ablöschen, etwa 4 bis 5 Minuten bei kleiner Hitze köcheln lassen und mit Salz und Pfeffer abschmecken. Kurz vor dem Servieren den fein geschnittenen Kerbel zugeben.

Den Kohlrabi schälen, in feine Streifen (Julienne) schneiden und in der Sahne bissfest kochen. Herausnehmen, die Sahne reduzieren, den Kohlrabi wieder hinzugeben und mit Salz und Pfeffer abschmecken. Je nach Geschmack die kleinen Kohlrabiblätter fein schneiden und zum Schluss in das Gemüse geben.

Anrichten:
Den abgeschmeckten Kohlrabi in die Mitte des Tellers geben, die Maispoulardenbrust mit zwei Schnitten auftranchiert auf den Kohlrabi setzen. Die Frühlingsmorcheln um den Kohlrabi legen und den Brezenauflauf an den Kohlrabi stürzen. Zum Abschluss etwas Geflügeljus um das Brüstchen saucieren, so dass die Jus etwas in den Kohlrabi läuft; dadurch entsteht eine schöne Marmorierung. Nun mit kleinen Kerbelsträußchen ausgarnieren und servieren.

Variationsvorschlag:
Als vegetarisches Gericht servieren Sie den Brezenauflauf mit Morchel-Kohlrabi-Gemüse und Rotweinschalotten.

Mein Menüvorschlag:

Gegrillte Lachsschnecke auf Salbei-Lauch-Gemüse mit rosa Pfeffer an Rieslingsauce und neuen Pfälzer Kartoffeln

Maispoulardenbrust auf Rahmkohlrabi mit Frühlingsmorcheln und Brezenauflauf

Holunderblütenvariation auf Creme de Cassis mit Mousse, Sorbet

Wein-Tipp

1998er Nierstein Hipping

Weißer Burgunder trocken

Weingut Heyl zu Herrnsheim

Gasthaus
Apotheke

Frank Schicker

Gasthaus Alte Apotheke, Melsungen

Auf Rezept gibt's in der Alten Apotheke natürlich nichts. Aber dafür Haute Cuisine nach Rezepturen von Frank Schicker, bei denen heftige Nebenwirkungen nicht ausgeschlossen werden können – nämlich Suchtgefahr! Egal, ob man nun eher auf schottischen Lammrücken steht oder auf Champagner-Trüffel ...

Wer durch das alte Portal und den begrünten Innenhof in das Fachwerkhaus tritt, taucht in eine freundliche Atmosphäre des Genusses: weiß gedeckte Tische, weiße Kerzen, klassische Musik. 1993 richteten Frank und Silke Schicker in den Räumen der ehemaligen Rosen-Apotheke ihr Restaurant stilgerecht wieder als alte Apotheke her, mit originalem Mobiliar: Schränkchen, Schubladen, Regale voller Flaschen und Porzellandosen mit geheimnisvollen Aufschriften. In der Küche herrscht eine klare Linie ohne alle Sperenzchen vor.

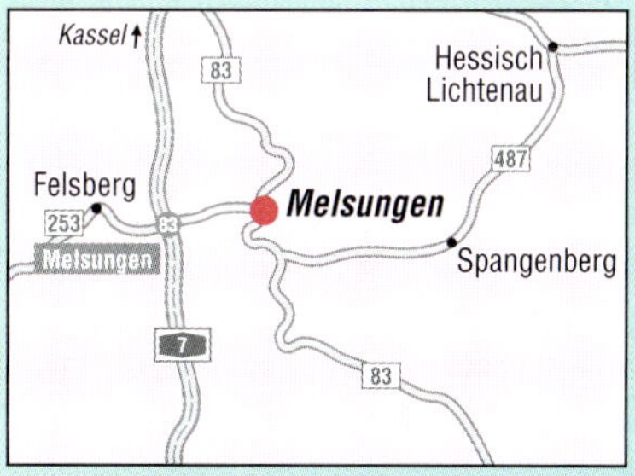

So finden Sie uns:
A 7 Frankfurt–Hamburg: Abfahrt Melsungen. Am Ortseingang Melsungen in die Fritzlaer Straße abbiegen. An der 1. Ampel geradeaus in Richtung Stadtmitte, über Mauergasse und Sandstraße bis zum Parkplatz „Am Sand". Zu Fuß in die Fußgängerzone Richtung Rathaus.

Infos auf einen Blick
Gasthaus Alte Apotheke
Brückenstr. 5, 34212 Melsungen
Tel.: 05661-73 81 18
Fax: 05661-73 81 12
e-mail: rest.gasthaus.alte-apotheke@t-online.de
Öffnungszeiten: Sonntag und Montagmittag geschlossen
Sitzplätze: 36
Kreditkarten: Visa, EC-Karte
Umgebung: historischer Stadtkern von Melsungen, Deutsche Fachwerkstraße, Kurhessisches Bergland, Werratal

Frank Schicker

Gasthaus Alte Apotheke, Melsungen

Nach Lehrjahren in Göttingen sagte der erst 16-Jährige der Kleinstadt für lange Zeit adieu. Neun Jahre war er fort – Zeit des Lernens, der Erfahrungen, der Inspiration. Die bekanntesten Lehrmeister waren darunter. Der Drei-Sterne-Koch Gualtiero Marchesi in Mailand lehrte ihn neben dem Kochen auch, dass Erfahrung und Kreativität Freundlichkeit und Menschlichkeit nicht ausschließen. Das organisatorische Genie von Heinz Winkler, ist ihm heute noch ein Vorbild. Mit 21 ist er im Tantris in München Vorgesetzter von wesentlich älteren Kollegen und sechs Tage in der Woche auch Einkäufer auf dem Markt – damals lernte er, dass es mehr bedarf, als gut zu kochen.

Kaninchenfilets auf zweierlei Petersilien mit gerösteter Petersilienwurzel

Für 4 Personen

Für die Kaninchenfilets
8 Kaninchenrückenfilets
2 EL Olivenöl
2 Kaninchenlebern
Salz
Pfeffer aus der Mühle
Butter für die Form

Für das Gemüse
100 g krause Petersilie
Salz
400 g Petersilienwurzeln
200 g Sahne
Pfeffer
Muskat
Fett zum Frittieren
einige Blätter glatte Petersilie zum Garnieren

Die Kaninchenfilets von Haut und Sehnen befreien, würzen, in Olivenöl anbraten und herausnehmen. Die Leber ebenfalls anbraten und danach würzen. Die Kaninchenstücke in einer gebutterten Form bis zum Weiterverarbeiten beiseite stellen.
Vor dem Anrichten die Form mit den Kaninchenfilets für 4 bis 5 Minuten bei 200 °C in den Ofen schieben.
Die Petersilie putzen, waschen und mit kochendem Salzwasser kurz überbrühen. In kaltem Wasser abschrecken. Die Petersilienwurzeln waschen und schälen.
Zum Frittieren eine von den Petersilienwurzeln mit dem Gemüsehobel in feine Scheiben schneiden. Die übrigen Wurzeln in gleichmäßige Stücke schneiden, dann in einer Mischung aus 200 ml Wasser und der Sahne weich kochen. Dabei sollte die Sahnemischung die Wurzelstücke nur leicht bedecken.
Die Hälfte der Petersilienwurzel mit so wenig wie möglich Kochflüssigkeit pürieren, bis man ein fein sämiges Püree erhält. Den Rest mit der abgekochten krausen Petersilie zu Püree verarbeiten.
Die beiden farblich unterschiedlichen Pürees mit Pfeffer und Muskat abschmecken und bis zum Anrichten warm stellen.
Die übrigen hauchdünnen Petersilienwurzelscheiben noch goldgelb frittieren und auf Küchenpapier abtupfen.

Anrichten:
Auf den Tellern das weiße Petersilienpüree in der Mitte platzieren. Nun die erwärmten Kaninchenfilets sowie die gewürzte und aufgeschnittene Leber aufsetzen.
Mit grünem Petersilienpüree, Petersilienwurzelscheiben und glatter Petersilie garnieren.

Variationsvorschlag:
Zu dem Petersilienpüree passt auch hervorragend gebratenes Seezungenfilet.

Mein Menüvorschlag:
Kross gebratener Zander auf Kartoffelcarpaccio
Kaninchenfilets auf zweierlei Petersilien mit gerösteter Petersilienwurzel
Schmandmousse auf Apfelragout

Wein-Tipp
1997er Nierstein Brudersberg Riesling
Weingut Freiherr Heyl zu Herrnsheim

ENTE
RESTAURANT
Radeberger

Harald Schmitt

ENTE im Hotel Nassauer Hof, Wiesbaden

Seit 1998 ist Harald Schmitt als Nachfolger von Herbert Langendorf Restaurateur der ENTE. Gemeinsam mit dem Küchenchef Gerd M. Eis ist er dafür verantwortlich, dass das Traditionsrestaurant unverändert ein kulinarischer Treffpunkt der besonderen Art ist.

Die „Ente vom Lehel", wie sie 20 Jahre lang hieß, war zuletzt ein wenig in die Jahre gekommen. Würdig, konservativ, vornehm – das waren die hervorstechenden Attribute. Seit September 1998 präsentiert sie sich in schlichter Eleganz und moderner Klassik. Offener, lockerer, zwangloser erscheint der Innenraum, wobei der Gast zum eigentlichen Mittelpunkt des Ambientes wird. Bei allen Neuerungen wird aber auf jeden Fall die Tradition des hohen gastronomischen Standards, für das die „Ente" immer schon bekannt war, gewahrt.

So finden Sie uns:

Aus Richtung Darmstadt, Mainz oder Frankfurt kommend, am Kreuz Wiesbaden/Erbenheim abfahren. Weiter über die Berliner Straße und ihre Verlängerung zur Wilhelmstraße und zum Kaiser-Friedrich-Platz. Vom Flughafen Frankfurt beträgt die Entfernung zur „Ente" knapp 30 km, von der Frankfurter Messe knapp 40 km.

Infos auf einen Blick

Restaurant ENTE
im Hotel Nassauer Hof
Kaiser-Friedrich-Platz 3–4
65183 Wiesbaden
Tel.: 0611-13 36 66
Fax: 0611-13 36 83
Internet: www.nassauer-hof.de
e-mail: ente@nassauer-hof.de
Öffnungszeiten: kein Ruhetag
Kreditkarten: Amex, Diners, EC-Karte, Eurocard, Visa
Sitzplätze: 55
Umgebung: Theater Kurhaus und Casino in Wiesbaden, Rheingau, Taunus

Harald Schmitt

Restaurant ENTE, Wiesbaden

Am liebsten wäre er Schiffskoch geworden. Aber weniger wegen der Küche, sondern wegen der aufregenden Reisen über die großen Weltmeere. Es kam anders. Er wurde Koch, ein exzellenter sogar, aber mit festem Boden unter den Füßen. Nach einer soliden Grundausbildung lernte er u. a. unter Witzigmann – eine Zeit, die wegweisend für seine weitere Karriere war. Im Hotel Nassauer Hof in Wiesbaden schuf er eine anspruchsvolle neue deutsche Küche: bodenständig-raffiniert und fantasievoll. Heute kümmert er sich schwerpunktmäßig um den Einkauf. Keine Frage, dass er bis ins kleinste Detail auf die Herkunft der verwendeten Produkte achtet, und selbst im Urlaub probiert er bei Winzerfreunden vor Ort, welche Weine seinem Anspruch gerecht werden. Seine Gäste wissen das zu schätzen. Der Kontakt zu ihnen hat für Harald Schmitt einen besonderen Stellenwert.

Kalbsbäckchen im Kartoffelmantel mit grüner Sauce

Für 4 Personen

Für die Kalbsbäckchen
500 g Kalbsbacken ohne Sehnen und Fett (vorbestellen)
1 l heller Kalbsfond
1 Gemüsezwiebel
2 Möhren
1 Stange Porree
10 weiße Pfefferkörner
1 Lorbeerblatt
2 Nelken
2 EL Tomatenwürfel
2 EL fein geschnittener Schnittlauch
2 EL weißer Balsamico-Essig
Salz, Pfeffer

Für die Kartoffelmasse
500 g Kartoffeln
3 Eigelb
50 g Butter
100 g Stärke
Salz
Muskat
Mehl zum Bestäuben
Fett zum Frittieren

Für die Grüne Sauce
5 Eier
1/8 l Öl
150 g Crème fraîche
150 g Joghurt
1 Paket Kräuter für Grüne Sauce
1 kleine Zwiebel
1 TL Senf
Saft von 1/2 Zitrone
2–3 EL Milch
Salz
Cayennepfeffer
Zucker

Für die Garnitur:
frische Kräuter
8 Wachteleier

Die Kalbsbäckchen mit dem Kalbsfond zum Kochen bringen, geputzte und grob zerkleinerte Gemüse und die Gewürze zugeben und bei geringer Hitze (etwa 90°C) gar ziehen lassen. Die Kalbsbäckchen aus dem Fond nehmen und in Würfel von 0,5 cm schneiden. Das Fleisch mit den Tomaten, dem Schnittlauch und dem Balsamico-Essig in eine Schüssel geben, gut abschmecken und abkühlen lassen. Diese Masse in einer Klarsichtfolie zu einer Rolle von etwa 2,5 cm Durchmesser pressen, mit einer Schnur alle 2,5 cm abbinden und erkalten lassen.
Für die Kartoffelmasse die Kartoffeln in der Schale kochen, schälen und ausdampfen lassen. Mit den Eigelben durch die Kartoffelpresse drücken und mit zerlaufener Butter verrühren. Die Stärke unterheben und mit Salz und Muskat abschmecken. Die Kartoffelmasse auf einer bemehlten Arbeitsfläche circa 1 cm dick ausrollen und 6 Kreise von circa 8 cm ausstechen.
Auf jede dieser Kreise Kalbsbäckchenwürfel geben. Zu einem Kloß formen, so dass das Fleisch komplett eingeschlossen ist. Diese Bällchen nun in heißem Fett bei 180 °C goldbraun ausbacken und abtropfen lassen.
Für die Grüne Sauce die Eier kochen, erkalten lassen und pellen. Eiweiß vom Eigelb trennen. Eiweiß in feine Würfel schneiden und zur Seite stellen. Eigelb in einer Schüssel mit der Gabel zerdrücken. Mit dem Schneebesen zusammen mit dem Öl glatt rühren. Die Crème fraîche und den Joghurt unterrühren und dazugeben. Die Kräuter waschen, trockentupfen und die Blätter von den Stielen zupfen, fein hacken und unter die Eigelbmasse heben. Die Zwiebel schälen, fein reiben und zusammen mit dem Senf und dem Zitronensaft in die Sauce geben. Mit dem Stabmixer und etwas Milch schaumig aufmixen. Mit Salz, Cayennepfeffer und Zucker abschmecken.

Anrichten:
Den gebackenen Kloß auf einem Teller anrichten. Mit wachsweich gekochten Wachteleiern und frischen Kräutern garnieren. Etwas von der Sauce angießen und den Rest in einer Sauciere servieren.

Variationsvorschlag:
Die Kalbsbäckchen schmecken auch sehr gut auf Rahmpfifferlingen.

Mein Menüvorschlag:
Tomaten-Brot-Salat mit gratiniertem Ziegenkäse
Kalbsbäckchen im Kartoffelmantel mit grüner Sauce
Crème brûlée au chocolat mit Blutorangenconfit

Wein-Tipp
1998er
Rauenthal Nonnenberg Riesling
Weingut Georg Breuer

Achim Schwekendiek

Hotel Hohenhaus, Herleshausen

Genau im Mittelpunkt Deutschlands – geografisch gesehen – , in Herleshausen, einer kleinen hessischen Ortschaft zwischen Gotha und Bad Hersfeld, steht das Lustschlösschen Hohenhaus, heute ein Hotel. Und dort wiederum steht die Schlossküche im Mittelpunkt. Da wird märchenhaft gekocht und im märchenhaften Restaurant königlich getafelt.

Auf dem ehemaligen Rittergut sagen sich nicht Fuchs und Hase, sondern glückliche Gäste „Gute Nacht", die sich dort verwöhnen lassen: von der zauberhaften Landschaft, dem ländlich-eleganten Ambiente und – klar – von Achim Schwekendieks Kochkunst. Wild aus den Wäldern, Gemüse aus den Gutsgärten, Geflügel vom Hof, Fisch aus den umliegenden Weihern ... Kochen nach Jahreszeiten und privater Lust und Laune – der Küchenchef Achim Schwekendiek unterwirft sich keinen Trends. Die Rechnung ging auf, mit ihr ein Stern – der vom Michelin, der märchenhafte Kochkarrieren krönt.

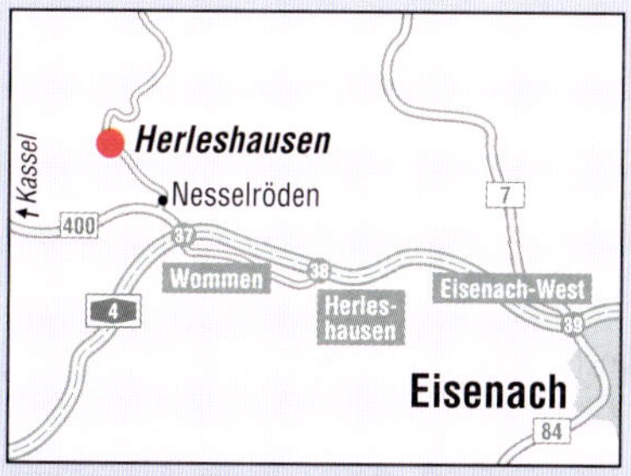

So finden Sie uns:

A 4 Frankfurt–Berlin: Abfahrt Herleshausen, in Richtung Bad Hersfeld wieder auf die A 4 auffahren. Abfahrt Wommen, rechts abbiegen und nach ca. 500 m auf die B 400 in Richtung Kassel fahren. Nach Nesselröden abbiegen. Aus Richtung Osten kommend: Abfahrt Wommen, weiter wie oben beschrieben.

Infos auf einen Blick

Hotel Hohenhaus
Holzhausen
37293 Herleshausen
Tel.: 05654-98 70
Fax: 05654-13 03
Internet: www.hohenhaus.de
e-mail: hohenhaus@t-online.de
Öffnungszeiten: Sonntagabend, Montag, Dienstagmittag geschlossen
Sitzplätze: 60
Kreditkarten: Amex, Diners, Eurocard, EC-Karte
Mit Hotel: 26 Zimmer
Umgebung: Parkähnliches Gelände ums Hotel.

Achim Schwekendiek

Hotel Hohenhaus, Herleshausen

Wie so oft in Märchen muss der Held erst viele Prüfungen bestehen, bis alles glücklich endet. Ähnlich war es auch bei ihm. Denn eigentlich wollte er Fotograf werden. Vaters Rat: werde Koch! Doch während der Lehre und auch noch als junger Commis überkam ihn oft die Lust, die Topfdeckel hinzuschmeißen. Erst im Hilton in Mainz wendete sich das Blatt: Averbecks Giebelhof in Senden, Tantris in München und das Crillon in Paris – gegen Lohn und Brot. Andere müssen für die Ehre, dort arbeiten zu dürfen, bezahlen. Auch im Privaten gab es mit der Hochzeit – eine Kollegin – ein Happyend: Heute tollen drei kleine Schwekendieks im riesigen Schlosspark herum. Wenn es seine Zeit erlaubt, trifft er sich mit Kollegen und Winzern im Elsass oder besucht die Meetings der Jeunes Restaurateurs. „Solche Begegnungen", sagt er, „gleichen der Schatztruhe im Märchen. Die sind zwar nicht voller Gold, sondern – viel besser – voller Erfahrungen."

Sesamcannelloni mit Ingwercreme und Erdbeeren

Für 4 Personen

Für die Creme
6 Eigelbe
60 g Zucker
1/8 l Sekt
Saft und abgeriebene Schale von 1/2 Limone
1 1/2 EL frisch geriebener Ingwer
3 Blatt Gelatine
150 g Sahne

Für die Cannelloni-Hippen
50 ml Orangensaft
100 g Puderzucker
3 EL gesiebtes Mehl
60 g flüssige Butter
60 g Sesam
Zesten von 1/2 Limone und 1/2 Orange

Für die Sauce
100 ml Orangensaft
3 EL kalte Butter
1/2 TL gehackter Ingwer

Außerdem
500 g Erdbeeren

Für die Creme Eigelbe und Zucker in einem Kessel schaumig schlagen. Sekt, Limonensaft und –schale und Ingwer hinzugeben. Auf dem Wasserbad unter ständigem Schlagen so lange erhitzen, bis die Masse schaumig ist und anfängt zu binden. Die Masse darf nicht kochen, da bei zu starker Hitze das Eigelb gerinnt und Klumpen entstehen.
Die in kaltem Wasser eingeweichte Gelatine dazugeben und die Masse kalt schlagen. Die Sahne steif schlagen. Nach und nach dazugeben und alles für 2 Stunden in den Kühlschrank stellen.
Für die Cannelloni-Hippen alle Zutaten zusammenrühren und 1 Stunde ruhen lassen. Die Masse auf ein gut gebuttertes oder ausgelegtes Backblech streichen und bei 200 °C auf „Sicht" goldbraun backen. Die Hippe leicht abkühlen lassen, ausschneiden (8 x 8 cm), um einen rundes Holzstück im Durchmesser von 3 cm (eventuell abgeschnittener Besenstiel) wickeln und abkühlen lassen. Lässt sich die Hippe nicht mehr rollen, wieder im Backofen erwärmen.
Für die Sauce den Orangensaft um die Hälfte reduzieren, unter ständigem Rühren die kalte Butter und den Ingwer zugeben.

Anrichten:
Die Ingwercreme mit Hilfe eines Spritzsacks in die Cannelloni füllen. Die Erdbeeren in Scheiben schneiden, auf den Tellern anrichten, mit der noch warmen Sauce marinieren und die Cannelloni darauf setzen.

Variationsvorschlag:
Die Ingwercreme schmeckt auch sehr gut mit frischer Mango und einigen gerösteten Kokoschips.

Mein Menüvorschlag:
Sülze von Lachs mit Spargel
Strudel von Kalbsfilet und Taubenbrust mit Morcheln und dicken Bohnen
Sesamcannelloni mit Ingwercreme und Erdbeeren

Wein-Tipp
1993er Tokaji Aszú
4 Puttonyos
Weingut Disznókö

LANDGASTHOF POST

Hans Stefan Steinheuer

Steinheuers Restaurant „Zur Alten Post“, Bad Neuenahr-Heppingen

Hans Stefan Steinheuer hat in den letzten 15 Jahren konsequent eigene Wege beschritten und dabei eine einzigartige kulinarische Handschrift entwickelt. Und er hat zudem das Glück, dass seine Frau Gabi für diese Fertigkeiten einen unvergleichlichen Rahmen geschaffen hat. Als Team zelebrieren sie Gastlichkeit auf höchstem Niveau.

Als er das Gasthaus seiner Eltern vor 15 Jahren übernahm, hat er es zweigeteilt: auf der einen Seite der rustikale Landgasthof Poststuben, für den er die Rezepte seiner Mutter – wie Ahrtaler Rehsauerbraten oder gebratene Blutwurst mit Senfkartoffelsalat – auf das Beste verfeinert hat. Auf der anderen Seite Steinheuers Restaurant „Zur Alten Post“, ein Gourmet-Lokal, für das er Köstlichkeiten kreiert wie Steinbutt mit Trüffelkruste auf grünen Spargelspitzen, Gänsestopfleberterrine in Feigen-Tokayergelee oder Eifler Reh im Champignon.

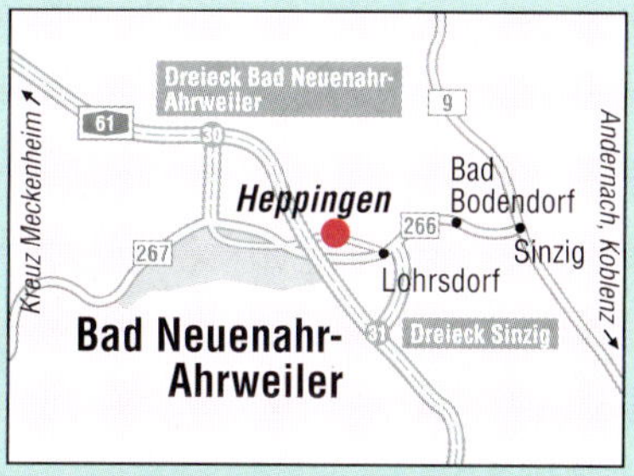

So finden Sie uns:

Von Köln kommend: A 61 Richtung Koblenz. Von Bonn kommend am Meckenheimer Kreuz auf die A 61 Richtung Koblenz: Abfahrt Bad Neuenahr-Ahrweiler. Auf der B 9 von Koblenz kommend: Abfahrt Sinzig-Kreisel Richtung Ahrtal. Auf der A 61 aus Richtung Süden kommend: Abfahrt Sinzig/Bad Neuenahr. Das Haus liegt in der Ortsmitte.

Infos auf einen Blick

Steinheuers Restaurant „Zur Alten Post“
Landskroner Str. 108–110,
53474 Bad Neuenahr-Heppingen
Tel.: 02641-9 48 60
Fax: 02641-94 86 10
e-mail:
steinheuers.restaurant@t-online.de
Öffnungszeiten: Dienstag Ruhetag, Mittwochmittag geschlossen
Sitzplätze: 35
Kreditkarten: Amex, Diners, Eurocard, EC-Karte, Visa
Mit Hotel: 6 Zimmer, 4 Suiten, Wellness-Bereich
Umgebung: Ahr-Thermen in Bad Neuenahr-Ahrweiler, das Rheintal, das Ahrtal, Vulkanberge im Brohltal, die Eifel

Hans Stefan Steinheuer

Steinheuers Restaurant „Zur Alten Post", Bad Neuenahr-Heppingen

Er ist 41 und bringt schon 25 Jahre Berufserfahrung mit. Längst wird er nicht mehr begutachtet durch den Blick zurück auf seine Lehr-Stationen im Hotel Erbprinz in Ettlingen und den Schweizer Stuben zu Wertheim, wo er als Stellvertreter von Dieter Müller agierte. Was zählt, sind die letzten 15 Jahre. 1998 wurde er vom Gault Millau zum Aufsteiger des Jahres ernannt, ihm der zweite Michelin-Stern verliehen. Seine jüngste Auszeichnung: Koch des Jahres. Er ist Präsident der deutschen Sektion der Jeunes Restaurateurs d'Europe. Offenherzig gibt er zu, dass er nur die eine Hälfte zum Erfolg beitragen konnte. Die andere gebühre seiner Frau Gabi für ihren Einsatz im Service. In seiner Küche regieren weder Purismus noch Tradition und schon gar keine modischen Trends. Er setzt klare regionale Akzente und verläßt sich dabei auf sein feines Gespür für Gewürze.

Eifler Reh im Champignonkopf mit Maiwirsing

Für 4 Personen

Für die Rehjus
500 g Rehknochen und Rehabschnitte
1 große Möhre
1 kl. Stück Knollensellerie
2 Zwiebeln
50 ml Öl
50 g Tomatenmark
1 Lorbeerblatt
10 Wacholderbeeren
1 Thymianzweig
400 ml Wildfond
100 ml Rotwein
50 ml dunkler Portwein
Salz, Pfeffer
evtl. 1 TL Mondamin

Für die Putenfarce
100 g Sehnen und fettfreies Putenfleisch
80 g Sahne
1 Eigelb
Salz, Pfeffer
1/2 Toastbrot ohne Rinde
100 g Champignons
1 EL Butter
1 TL gehackte Petersilie
1 Msp. Thymian

Für das Reh im Champignonkopf
4 sehr große Champignonköpfe
Salz, weißer Pfeffer
4 Rehmedaillons à 50g
1 EL Butterschmalz
10 kleine Champignons
2 EL kalte Butter

Für den Maiwirsing
500 g Maiwirsing
100 g Sahne
Salz, weißer Pfeffer

Für die Beilage
200 g Steinpilze
2 EL Butter, Salz, Pfeffer

Für die Jus die Knochen fein hacken. Mit den Rehabschnitten und den fein geschnittenen Gemüsen in Öl kräftig anbraten. Mit Tomatenmark abrösten. Lorbeerblatt, Wacholderbeeren und Thymian zugeben und mit Wildfond und gegebenenfalls Wasser gut bedecken, aufkochen und etwa 2 Stunden köcheln lassen. Rotwein und Portwein separat auf 20 ml einkochen.

Den Rehfond absieben und auf 200 ml einkochen. Zu der Rotwein/Portweinreduktion geben und noch etwas reduzieren lassen. Mit Salz und Pfeffer abschmecken, eventuell mit etwas Mondamin, angerührt mit 1 Esslöffel Rotwein, leicht abbinden.

Für die Putenfarce das Fleisch anfrieren, in den Mixer geben und pürieren. Die gut gekühlte Sahne, Eigelb, Salz, Pfeffer und Toastbrot zugeben, fein mixen und kühl stellen. Champignons putzen, fein würfeln, sehr heiß und kurz anschwenken, dann in einem Tuch ausdrücken und erkalten lassen. Mit Petersilie und Thymian unter die Putenfarce mischen.

Für das Reh die großen Champignonköpfe mit einem großen Kugelausstecher aushöhlen und salzen. Die Rehmedaillons salzen und pfeffern, in Butterschmalz scharf von allen Seiten anbraten und abkühlen lassen.

Die Champignonköpfe mit Farce auskleiden. Die Rehmedaillons einlegen, wieder mit Farce füllen und glatt streichen. Kleine Champignons putzen, in Scheiben schneiden, oben auflegen und Butterflöckchen darauf setzen. Im Backofen bei 220 °C auf einem Blech etwa 12 Minuten garen und 4 Minuten ruhen lassen.

Den Wirsing in Streifen schneiden, blanchieren, ausdrücken und in leicht eingekochter Sahne schwenken. Mit Salz und weißem Pfeffer abschmecken.

Die Steinpilze putzen, in Scheiben schneiden und in heißer Butter anschwitzen lassen, salzen und pfeffern.

Anrichten:
Die gegarten Reh-Champignon-Köpfe anschneiden und auf den Wirsing setzen. Steinpilze dazugeben und mit der Rehjus umgießen.

Variationsvorschlag:
Anstelle von Maiwirsing können Sie das Reh auch mit Kohlrabi servieren.
Die Steinpilze können je nach Saison durch andere Pilzsorten ersetzt werden.

Mein Menüvorschlag:

Kabeljau mit Schalotten-Rotwein-Kruste auf Frühlingsgemüsen mit Bärlauch-Joghurt-Schaum
Eifler Reh im Champignonkopf mit Maiwirsing
Orangen-Krokant-Blätter mit Schokoladen-Kirsch-Parfait und gebackenen Süßkirschen

Wein-Tipp
1999er »S« Spätburgunder
Rotwein trocken
Weingut Meyer-Näkel

Langenargen

WEINEMPFEHLUNGEN
der Jeunes Restaurateurs

Woher kommt der Wein? Welche Farbe zeigt er im Glas? Welches Bouquet entfaltet er beim Riechen oder Schmecken? Zu welchen Gerichten paßt er – außer zu den Rezepten im Buch – auch noch gut? Auf den folgenden Seiten finden Sie die Antworten und viele abrundende Informationen zu den Wein-Tipps im Rezeptteil

CLEMENS BAADER:
FILET VOM BODENSEEZANDER IN DER KARTOFFELNUDEL

1999er Casteller Schlossberg Silvaner Spätlese trocken Fürstlich Castell'sches Domänenamt, Franken

Weingut:
Rings um den Ort Castell wachsen die Reben des bereits im Jahre 1057 erwährten Fürstengeschlechtes an den Hängen des Steigerwaldes, der wie eine schützende Pelzkappe über den Weinbergen liegt. Die Mehrzahl der Einzellagen, 36 von insgesamt 64 Hektar Rebfläche, sind in Alleinbesitz.

Charakteristik:
Brillantes Goldgelb; komplexer Duft von reifen Aprikosen und Pfirsichen; gut eingebundene, reife Säure, elegantes Spiel.

Weitere Empfehlung:
Gut gekühlt bei 9 °C zu geräucherten Hummerkrabben, würzigem Truthahn und gut gereiften Weichkäsesorten.

Trinkreife: jetzt bis 2005.

CHRISTIAN BAU:
KARAMELLISIERTE SAUERRAHMTARTE MIT RHABARBER UND ROTWEINEIS

Quinta da Urtiga Ramos-Pinto, Portugal

Weingut:
Adriano Ramos-Pinto gründete 1880 die gleichnamige Firma, welche über 200 Hektar Rebfläche in den besten Lagen des Dourotales bewirtschaftet. Die derzeitige Geschäftsleitung, zu der immer noch Nachkommen des Firmengründers gehören, sichert die kontinuierliche Weiterführung einer Gesellschaft, die für den charakteristischen portugiesischen Stil ihrer großen Ports bekannt ist.

Charakteristik:
Feuriges Dunkelrot, Duft von Brombeere und Schokolade, üppige Frucht, feinwürzige Länge.

Weitere Empfehlung:
Als Aperitif zu Nüssen, getrockneten Früchten und Käsegebäck; aber auch zu süßen Nachspeisen, Schimmelkäsen oder als Abschluss nach einer Mahlzeit.

WILHELM BIERMANN:
LAMMFILET AN WOKGEMÜSEN UND GLACIERTEN SCHALOTTEN

1995er Château de Pez Cru Bourgeois Appellation Saint Estèphe Contrôlée, Bordeaux

Weingut:
Das 25 Hektar große Château de Pez ist mit seinen zwei Türmen kaum zu übersehen, wenn man durch das kleine Dorf Pez kommt. Es gehört zu den zuverlässigsten Erzeugern im Medoc und hat, seitdem es von Louis Roederer S. A. übernommen wurde, noch an qualitativem Niveau gewonnen.

Charakteristik:
Purpurrot; eleganter Duft von Blaubeeren, Zedernholz und Haselnüssen; süßlicher Fruchtansatz, feinherbe Tanninstruktur, saftige Würze im Nachhall.

Weitere Empfehlung:
Dekantiert bei 16 °C zu mit Kräutern mariniertem Braten, kräftigen Geflügelgerichten und mittelreifen Käsen.

Trinkreife: jetzt bis 2008.

JENS BOMKE:
KROSSES SPANFERKEL MIT ESSIGZWIEBEL AUF JUNGEM STIELMUS

1997er Cabernet Sauvignon »Valley Oaks« California Fetzer Vineyards

Weingut:
In dem berühmten Weinland Nordkaliforniens bewirtschaftet Fetzer Vineyards knapp 600 Hektar Rebfläche. Die Weingärten werden naturnah im organischen Anbau gepflegt; der Weinausbau vereint die Sorgfältigkeit der Tradition mit den Errungenschaften der modernen Kellerwirtschaft. Der beeindruckende Holzfasskeller zählt zu den imposantesten Kaliforniens.

Charakteristik:
Dunkles Purpurrot; feiner Duft von schwarzen Johannisbeeren und Vanille; süßlich-würzige Frucht, samtige Tannine, ausgesprochen gefälliger Wein.

Weitere Empfehlung:
Dekantiert bei 16 °C zu würzigen Wildschweinpasteten, geschmorten Fleischgerichten, gegrillten Lammspießen und reifem Hartkäse.

Trinkreife: jetzt bis 2005.

JENS DANNENFELD:
ROULADE VON SPARGEL UND RUCOLA

1997er Gaisböhl Ruppertsberg Riesling Spätlese trocken 1. Gewächs nach gutseigener Klassifiz.* Weingut Dr. Bürklin-Wolf, Pfalz

Weingut:
Das 1597 gegründete Gut ist unter der Leitung von Dr. Albert Bürklin, der 1875 in das Gut einheiratete, zum führenden Erzeuger der sonnenverwöhnten Mittelhaardt geworden. Seit 1990 leitet Bettina Bürklin das Unternehmen zusammen mit ihrem Mann Christian von Guradze unter Beibehaltung des hohen Qualitätsstandards. Hervorragende Lagen und grosse Ansprüche haben dem Haus mittlerweile weltweites Ansehen verliehen.

Charakteristik:
Leuchtendes Grüngelb; eleganter Pfirsichduft; hochreife Fruchtaromen, zartsüßliche Fülle, feingliedrige Säure, charaktervoll.

Weitere Empfehlung:
Gut gekühlt zu gebeiztem Lachs, geräucherten Entenpasteten, und mittelreifem Weichkäse.

Trinkreife: jetzt bis 2007.

FRANZ FECKL:
KROSS GEBRATENE BAUERNENTE MIT SERVIETTENKNÖDEL

1996er Kalimna Shiraz »Bin 28« South Australia Penfolds

Weingut:
Das Gut wurde 1844 von dem Arzt Dr. Christopher Penfolds gegründet. In den fünfziger Jahren errangen seine Erben internationale Bedeutung, als der Weinmacher Max Schubert den Grange Hermitage schuf, den Hugh Johnson als »den einzig wahren Grand Cru der südlichen Hemisphäre« beschreibt. Unter Fachleuten gilt das Haus nach wie vor als unangefochtene Nummer 1 Australiens in Sachen Rotwein.

Charakteristik:
Dunkles Granatrot; opulenter Duft von Brombeeren, Rauch und Gewürznelken; zartsüßliche Frucht, würziger Nachhall.

Weitere Empfehlungen:
Dekantiert bei 17 °C zu würzigem Aufschnitt, Tagliatelle mit Trüffeln, gerösteter Lammkeule und Hartkäse.

Trinkreife: jetzt bis 2006 zu trinken.

OTTO FEHRENBACHER:
STEINBUTT IM MAISTEIG GEBACKEN AUF BASILIKUMBUTTER

1998er Chardonnay trocken -Barrique- Weingut Fischer, Baden

Weingut:
Das 16 Hektar umfassende Weingut Fischer wurde 1997 von der bekannten Winzerfamilie Heger aus Ihringen übernommen. Die Reben wachsen alle in der Nimburg-Bottinger Steingrube, von der man einen herrlichen Blick über das Rheintal bis zum Schwarzwald hat. Im Weinberg werden besonders die klassischen Burgundersorten gepflegt, die schon das Steckenpferd des Winzers und Rebenzüchters Otto Fischer waren.

Charakteristik:
Leuchtendes Grüngelb; buttriger Duft von reifen Melonen und Vanille; zartsüßliche Frucht, eleganter Körper, cremiger Nachhall.

Weitere Empfehlung:
Gekühlt bei 10 °C zu würzigen Vorspeisen, leichten Geflügelgerichten, Kalbfleisch mit hellen Saucen.

Trinkreife: jetzt bis 2003.

MICHAEL FELL:
LAVENDELDESSERT

Bual – aged 10 years Finest Medium Rich Madeira Henriques & Henriques

Weingut:
Einst im Besitz des portugiesischen Königshauses gehört die alte Firma Henriques & Henriques heute John Cossart. Der Vater des ehrgeizigen Briten war 53 Jahre lang Verwalter und Kellermeister des Unternehmens und anschließend, nach dem Tode des letzten Henriques, der 1978 ohne Nachfolger starb, Mehrheitsbesitzer. Mit 15 Hektar Eigenbesitz ist Henriques & Henriques der größte Traubenerzeuger dieser Insel.

Charakteristik:
Dunkles Bernsteinfarben; voller Duft von Trockenfrüchten, Tabak und Leder; geschmeidige, dichte Fülle, würzige Süße, lange anhaltend.

Weitere Empfehlung:
Dekantiert bei 16 °C zu Nüssen und Trockenfrüchten, herzhaften Vorspeisen, reifem Hartkäse und Nachspeisen auf Basis von Bitterschokolade.

GEORG FLOHR:
LAUWARMER SALAT VON FRÜHLINGS-GEMÜSEN IN VINAIGRETTE

1999er Chablis Appellation Contrôlée Joseph Drouhin, Burgund

Weingut:
1878 gegründet, befindet sich das angesehene Haus Joseph Drouhin in der Altstadt von Beaune. In Chablis, wie auch an der Côte d'Or, verfügt der heutige Inhaber Robert Drouhin über ausgedehnte Rebflächen in den besten Lagen. Ausgebaut und gereift in historischen Kellern, genießen seine Weine die gleiche Sorgfalt und Pflege wie die Weinberge, um den natürlichen Ausdruck des Bodens hervorzuheben.

Charakteristik:
Helles Grüngelb; zarter Duft von Pfirsich und Feuerstein; pikante Frucht, geradlinige, mineralische Struktur, lebendiger Stil.

Weitere Empfehlung:
Gut gekühlt bei 9 °C zu gebeiztem Lachs, warmen Pasteten, gegrilltem Fisch und vollmundigem Weichkäse.

Trinkreife: jetzt bis 2003.

KARL-JOSEF FUCHS:
GLACIERTE HINTERWÄLDER KALBSHAXE

1997er Weißer Burgunder trocken -Barrique- Weingut Fischer, Baden

Weingut:
Das 16 Hektar umfassende Weingut Otto Fischer wurde 1997 von der bekannten Winzerfamilie Heger aus Ihringen übernommen. Die Reben wachsen alle in der Nimburg-Bottinger Steingrube, von der man einen herrlichen Blick über das Rheintal bis zum Schwarzwald hat. Im Weinberg werden besonders die klassischen Burgundersorten gepflegt, die schon das Steckenpferd des Winzers und Rebenzüchters Otto Fischer waren.

Charakteristik:
Leuchtendes Grüngelb; üppiger Duft von Dörrobst, Karamel und Röstaromen; zartsüßliche Frucht, milde Säure, eleganter Nachhall.

Weitere Empfehlung:
Gekühlt bei 10 °C zu würzigen Vorspeisen, gebratenen Fischgerichten und Maispoularde.

Trinkreife: jetzt bis 2002.

CHRISTIAN F. GRAINER:
TATAR VOM THUNFISCH

1998er Riesling Kabinett feinherb Scharzhofberger Weingut Reichsgraf von Kesselstatt, Ruwer

Weingut:
1987 wurde die Gesamtrebfläche des Weingutes auf die hochwertigen Lagen begrenzt. Das neue Kelterhaus auf Burg Marienlay wurde fertig gestellt und nun zeigt das über 60 Hektar große Weingut deutlich, welches Potential in ihm und seinen Schiefersteillagen in den besten Gemeinden von Mosel, Saar und Ruwer steckt.

Charakteristik:
Brillantes Grüngelb; filigraner Duft von Zitrusfrüchten; zartwürzige Fruchtsüße, harmonische Fülle, rassige Säure, ausgewogen, stilvoll.

Weitere Empfehlung:
Leicht gekühlt bei 9 °C als Aperitif oder zu leichten Fischterrinen, feinen Sülzen und gebratenem hellem Fleisch mit leichten Saucen.

Trinkreife: jetzt bis 2005.

ALEXANDER HERRMANN:
GEBEIZTES RINDERFILET AUF POCHIERTEM CHICORÉE

1997er Etelle -Bianco- Indicazione Geografica Tipica Casòn Hirschprunn Selezione di Alois Lageder, Südtirol

Weingut:
Im Zentrum von Margreid liegt der aus dem 17. Jahrhundert stammende Weinbaubetrieb Casòn Hirschprunn mit 31 Hektar Rebfläche, den Alois Lageder 1991 erwarb. Bei der Weinbergspflege werden zunehmend biodynamische Methoden angewandt. Der Most für den Etelle wird zu zwei Drittel im Edelstahl und zu einem Drittel im Barrique vergoren und reift noch kurz auf der Hefe, bevor er ins große Holzfass kommt.

Charakteristik:
Glänzendes Strohgelb; eleganter, frischer Duft von Südfrüchten; fein eingebundener Holzton, lebendiger Nachhall.

Weitere Empfehlung:
Gut gekühlt bei 9 °C zu Fischpasteten, feinen Nudelgerichten in Cremesauce und milden Käsen.

Trinkreife: jetzt bis 2003.

MARTIN HERRMANN:
GRATINIERTES CARRÉ VOM KANINCHENRÜCKEN AUF SPARGELSALAT

1998er Schwarzriesling Rotwein trocken Schlossgut Graf von Neipperg, Württemberg

Weingut:
Die Grafen von Neipperg, deren Weingut zu den führenden Gütern im »Ländle« gehört, betreiben urkundlich seit 1248 Weinbau in Württemberg. Sie sind vor allem für ihre Rotweine bekannt, denn letztendlich führten sie den Lemberger in Deutschland ein. Die Rotweine und auch die Weißweine reifen im traditionellen Holzfaß oder im Barrique.

Charakteristik:
Leuchtendes Rubinrot; warmer Duft von Heidelbeeren und Rauch; feinfruchtig, gute Substanz, klassische Machart.

Trinkreife: jetzt bis 2002.

JOACHIM KAISER:
ZIEGENFRISCHKÄSE IM ZUCCHINIMANTEL

1999er Gavi del Comune di Gavi Denominazione di Origine Controllata e Garantita Villa Sparina, Piemont

Weingut:
Die im 17. Jahrhundert erbaute Villa Sparina befindet sich im Herzen des berühmten Gebietes Gavi. Dank des großen Qualitätsbestrebens der Winzer wurde dem Gebiet 1998 der DOCG Status zuerkannt. Der heutige Besitzer des Gutes Mario Moccagatta zählt zu den renommiertesten Winzern der Region und hat einen nicht unerheblichen Anteil an diesem Erfolg. In 350 m Höhe wird auf 40 Hektar an den begünstigten Südlagen zu 90 % die edle Rebsorte Cortese angebaut.

Charakteristik:
Glänzendes Strohgelb; feinfruchtiger Duft von Pfirsich und Limone; mineralisch, würzige Noten, lebendig.

Weitere Empfehlung:
Gekühlt bei 9 °C als Aperitif, zu herzhaften Vorspeisen, gegrilltem Seefisch und gebratenem Perlhuhn.

Trinkreife: jetzt bis 2001.

RUDOLF KARR:
QUICHE LORRAINE AN KLEINEM SALAT MIT JOGHURTDRESSING

1997er Riesling Grand Cru Kitterle Appellation Alsace Grand Cru Contrôlée Domaines Schlumberger, Elsass

Weingut:
Die bereits 1806 gegründete Domaines Viticoles Schlumberger zu Guebwiller ist mit 140 Hektar organisch bewirtschafteter Rebfläche das größte Weingut im Elsass. Etwa zwei Drittel ihrer Rebstöcke stehen auf einem terrassierten Hügel, in Steillagen angebaut. Die Weine werden vor der Abfüllung noch traditionell in Holzfudern ausgebaut.

Charakteristik:
Leuchtendes Grüngelb; mineralischer Duft von Äpfeln und Rauch; lebendige Fruchtfülle, mineralische Säurestruktur.

Weitere Empfehlung:
Leicht gekühlt bei 10 °C zu gebeiztem Lachs, geräucherten Hummerkrabben und gebratenem Seebarsch.

Trinkreife: jetzt bis 2004.

PATRIK KIMPEL:
BONBON VON WACHTEL, TAUBE UND GÄNSELEBER

1998er Georg Breuer »Montosa« Riesling »Charta« Weingut Georg Breuer, Rheingau

Weingut:
Das rund 23 Hektar große, 1880 gegründete Gut gehört zu den zukunftsträchtigsten Weingütern im Rheingau. Es steht unter der Leitung des Qualitätsfanatikers Bernhard Breuer, der sich nicht nur um seine Weine verdient gemacht hat, sondern auch mit viel Einsatz für den Rheingau arbeitet. Seine großen Weine aus dem Rüdesheimer Berg und Rauenthaler Nonnenberg zählen zu den langlebigsten und vielschichtigsten Weinen der Region.

Charakteristik:
Helles Grüngelb; verspielter Duft nach reifen Pfirsichen; saftige Frucht, mineralische Säure, stoffig.

Weitere Empfehlung:
Gut gekühlt bei 9 °C zu gebeiztem Lachs, Bachsaibling an Feldsalat und würzigem Frischkäse.

Trinkreife: jetzt bis 2004.

JOHANNES KING:
KLEINE SUPPEN-ARIE

1999er Riesling halbtrocken Schloss Wallhausen Prinz zu Salm-Dalberg'sches Weingut, Nahe

Weingut:
Das zwölf Hektar kleine, aber feine Weingut der Prinzen zu Salm-Dalberg ist das älteste deutsche Weingut in Familienbesitz. Die unterschiedlichen Lagen mit rotem und dem einzigartigen grünen Schiefer, bilden die Grundlage für die vielschichtigen Weine des Schloss Wallhausen. Dem behutsamen Umgang mit der Natur fühlt man sich hier besonders verpflichtet und bewirtschaftet schon seit 1995 alle Weinberge unter ökologischen Gesichtspunkten.

Charakteristik:
Zartes Grüngelb; frischer Duft von Pfirsichen; zartherbe Fruchtsäure mit feiner, natürlicher Restsüße.

Weitere Empfehlung:
Gut gekühlt bei 8 °C zu gebeiztem Lachs, geräuchertem Geflügel und gegrillter Seezunge.

Trinkreife: jetzt bis 2005.

JÜRGEN KOCH:
SAUHAXENSCHEIBE AUS DER HOLUNDERBEIZE

1999er Fleurie Appellation Contrôlée Georges Duboeuf, Beaujolais

Weingut:
Der Name Georges Duboeuf ist eng verbunden mit Beaujolais, so sehr, dass er »Monsieur Beaujolais« oder gar als »Le Roi du Beaujolais« tituliert wird. Er berät die Winzer und selektiert mit seinem unermüdlichen Sinn für höchste Qualität jene Weine heraus, die nach seiner Definition einem echten Beaujolais am besten entsprechen: Die Weine müssen leicht, fruchtig, fröhlich und jugendlich sein – voller Charme und Harmonie.

Charakteristik:
Dichtes Violett; fruchtbetonter Duft von Schwarzkirsche, Himbeeren und Brombeeren; ausgewogene Fruchtfülle, hat Spiel und Rasse.

Weitere Empfehlung:
Leicht gekühlt bei 14 °C zu würzigen Geflügelpasteten, Poularde de Bresse mit Waldpilzen sowie mittelreifem Käse.

Trinkreife: jetzt bis 2003.

KARL-EMIL KUNTZ:
PFÄLZER WIRSING-KRAUTWICKEL

1999er Weißburgunder trocken Weingut Dr. Bürklin-Wolf, Pfalz

Weingut:
Das 1597 gegründete Gut ist unter der Leitung von Dr. Albert Bürklin, der 1875 in das Gut einheiratete, zum führenden Erzeuger der sonnenverwöhnten Mittelhaardt geworden. Seit 1990 leitet Bettina Bürklin das Unternehmen zusammen mit ihrem Mann Christian von Guradze unter Beibehaltung des hohen Qualitätsstandards. Hervorragende Lagen, eine traditionsbewusste Kellerwirtschaft und herausfordernde Ansprüche haben dem Haus mittlerweile weltweit hohes Ansehen verliehen.

Charakteristik:
Leuchtendes Grüngelb; frischer Duft von Melonen und Zitrusfrüchten; dezenter Holzeinsatz, klassischer Weißburgunder.

Weitere Empfehlung:
Gut gekühlt bei 9 °C zu gebratenen Forellen und Maispoularde sowie Kalbfleisch in leichter Sauce.

Trinkreife: jetzt bis 2003.

ALEXANDER KUNZ:
ROUGE BARBET EN PAPILOTTE

1998er Heggies Chardonnay Eden Valley Yalumba, Australien

Weingut:
Die Yalumba Winery wurde 1849 von dem englischen Braumeister Samuel Smith gegründet und ist heute in sechster Generation noch immer in Familienbesitz. Sie zählt zu den ältesten Weingütern Australiens. Yalumba ist ein Begriff aus der Sprache der Ureinwohner und heißt »all the land around«. Umfangreicher Weinbergsbesitz und eine lange Tradition mit modernen Einflüssen sichern ein hohes Qualitätsniveau. Der Hauptsitz des Gutes in Angaston gehört zu den Wahrzeichen des Barossa Valley.

Charakteristik:
Leuchtendes Grüngelb; buttriger Duft von Pfirsichen und Vanille; opulente Frucht, saftige Konzentration, würziger Nachhall.

Weitere Empfehlung:
Gekühlt bei 9 °C zu gebeiztem Lachs als Vorspeise, gebratenem Geflügel und Kalbfleisch.

Trinkreife: jetzt bis 2004.

RALF J. KUTZNER:
STRUDEL VON DER LACHSFORELLE MIT KREBSSCHWÄNZEN

1997er Puligny-Montrachet Appellation Contrôlée Domaine Leflaive, Côte de Beaune, Burgund

Weingut:
Joseph und Vincent Leflaive haben den Ruf dieses 22 Hektar umfassenden traditionsreichen Weingutes begründet. Heute lenkt Anne Claude Leflaive mit Charme und Durchsetzungsvermögen die Geschicke der Domaine. Ein großer Teil der Weinberge liegt in den begehrten Grand Cru und Premier Cru Lagen. Die Weine zeichnen sich durch Eleganz und Frische aus, die nie durch Holznoten überlagert werden.

Charakteristik:
Leuchtendes Goldgelb; komplexer Duft von Pfirsich, Vanille und Rauch; feiner Charakter, langer finessenreicher Nachhall, großes Potential.

Weitere Empfehlung:
Leicht gekühlt bei 10 °C zu Hummer in eigener Sauce und Maispoularde mit Waldpilzen.

Trinkreife: 2001 bis 2007.

HARTMUT LEIMEISTER:
LACHSTATAR

1998er Terre di Tufi Indicazione Geografica Tipica -Vernaccia / Barrique-Teruzzi & Puthod, Toskana

Weingut:
Carmen Puthod und Enrico Teruzzi zählen mit ihren 85 Hektar zu den größten Weinbergsbesitzern in San Gimignano. Mit seinem aufgeschlossenen und trotzdem kritischen Umgang im Hinblick auf neue Weinbereitungsmethoden und neue Kellertechnologie erreicht Enrico Teruzzi ständig eine weitere Qualitätssteigerung seiner Weine.Der Terre di Tufi zählt bereits heute zu den Kultweinen Italiens.

Charakteristik:
Lebhaftes Strohgelb; eleganter Duft von reifen Früchten und Vanille; ausgewogene Struktur, langer charakteristischer Abgang.

Weitere Empfehlung:
Gekühlt bei 10 °C als Aperitif auf sommerlicher Terrasse, zu Meeresfrüchten, gegrillten Fischgerichten sowie Frischkäse.

Trinkreife: jetzt bis 2002.

CHRISTIAN MITTERMEIER:
VICHYSSOISE VOM SUPPENHUHN MIT FLUSSKREBSEN

1999er Rieslaner Spätlese Casteller Kugelspiel Fürstlich Castell'sches Domänenamt, Franken

Weingut:
Rings um den Ort Castell wachsen die Reben des bereits im Jahre 1057 erwähnten Fürstengeschlechtes an den Hängen des Steigerwaldes, der wie eine schützende Pelzkappe über den Weinbergen liegt. Die Mehrzahl der Einzellagen, 36 von insgesamt 64 Hektar Rebfläche, sind in Alleinbesitz.

Charakteristik:
Helles Goldgelb; erfrischender Duft von Pfirsich und Zitrusfrucht; elegantes Säurespiel, zartsüßer Nachhall.

Weitere Empfehlung:
Gut gekühlt bei 9 °C zu edlen Pasteten mit fruchtiger Sauce, Seezunge in cremiger Orangensauce und zartsüßen Nachspeisen.

Trinkreife: jetzt bis 2003.

MARKUS NAGY:
ZIEGENKÄSE MAL ANDERS

1999er Pouilly-Fumé »Les Cailloux Silex« Appellation Contrôlée Domaine Jean-Claude Chatelain, Loire

Weingut:
Das 15 Hektar große Weingut, das Jean-Claude Chatelain in der elften Generation leitet, wurde 1630 gegründet. Die auf dem Höhepunkt ihrer Reife gekelterten Trauben von recht alten Rebstöcken werden bei niedrigen Temperaturen in Edelstahl vergoren und zeitig abgefüllt, um ihre fruchtige Frische zu erhalten. Der amerikanische Weinjounalist Robert Parker stuft dieses Weingut mit fünf Sternen unter die besten der Loire ein.

Charakteristik:
Brillantes Grüngelb; mineralischer Duft von Feuerstein und Minze; sehr spritzig, belebende, rassige Säurestruktur.

Weitere Empfehlung:
Bei 9 °C als Aperitif zu würzigen Sülzen, gebratenem Zander auf Linsensalat und Steinbutt in Sahnesauce.

Trinkreife: jetzt bis 2002.

CHRISTIAN OTTENBACHER:
ROSA GEBRATENES REHNÜSSCHEN

1996er Cabernet-Shiraz »Bin 389« South Australia Penfolds

Weingut:
Das Gut wurde 1844 von dem Arzt Dr. Christopher Penfolds gegründet. In den fünfziger Jahren errangen seine Erben internationale Bedeutung, als der Weinmacher Max Schubert den Grange Hermitage schuf, den Hugh Johnson als »den einzig wahren Grand Cru der südlichen Hemisphäre« beschreibt. Unter Fachleuten gilt das Haus nach wie vor als unangefochtene Nummer 1 Australiens in Sachen Rotwein.

Charakteristik:
Dunkles Purpur; noch recht verschlossener Duft von Cassis, Brombeeren, Haselnuss und Schokolade, bestens eingebundene Tannine, feinwürziger Nachhall.

Weitere Empfehlung:
Dekantiert bei 17 °C zu Wildpasteten, geschmortem Wildgeflügel und Hartkäse.

Trinkreife: 2002 bis 2020.

MARIO PATTIS:
KALBSNIERCHEN IN ALTEM SHERRYESSIG

1996er Montesodi Chianti Rufina Denominazione di Origine Controllata e Garantita Castello di Nipozzano Marchesi de' Frescobaldi, Toskana

Weingut:
Das Castello di Nipozzano umfasst 500 Hektar, wovon 132 als Weinberge genutzt werden. Das Gut liegt im Chianti Rufina, das neben dem Chianti Classico die hochwertigste und traditionsreichste Anbauzone der Toskana ist. Nur in guten Jahren wird der streng selektierte Montesodi erzeugt, der etwa zwei Jahre in kleinen Eichenholzfässern und anschließend 18 Monate auf der Flasche reift, bevor er in den Handel gelangt.

Charakteristik:
Leuchtendes Rubinrot; würziger Duft von Kirschen, Vanille und gerösteten Haselnüssen; hochfeine Frucht, seidige Tanninstruktur, finessenreicher Wein.

Weitere Empfehlung:
Dekantiert bei 17 °C zu feinen Nudelgerichten mit Trüffeln, würzigem Wildbraten und Parmesankäse.

Trinkreife: 2001 bis 2007.

NILS POTTHAST:
GRIESSSTRUDEL MIT TOPFENKNÖDEL UND MOHNEIS

1994er Gewürztraminer »Hugel« Vendange Tardive Appellation Contrôlée Hugel et Fils, Elsass

Weingut:
Durch den ständigen Einsatz für die Qualität ihrer Weine, ist mit der Geschichte der Familie Hugel, die sich bis in das 13. Jahrhundert zurückverfolgen lässt, auch das große Renommee des Hauses gewachsen. Im Elsass hat wohl kaum ein Winzer so konsequent auf die Eigenart des trockenen Weines bestanden wie das Haus Hugel. Heute sind es Jean-Philippe, Etienne und Marc Hugel, die in der 12. Generation das Gut leiten und die von ihren Vorfahren übernommen Qualitätsprinzipien pflegen.

Charakteristik:
Brillantes Goldgelb; dichte Aromen von Rosen und reifen exotischen Früchten; kraftvoller Ausdruck, feine Würze, lebendige Säure.

Weitere Empfehlung:
Als Aperitif zu festlichen Anlässen, Gänseleber und ausgesuchten cremigen Nachspeisen.

Trinkreife: jetzt bis 2020.

TIM RAUE:
BERLINER SENFEI MIT ROTER BETE UND KAVIAR

1998er Georg Breuer »Montosa« Riesling »Charta« Weingut Georg Breuer, Rheingau

Weingut:
Das rund 23 Hektar große, 1880 gegründete Gut gehört zu den zukunftsträchtigsten Weingütern im Rheingau. Es steht unter der Leitung des Qualitätsfanatikers Bernhard Breuer, der sich nicht nur um seine Weine verdient gemacht hat, sondern auch mit viel Einsatz für den Rheingau arbeitet. Seine großen Weine aus dem Rüdesheimer Berg und Rauenthaler Nonnenberg zählen zu den langlebigsten und vielschichtigsten Weinen der Region.

Charakteristik:
Helles Grüngelb; verspielter Duft nach reifen Pfirsichen; saftige Frucht, mineralische Säure, stoffig.

Weitere Empfehlung:
Gut gekühlt bei 9 °C zu gebeiztem Lachs, Bachsaibling an Feldsalat und würzigem Frischkäse.

Trinkreife: jetzt bis 2004.

STEFAN ROTTNER:
WALLER IM KARTOFFELMANTEL

1999er Pinot Grigio d'Isonzo »Cru Gris« DOC Azienda Agricola Lis Neris, Friaul

Weingut:
Seit fünf Generationen ist dieses kleine Weingut, das sich in den letzten Jahren zum Spitzenbetrieb im Friaul entwickelte, in Familienbesitz. Anfang der 80er Jahre übernahm Alvaro Pecorari die Geschicke des Gutes und begann sofort mit der Modernisierung der Kelleranlagen. Die alten Weinberge und eine strenge Mengenbegrenzung legen die Basis für die international sehr angesehenen Weine.

Charakteristik:
Leuchtendes Grüngelb; dezenter Duft von Zitrus und Pampelmusen; elegante Frucht, fein eingewobene Holznote.

Weitere Empfehlung:
Gekühlt bei 9 °C zu Fischpasteten, leichten Nudelgerichten mit Meeresfrüchten sowie frischem Käse.

Trinkreife: jetzt bis 2003.

HARALD RÜSSEL:
WARMER MANDELAUFLAUF MIT GEWÜRZ-APFEL-CONFIT UND GEEISTEM VANILLESCHAUM

1997 Ockfener Bockstein Riesling Auslese Weingut St. Urbans-Hof, Leiwen/Mosel

Weingut:
Das Weingut St. Urbans-Hof gehört zu den Spitzenbetrieben der Mosel. Zum 35 ha großen Weingut gehören top-Lagen an Mosel und Saar. Das Weingut ist im Alleinbesitz der Familie Weis und wird in dritter Generation von Nik Weis geführt.

Charakteristik:
Feiner eleganter Saar-Riesling aus einem großen Jahrgang. Edles, würziges Bukett. Mineralisches Säurespiel gepaart mit einer eleganten Restsüße. Präsentiert sich jetzt schon ansprechend trinkreif und hat trotzdem ein enormes Entwicklungspotential.

Weitere Empfehlung:
Ein idealer Begleiter zu exotischen Vorspeisen mit scharfen Aromakomponenten.

Trinkreife: jetzt bis 2020.

JÖRG SACKMANN:
ROULADE VON DER POULARDENKEULE MIT ALTEM BALSAMICO UND ERBSENRISOTTO

1998er Chambolle Musigny Appellation Contrôlée Domaine Georges Roumier, Côte de Nuits, Burgund

Weingut:
Seit drei Generationen erzeugt die Familie große Weine an der Côte d'Or. » Das Geniale in Sachen Wein liegt eben in unserer Familie«, sinnierte einst verschmitzt Jean-Marie Roumier auf die große Klasse seiner Burgunder angesprochen. Dass dies keine Prahlerei ist, zeigt sich sehr schnell bei einer Verkostung der Weine.

Charakteristik:
Leuchtendes Rubinrot; finessenreicher Duft von Kirschen, Rauch und Waldbeeren; samtige Frucht, elegant und zartgliedrig, großes Potential.

Weitere Empfehlung:
Bei 16 °C zu würzigen Wildpasteten, geschmortem Lammrücken, Boeuf bourguignon sowie reifen Käsen des Burgunds.

Trinkreife: 2001 bis 2010.

MARTIN SCHARFF:
MAISPOULARDENBRUST AUF RAHMKOHLRABI

1998er Nierstein Hipping Weißer Burgunder trocken Weingut Freiherr Heyl zu Herrnsheim, Rheinfront/Rheinhessen

Weingut:
Das 37 Hektar große Gut in Nierstein stieg unter der Leitung vom naturnah denkenden Peter von Weymarn zur unangefochtenen Nummer 1 in Rheinhessen auf. Seit 1998 ist das Weingut im Eigentum der Ahr-Familienstiftung. Die Philosophie von Markus Ahr ist es, durch die Verbindung von Innovation und Tradition einen eigenen Stil zu schaffen, um damit authentische Lagenweine zu erzeugen. Ohne Frage ist das Weingut eines der fortschrittlichsten Deutschlands.

Charakteristik:
Leuchtendes Grüngelb; ausgewogener Duft von Melonen; würzige Frucht, feinnervige Fülle, zartherber Nachhall.

Weitere Empfehlung:
Leicht gekühlt bei 9 °C als Aperitif, zu frisch-fruchtigen Vorspeisen wie Melone mit Schinken und gedünsteten Fischen in Kräuterrahmsauce.

Trinkreife: jetzt bis 2003.

FRANK SCHICKER:
KANINCHENFILETS AUF ZWEIERLEI PETERSILIEN

1997er Nierstein Brudersberg Riesling, Qualitätswein aus Rheinhessen Weingut Freiherr Heyl zu Herrnsheim

Weingut:
Das 37 Hektar große Gut in Nierstein stieg unter der Leitung vom naturnah denkenden Peter von Weymarn zur unangefochtenen Nummer 1 in Rheinhessen auf. Seit 1998 ist das Weingut im Eigentum der Ahr-Familienstiftung. Die Philosophie von Markus Ahr ist es, durch die Verbindung von Innovation und Tradition einen eigenen Stil zu schaffen, um damit authentische Lagenweine zu erzeugen. Ohne Frage ist das Weingut eines der fortschrittlichsten Deutschlands.

Charakteristik:
Strahlendes Grüngelb; konzentrierter Duft von Aprikosen und Quitten; mineralische Frucht, sehr gute Balance, feinherber Nachhall.

Weitere Empfehlung:
Gut gekühlt zu gebeiztem Lachs, geräucherter Entenbrust, milden Käsesorten.

Trinkreife: jetzt bis 2007.

BARBARA SCHLACHTER-EBERT:
FILET VOM MILCHKALB MIT MEERRETTICHKRUSTE

1997er Chianti Classico DOCG Castello di Ama, Toskana

Weingut:
Unter der Leitung von Lorenza Sebasti und ihrem Mann, dem Önologen Marco Pallanti, stieg Castello di Ama in den vergangenen Jahren zur Welt-Weinelite auf. Ausdauer und Konsequenz in der Selektion haben Früchte getragen. An der Schwelle zum Jahr 2000 wurde ein Chianti Classico erzeugt, der in der Lage ist, auf der internationalen Bühne die Rolle eines Protagonisten zu übernehmen.

Charakteristik:
Leuchtendes Rubinrot; würziger Duft von Schwarzkirschen und Rauch; saftige Fruchtwürze, feste Tannine, charaktervoller Wein.

Weitere Empfehlung:
Dekantiert bei 16 °C zu würzigen Nudelgerichten, pikantem Perlhuhn und reifem Käse.

Trinkreife: 2001 bis 2009.

HARALD SCHMITT:
KALBSBÄCKCHEN IM KARTOFFELMANTEL

1998er Rauenthal Nonnenberg Riesling Weingut Georg Breuer, Rheingau

Weingut:
Das rund 23 Hektar große, 1880 gegründete Gut gehört zu den zukunftsträchtigsten Weingütern im Rheingau. Es steht unter der Leitung des Qualitätsfanatikers Bernhard Breuer, der sich nicht nur um seine Weine verdient gemacht hat, sondern auch mit viel Einsatz für den Rheingau arbeitet. Seine großen Weine aus dem Rüdesheimer Berg und Rauenthaler Nonnenberg zählen zu den langlebigsten und vielschichtigsten Weinen der Region.

Charakteristik:
Zartes Grüngelb; mineralischer Aprikosenduft; würziges Fruchtspiel, gut eingebundene Säure, viel Stoff, langer Nachhall, hat Stil und Tiefe.

Weitere Empfehlung:
Gut gekühlt bei 8 °C zu geräucherten Fischpasteten, gegrilltem Seewolf und würzig-frischem Käse.

Trinkreife: jetzt bis 2007.

HEINRICH SCHÖPF:
STUBENKÜKEN-SALTIMBOCCA MIT KARTOFFELRISOTTO

1999er Spätburgunder Rotwein trocken Weingut Meyer-Näkel, Ahr

Weingut:
Vor gut zehn Jahren ist Werner Näkel in den elterlichen Weinbaubetrieb in Dernau eingestiegen. Mit großem Engagement setzte er den traditionellen, blassrötlich-schlanken Ahr-Rotweinen eine Alternative entgegen. Durch konsequente Mengenreduzierung im Weinberg, längere Maischezeiten und teilweisen Barrique-Ausbau stellt er mit die aufregendsten trockenen Spätburgunder Deutschlands her.
Charakteristik:
Dunkles Rubin; rauchiger Duft von Schwarzkirschen; zartsüßliche, klare Frucht, gute Fülle, harmonisch.
Weitere Empfehlung:
Bei 15 °C zu würzigen Vorspeisen, kräftigen Terrinen und Bratenfleisch.
Trinkreife: jetzt bis 2004.

ACHIM SCHWEKENDIEK:
SESAMCANNELLONI MIT INGWERCREME UND ERDBEEREN

1993er Tokaji Aszú 4 Puttonyos Weingut Disznókö, Ungarn

Weingut:
Das Weingut Disznókö mit seinen 130 Hektar Anbaufläche wurde bereits im 17. Jahrhundert als »Premier Cru« eingestuft. 1992 übernahmen die Familie Cazes und ihre Mitarbeiter das Weingut, stockten die Anbaufläche auf und investierten in neue Installationen zur Weinbereitung und unterirdische Keller. So erobert Disznókö seinen Platz in der Tradition der großen Tokajweine wieder zurück.
Charakteristik:
Goldenes Bernstein; fruchtiger Duft von Holunderblüten, Mirabellen, Ananas und Quitten; saftige Frucht, vielfältiger Wein mit zartem Schmelz.
Weitere Empfehlung:
Leicht gekühlt bei 10 °C zu Gänseleberpastete und Crêpes Suzettes sowie vielen anderen fruchtigen Süßspeisen.
Trinkreife: jetzt bis 2020.

HANS-STEFAN STEINHEUER:
EIFLER REH IM CHAMPIGNONKOPF MIT MAIWIRSING

1999er »S« Spätburgunder Rotwein trocken Weingut Meyer-Näkel, Ahr

Weingut:
Vor gut zehn Jahren ist Werner Näkel in den elterlichen Weinbaubetrieb in Dernau eingestiegen. Mit großem Engagement setzte er den traditionellen, blassrötlich-schlanken Ahr-Rotweinen eine Alternative entgegen. Durch konsequente Mengenreduzierung im Weinberg, längere Maischezeiten und teilweisen Barrique-Ausbau stellt er mit die aufregendsten trockenen Spätburgunder Deutschlands her.
Charakteristik:
Dunkles Rubin; komplexer Duft von Brombeeren, Himbeeren und Zedern; stoffig und dicht, feines Tannin, vielschichtiger Nachhall, gutes Potential.
Weitere Empfehlung:
Bei 15 °C zu würzigen Vorspeisen, Wildragouts und feinen Bratengerichten sowie reifem Weichkäse.
Trinkreife: 2001 bis 2009.

ROLF STRAUBINGER:
LAMMKARREE MIT KRÄUTER-SENF-KRUSTE AUF KARTOFFEL-GULASCH MIT LUFTGETROCKNETER SALAMI

1997er Lemberger Rotwein Spätlese trocken Schwaigerner Ruthe Schlossgut Graf von Neipperg, Württemberg

Weingut:
Die Grafen von Neipperg, deren Weingut zu den führenden Gütern im »Ländle« gehört, betreiben urkundlich seit 1248 Weinbau in Württemberg. Sie sind vor allem für ihre Rotweine bekannt, denn letztendlich führten sie den Lemberger in Deutschland ein. Die Rotweine und auch die Weißweine reifen im traditionellen Holzfass oder im Barrique.
Charakteristik:
Tiefes Purpurrot, jugendlicher Duft von roten Beeren und Kräutern; erdige Fruchtsüße, feine Tanninstruktur, zartherber Nachhall.
Weitere Empfehlung:
Dekantiert bei 15°C zu getrocknetem Schinken, würzigen Wildpasteten, geschmorter Ente sowie reifem Hartkäse.
Trinkreife: jetzt bis 2004.

ALEXANDER TSCHEBULL:
DORADE MIT PANCETTA AUF KARTOFFEL-PFIFFERLING-FOND

1997er Meursault La Barre Appellation Contrôlée Domaine Jean Monnier & Fils, Côte de Beaune, Burgund

Weingut:
Seit dem 18. Jahrhundert betreibt die Familie Monnier Weinbau und vinifiziert Weine, die durch Raffinesse und Eleganz bestechen. In der langen Geschichte der Domaine konnte der Besitz vom Vater auf den Sohn vererbt werden. Alle Weine benötigen eine Reifezeit von mindestens drei bis vier Jahren, bevor sie ihr volles Potential offenbaren.
Charakteristik:
Volles Grüngelb; exotischer Duft von Pfirsich, Zimt und Haselnuss; klare Frucht mit mineralischen Noten, zartgliedriger Körper.
Weitere Empfehlung:
Gekühlt bei 10 °C zu überbackenen Jakobsmuscheln, und Hummer in eigener Sauce.
Trinkreife: 2001 bis 2005.

BERND WERNER:
GESCHMORTE MILCHLAMMSCHULTER AUF FRÜHLINGSGEMÜSE.

1997er Barbaresco »Masseria« Denominazione di Origine Controllata e Garantita Vietti, Piemont

Weingut:
Im mittelalterlichen Castiglione Falletto erzeugen die Viettis bereits seit vier Generationen großartige Weine. Die Familie ist stets bestrebt, die traditionellen Methoden der Weinbereitung mit dem überlegten Einsatz moderner Technik zu verfeinern. Im Weinberg wird durch strenge Selektion die Grundlage für die Qualität der charaktervollen Weine gelegt. Das Ergebnis sind außerordentlich fruchtbetonte Gewächse, die einen festen Körper und größte Finesse vereinen.

Charakteristik:
Glänzendes Purpurrot, komplexer Duft von roten Früchten, Vanille und Lakritz; harmonische Tanninstruktur, eleganter Barbaresco der moderneren Art.

Weitere Empfehlung:
Dekantiert bei 16 °C zu hochwertigen Nudelgerichten, geschmortem Wildschwein, gebratenem Lamm oder Hartkäse.

Trinkreife: 2001 bis 2010.

RAINER WOLTER:
SCHAUMSUPPE VON ROTEM THAICURRY

1999er Wallhäuser Felseneck Riesling Kabinett Prinz zu Salm-Dalberg'sches Weingut, Nahe

Weingut:
Das zwölf Hektar kleine, aber feine Weingut der Prinzen zu Salm-Dalberg ist das älteste deutsche Weingut in Familienbesitz. Die unterschiedlichen Lagen mit rotem und dem einzigartigen grünem Schiefer sbilden die Grundlage für die vielschichtigen Weine vom Schloss Wallhausen. Dem behutsamen Umgang mit der Natur fühlt man sich hier besonders verpflichtet und bewirtschaftet schon seit 1995 alle Weinberge unter ökologischen Gesichtspunkten.

Charakteristik
Leuchtendes Grüngelb; üppiger Duft von reifen Aprikosen und Passionsfrucht; finessenreiche Frucht; klare, mineralische Fruchtsüße, Spätlesecharakter.

Weitere Empfehlung:
Gut gekühlt bei 8 °C zu kräftig gewürzten asiatischen Gerichten und fruchtigen Desserts.

Trinkreife: jetzt bis 2006.

Wo Deutschlands Spitzenköche einkaufen – Die besten Adressen

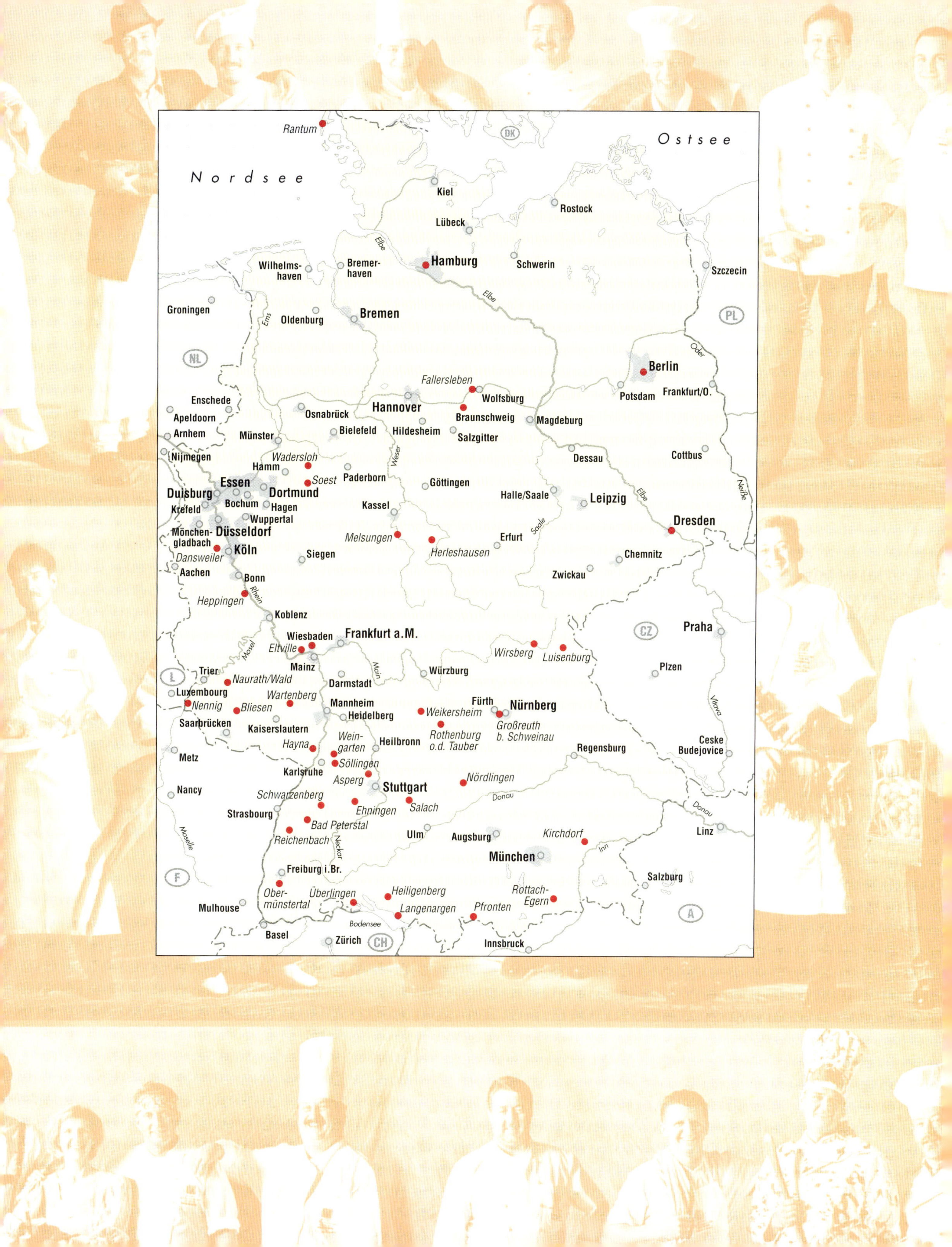

Rantum
DK
Ostsee
Nordsee
Kiel
Rostock
Lübeck
Elbe
Wilhelms-
haven
Bremer-
haven
Hamburg
Schwerin
Szczecin
Elbe
Groningen
Ems
Oldenburg
Bremen
PL
NL
Oder
Berlin
Fallersleben
Potsdam
Frankfurt/O.
Wolfsburg
Enschede
Osnabrück
Hannover
Braunschweig
Magdeburg
Apeldoorn
Arnhem
Münster
Bielefeld
Hildesheim
Salzgitter
Nijmegen
Wadersloh
Dessau
Cottbus
Weser
Hamm
Neiße
Essen
Soest
Paderborn
Göttingen
Duisburg
Dortmund
Halle/Saale
Leipzig
Bochum
Elbe
Krefeld
Hagen
Kassel
Wuppertal
Dresden
Saale
Mönchen-
gladbach
Düsseldorf
Melsungen
Erfurt
Köln
Herleshausen
Dansweiler
Siegen
Chemnitz
Aachen
Bonn
Zwickau
Heppingen
Rhein
Koblenz
Wiesbaden
Frankfurt a.M.
CZ
Praha
Mosel
Eltville
Wirsberg
Luisenburg
Main
Mainz
Trier
Würzburg
Plzen
L
Naurath/Wald
Darmstadt
Luxembourg
Wartenberg
Fürth
Nürnberg
Nennig
Bliesen
Mannheim
Weikersheim
Vltava
Heidelberg
Saarbrücken
Großreuth
b. Schweinau
Kaiserslautern
Rothenburg
o.d. Tauber
Wein-
garten
Heilbronn
Ceske
Budejovice
Hayna
Regensburg
Metz
Söllingen
Karlsruhe
Nördlingen
Asperg
Nancy
Stuttgart
Donau
Schwarzenberg
Ehningen
Salach
Donau
Strasbourg
Bad Peterstal
Moselle
Ulm
Augsburg
Kirchdorf
Linz
Reichenbach
Neckar
München
Inn
F
Freiburg i.Br.
Salzburg
Ober-
münstertal
Überlingen
Heiligenberg
Rottach-
Egern
Mulhouse
Langenargen
Pfronten
A
Bodensee
Basel
Zürich
CH
Innsbruck

Baden/Württemberg

Clemens Baader...

Silencehotel Restaurant Baader
Salemer Str. 5
88633 Heiligenberg
Tel.: 07554/ 802-0
...empfiehlt: Fax: 07554/ 802-100

Gemüse **Obst**
Naturata GmbH
Rengoldshauserstr. 21
88662 Überlingen
Tel.: 07551/ 64524,
Fax: 07551/ 95160

Obsttankstelle
Robert Heinrich
Ravensburgerstr. 28
88677 Markdorf
Tel.: 07544/ 95800,
07544/ 958014

Karl Schlewek, Landwirt
(Kartoffeln)
Wilhelmdorferstr. 11
88271 Pfrungen
Tel.: 07503/ 716

Backwaren **Konfitüren**
Bäckerei Baader
Salemstr. 3
88633 Heiligenberg
Tel.: 07554/ 305

Alfred Faller Konfitüren
Bahnhofstraße 11
79677 Schönau
Tel.: 07673/ 91070

Fisch
Fischerei Geiger
(Bodenseefisch)
Torenstr. 19
88709 Meersburg
Tel.: 07532/ 366

Prohoga GmbH
(Salzwasserfisch)
Salinenstr. 56
78054 Villingen-Schwenningen
Tel.: 07720/ 83350,
Fax: 07720/ 833560

Fischerei in der Greth
Landungsplatz 14
88662 Überlingen
Tel.: 07551/ 916311

Käse
Käse Ecke
Friedrichstr. 10
91054 Erlangen
Tel. 09131/ 207187,
Fax: 09131/206993

Wein
Markgraf von Baden,
Verkaufsstelle Schloß Salem
(Regionaler Wein)
Schloß Salem, 88682 Salem
Tel. 07553/ 81271

Georg Hack
Haus der Guten Weine
(Ausländische Weine)
Schützenstr. 1
88701 Meersburg
Tel.: 07532/ 9097,
Fax: 07532/9099

Spezial-geschäfte
Prohoga GmbH
Salinenstr. 56
78054 Villingen-Schwenningen
Tel.: 07720/ 83350,
Fax: 07720/ 83356

Franz Feckl...

Landhaus Feckl
Keltenweg 1, 71139 Ehningen
Tel.: 07034/ 23 77-0
...empfiehlt: Fax: 07034/ 23 77-277

Gemüse **Obst**
Landwirtschaft
Annemarie Seemann
Schillerhöhe 1
71735 Eberdingen
Tel.: 07042/ 7598

Otto Fehrenbacher...

Hotel Restaurant „Adler"
77933 Lahr-Reichenbach
Tel.: 07821/ 906390
...empfiehlt: Fax: 07821/ 9063933

Gemüse **Obst**
Jörger Bauernladen
Hauptstraße 102
77966 Kappel-Grafenhausen
Tel.: 07822/ 6875

Beerenobst und Duftrosen
Rudolf Eckerle
Oberweierer Hauptstraße 24
77948 Friesenheim-Oberweier

Käse
Käserei Spielweg
Karl-Josef Fuchs, Spielweg 61
79244 Münstertal
Tel.: 07636/ 7090
Fax: 07636/ 70966

Wein
Weingut Stadt Lahr
Hans Wöhrle
Weinbergstraße 3, 77933 Lahr
Tel.: 07821/ 25332

Georg Flohr...

Flohrs Restaurant und Hotel
Brunnenstr. 11
78224 Überlingen am Ried
Tel.: 07731/ 9 32 30
...empfiehlt: Fax: 07731/ 93 23 23

Fleisch **Wurst** **Geflügel** **Wild**
Metzgerei Denzel
Schwarzwaldstr. 22,
78224 Singen
Tel.: 07731/ 6 24 33

Fisch
Fischhandlung Ribel
Seestr. 13, 78479 Reichenau
(Bodensee Insel)
Tel.: 07534/ 7663

Käse
Käseaffineur Schreier
Schwarzwaldstr. 26,
78224 Singen
Tel.: 07731/ 67266
Französische Spezialitäten

Karl-Josef Fuchs...

Romantik-Hotel und Restaurant
Spielweg
Spielweg 61,
79244 Münstertal
Tel.: 07636/ 7090,
...empfiehlt: Fax: 07636/ 70966

Fleisch **Wurst** **Geflügel** **Wild**
Förderverein Hinterwälderviéh e.V.
Oberrollsbach 3,
79677 Schönau/Schwarzwald,
Tel.: 07673/ 7215

Metzgerei Hermann Linder
Talstraße
79286 Glottertal
Tel.: 07684/ 9240

Fisch
Forellenzucht Fröhlich
Etzenbach 6
79219 Staufen
Tel.: 07636/ 413

Käse
Spielweger Käse
Spielweg, 79244 Münstertal/
Südlicher Schwarzwald
Tel.: 07636 / 7090,
Fax: 07636 / 70966
Spezialität: Käse aus eigener
Herstellung

Wein
Weingut Fischer
Auf der Ziegelbreite 4
79331 Nimburg-Bottingen
Tel.: 07663/ 1747
Fax: 07663/ 50175

Franz Herbster
Ehrenstetten, 79238
Ehrenkirchen
Tel.: 07633/ 81515

Martin Herrmann...

Kur- und Sporthotel Dollenberg
Dollenberg 3
77740 Bad Peterstal
Tel.: 07806/ 78-0
...empfiehlt: Fax: 07806/ 1272

Fleisch Wurst Geflügel Wild

Ruef-C+C
72250 Freudenstadt
Tel.: 07441/ 81047

Frischkost- und Delikatessen-Service
Sanderstr. 6, 77731 Willstätt
Tel.: 07852/ 91980

Gemüse Obst

Adolf Kies GmbH
Stuttgarter Str. 94
72250 Freudenstadt
Tel.: 07441/ 82011

Willi Wurt Obstbau
Lindenstraße 5
77704 Oberkirch
Tel.: 07805/2294

Backwaren Konfitüren

Frau Maier
Hausgemachtes Bauernbrot
77740 Bad Peterstal
Tel.: 07806/ 588

Bäckerei Franz Schmiederer
Renchtalstraße 22
77740 Bad Peterstal
Tel.: 07806/ 1561

Alfred Faller Konfitüren
Bahnhofstraße 11
79677 Schönau
Tel.: 07673/ 91070

Fisch

Frischkost- und Delikatessen-Service
Sanderstr. 6, 77731 Willstätt
Tel.: 07852/ 91980

Südfisch Handels-GmbH
Wilhelmstr. 67
76461 Muggensturm
Tel.: 07222/ 52056

Käse

Käse Ecke
Friedrichstr. 10, 91054 Erlangen
Tel. 09131/ 207187,
Fax: 09131/ 206993

Wein

Weingut Andreas Laible
Brendel 1, 77770 Durbach
Tel.: 0781/ 42329

Weingut Heinrich Männle
Sendelbach 16
77770 Durbach
Tel.: 0781/ 41101

Spezial-geschäfte

Bos Food
Tußmannstraße 67
40477 Düsseldorf
Tel.: 0211/ 486081

Küchen-utensilien

Friedmann Großkücheneinrichtung
Schmelzhöfestraße 6
77781 Biberach
Tel.: 07835/ 63860

Rudolf Karr...

Hotel Restaurant Adler
Oberdorfer Str. 11
88085 Langenargen
Tel.: 07543/ 309-0
...empfiehlt: Fax: 07543/ 309-50

Fisch

Fischerei August Jäger
Von Kliene-Str. 11
88085 Langenargen
Tel.: 07543/ 913390

Fischerei Norbert Knöpfler
Mühlstr. 6
88085 Langenargen
Tel.: 07543/ 3597

Gemüse Obst

Spargelhof Geiger
Thomas Geiger
Moosstraße 26
88069 Tettnang
Tel.: 07542/ 8242
Fax: 07542/ 52289

Backwaren Konfitüren

Bäckerei Metzler
Klosterstraße 1
88085 Langenargen
Tel.: 07543/ 2442
Fax: 07543/ 1606

Wein

Weinbau
M. u. R. Aufricht
(Landesehrenpreisträger 1999 für Weinqualität im Bereich Bodensee.
Ökologischer Weinbau)
Weinkundeweg 8
88709 Meersburg
Tel.: 07532/ 2427
Fax: 07532/ 2421

Spezial-geschäfte

Montfort Mühle Kargen, Langenargen
Albrecht Karge
Kanalstraße 26
88085 Langenargen
(Frisches und gemahlenes Getreide und Getreideprodukte aller Art auch aus biologischem Anbau, spezielle Brotbackmischungen, Trockenfrüchte, Hülsenfrüchte, Reis und Gewürze)

Jürgen Koch...

Hotel-Restaurant Laurentius
Marktplatz 5
97990 Weikersheim
Tel.: 07934/ 91080
...empfiehlt: Fax: 07934/ 9108 18

Fleisch Wurst Geflügel Wild

HOFRA Qualitätsfleisch Vermarktungs GmbH
Hauptstraße 19,
97996 Niederstetten
Tel.: 07932/ 92100
Öffungszeiten: Mo – Fr
9 – 12 Uhr und 14 – 17 Uhr

Gemüse Obst

Hofgut Dollmann
Pfitzinger Straße 2,
97990 Weikersheim
Tel.: 07934/ 7637
Öffnungszeiten:
Mo – Fr 9 – 18 Uhr

Bioland Produkte Frau Scholler
Tel.: 09391/ 916105,
Mo – Fr, telefonisch
Spezialität: Pilze

Markus Nagy...

Villa Hammerschmiede
Hauptstraße 162,
76327 Pfinztal-Söllingen
Tel.: 07240/ 6010,
...empfiehlt: Fax: 07240/ 60160

Gemüse Obst

Familie Zimmermann
Karlsruherstraße 45,
76676 Graben-Neudorf
Tel.: 07255/ 2652
Besonderheiten: Spargel,
Erdbeeren – biologische Aufzucht

Backwaren Konfitüren

Uwe Kämmerer
Schwarzwaldstraße 4,
76307 Karlsbad
Tel.: 07202/ 1252

Wein
Weingut Nägelsförst GmbH
Nägelsförst 1,
76534 Baden-Baden
Tel.: 07221/ 35550

Spezial-geschäfte
Vedran Bobanovic
Zunftstraße 5, 76227 Karlsruhe
Tel.: 0721/ 9416060
Spezialität: Wein, Delikatessen, frischer Fisch, Schalen- und Krustentiere, Wurstwaren, Käse

Küchen-utensilien
Astro-Gastro GmbH
Winkelriedstraße 13,
76185 Karlsruhe
Tel.: 0721/ 952460

Christian Ottenbacher...

Hotel Adler
Stuttgarter Straße 2
71679 Asperg
Tel.: 07141/ 26600
Fax: 07141/ 266060

...empfiehlt:

Fleisch Wurst Geflügel Wild
Metzgerei Blessing
Seestr. 2, 71638 Ludwigsburg
Tel.: 07141/ 926103
Räucherspezialitäten

Herr Dietrich Scheffler
Haus Nr. 1, 29582 Bode
Tel.: 05822/ 5792
Spezialität: Enten

Fisch
Forellenzucht Fam. Letscher
Zinsbachwiesen 7,
72213 Altensteig-Garrweiler
Tel.: 07453/ 4100

Stuttgarter Fischgroßhandel
Carl Moll GmbH
Mercedesstr. 65,
70340 Stuttgart
Tel.: 0711/ 553000

Gemüse Obst
Fruchthof Klein GmbH
Maybachstr. 20 a,
71634 Ludwigsburg
Tel.: 07141/ 33052

Landwirt Rainer Kopp
Laurentiusstr. 10,
71642 Ludwigsburg
Tel.: 07141/ 58469
Spezialität: Salat

Demeter Vertrieb
Frau von Woetke, Burgweg 5
71711 Murr
Tel.: 07144/ 29320

Backwaren Konfitüren
Steinofen Bäckerei Keppler GmbH
Industriestr. 15,
74343 Sachsenheim
Tel.: 07147/ 6374

Bäckerei Katz
Max-Eyth-Str. 6, 71732 Tamm
Tel.: 07141/ 69390

Wein
Schlossgut Graf von Neipperg
74193 Schwaigern
Tel.: 07138/ 941400
Fax: 07138/ 4007

A. Schwegler
Steinstr. 35, 71404 Korb
Tel.: 07151/ 34895

Karl Haidle
Hindenburgstr. 21,
71394 Kernen-Stetten i. R.
Tel.: 07151/ 949110

Gerhard Aldinger
Schmerstr. 25, 70734 Fellbach
Tel.: 0711/ 581417

Jörg Sackmann...

Restaurant Schloßberg
im Hotel Sackmann,
Murgtalstraße 602,
72270 Baiersbronn-Schwarzenberg
Tel.: 07447/ 2890,
Fax: 07447/ 2894 00

...empfiehlt:

Fleisch Wurst Geflügel Wild
Jörg Frey
Karl-Frey-Weg 6,
72270 Baiersbronn-Schönmünzach
Tel.: 07447/ 1286
Spezialität: Schwarzwälder Milchlamm

Gemüse Obst
Obstbau-Brennerei
Klaus Schindler
Waldstr. 7,
77704 Oberkirch-Haslach
Tel.: 07802/ 3205
Spezialität: Erdbeeren, Brennkirschen, Mirabellen, Pflaumen, Früh- und Spätzwetschgen, Williamsbirnen und versch. Sorten Äpfel. Kontrollierter, umweltschonender Anbau, der beste, geschmacklich hochwertige Produkte erzeugt; Edle Brände wie Schwarzwälder Kirschwasser, Schwarzwälder Mirabellen, Pflaumen- und Zibardenwasser, Obstbrand und Topinambur (Wildkartoffel), auch Raritäten wie Mispelbrand, Schlehen- und Quittenwässerle.

Backwaren Konfitüren
Bäckerei Eberhard Holz
Murgtalstr. 651,
72270 Baiersbronn-Schönmünzach
Tel.: 07447/ 427

Tannenkraft –
Dr. Klaus E. Zimmermann
Ahornweg 34,
72270 Baiersbronn-Mitteltal
Tel.: 07442/ 81203
Spezialität: Schwarzwälder Tannenhonig

Rolf Straubinger...

Burgrestaurant Staufeneck
Fam. Straubinger und Schurr
73084 Salach
Tel.: 07162/ 933440,
Fax: 07162/ 9334455

...empfiehlt:

Fleisch Wurst Geflügel Wild
Fa. Frisch Lamm GmbH
Familie Hausch
Ohrengasse 11, 73119 Zell
Tel.: 07164/ 2036
Öffnungszeiten: Mo – Fr 8 – 18 Uhr und Sa 8 – 12 Uhr
Besonderheiten: Lammfleisch, nur ganze oder halbe Tiere, oder ganze Rücken

Familie Lesle
Im Auchert 6, 73119 Zell
Tel.: 07164/ 6994 oder 6840
Öffnungszeiten: Mo geschlossen und Di – Fr 9 – 18 Uhr
Spezialität: Kaninchen, Wild, Donnerstag auch Fisch

Landmetzgerei Lang
Hauptstr. 58, 73111 Nenningen
Tel.: 07332/ 96160
Fax: 07332/ 961619
Spezialität: Hausgemachte Wurst (wie früher), Milchkalb, Bauernrind, Partyservice

Fa. Prendes
Albershäuser Str. 6,
73066 Uhingen
Tel.: 07161/ 3509192
Fax: 07161/ 34766
Öffnungszeiten: Mo + Di nur Großverkäufer und

Mi – Sa geöffnet
Spezialität: Fischspezialitäten aus aller Welt
Alles rund um den Fisch

Fa. Feinkost Böhm
»Fischabteilung«
Kesselstr. 13, 70327 Stuttgart
Tel.: 0711/ 4010318
Besonderheiten: Einkauf nur mit Gewerbeschein

Gemüse **Obst**

Gärtnerei Sigmar Schiefer
Sternweg 8, 71336
Waiblingen-Bittenfeld
Tel.: 07146/ 5751,
Fax: 07146/ 860022

Fa. Feinkost Gaiser
Delikatessen/Wein
Hauptstr. 30,
73033 Göppingen
Tel.: 07161/ 97640

Fa. Karin Kicherer
Ulmerstr. 441,
73037 Göppingen
Tel.: 07161/ 73395
Spezialität: Südfrüchte, Italienische Spezialitäten

Fa. Wagner Gemüse und Obst
Industriegebiet Ost
Esslingerstr. 2,
73037 Göppingen
Tel.: 07161/ 978830

Käse

Fa. Feinkost Gaiser
Delikatessen/Wein
Hauptstr. 30,
73033 Göppingen
Tel.: 07161/ 97640

Backwaren **Konfitüren**

Café Zeller
Hohenstaufen 85,
73529 Rechberg
Tel.: 07171/ 43463
Spezialität: Schwäbische Holzbackofen-Briegel, Hausmacher Torten

Gaststätte Hirsch
Brückenstr. 32,
73054 Krummwälder
Tel.: 07161/ 89545
Besonderheit: 2 Mal pro Woche auf Vorbestellung frisches Holzbackofenbrot

Wein

Vinoteca Wein und mehr!
Schloßstr. 3,
73033 Göppingen
Tel.: 07161/ 684798
Öffnungszeiten: Normale Geschäftszeiten

Fa. Feinkost Gaiser
Wein+Delikatessen
Hauptstr. 30,
73033 Göppingen
Tel.: 07161/ 97640

Schuh und Weinhaus Säuferer
Wortstr. 4, 73066 Uhingen
Tel.: 07161/ 37105
Spezialität: Ausgesuchte Weinspezialitäten.
Besonderheit: Herr Säuferer kennt die Winzer der Region persönlich
Do. Abend immer Weinprobe

Nicolay und Scharter
Karl Scharter
Urbanstr. 1, 70182 Stuttgart
Tel.: 0711/ 24893730
Fax: 0711/ 24893750

Fischer + Trezza
Ulmerstr. 150, 70188 Stuttgart
Tel.: 0711/ 4606700,
Fax: 0711/ 4606900
Spezialität: Italienische Spezialitäten, Weine, Spirituosen, Produkte, auch Küchenequipment mit Pfannen und Nudelmaschinen, Mehle, ital. Gebäck

Weinhaus Nestle
Nestle Weingesellschaft
Zeppelinstr. 1,
73274 Notzingen
Tel.: 07021/ 92300,
Fax: 07021/ 923040
Öffnungszeiten: 8 – 17 Uhr
Besonderheiten: Monatliche Spezialitäten-Weinproben

Spezial-geschäfte

WMF AG
WMF Fischhalle,
73312 Geislingen
Tel.: 07331/ 251
Besonderheiten: 2. Wahl-Artikel der Fa. WMF, Töpfe, Geschirr, etc.

Bernd Werner...

...empfiehlt:

Walksches Haus
Marktplatz 7,
76356 Weingarten
Tel.: 07244/ 70370,
Fax: 07244/ 703740

Fleisch **Wurst** **Geflügel** **Wild**

Fa. Frischkost
Friedl's Laden
Sandostr. 6,
77731 Willstätt/Sand
Tel.: 07852/ 91980
Öffnungszeiten: Di – Fr 9 – 12 Uhr
Spezialität: Lamm und heimisches Geflügel

Fisch

Délice Fisch u. Spezialitäten GmbH & Co. Import KG
Weinweg 43, 76137 Karlsruhe
Tel.: 0721/ 615095
Öffnungszeiten: Mo – Sa 7 – 14 Uhr
Spezialität: Frische Fische und Krustentiere

Gemüse **Obst**

W. Feix GmbH
Markthalle Karlsruhe
Weinweg 43, 76137 Karlsruhe
Tel.: 0721/ 625330
Öffungszeiten: Mo – Sa 4 – 9 Uhr
Spezialität: Tolle Beeren und Rhabarber

Käse

Tölzer Kasladen
Lenggrieser Str. 231
83646 Bad Tölz
Tel.: 08041/ 9427
Öffnungszeiten: Mo – Fr 9 – 16 Uhr
Spezialität: Bayerischer Käse, Französische Klassiker

Wein

Guntram Fahrner
Humboldtstraße,
76474 Au am Rhein
Tel.: 07245/ 3253
Öffnungszeiten: Mo – Sa 9 – 18 Uhr

Bayern

Michael Fell...

...empfiehlt:

Park-Hotel Egerner Hof
Aribostraße 19-21
83700 Rottach-Egern
Tel.: 08022/ 6660
Fax: 08022/ 666200

Fisch

Fischerei Ostermeier
Seestr. 42, 83684 Tegernsee
Tel.: 08022/ 1561

Bäckerei Eberwein
Schweigehofstr. 78,
83684 Tegernsee
Tel.: 08022/ 67251

Wein

Gerhard Aldinger
Schmerstr. 25, 70734 Fellbach
Tel.: 0711/ 581417

Weingut St. Urbanshof
Oekonomierat Nic Weis
Urbanusstraße 15,
54340 Leiwen/Mosel
Tel.: 06507/ 93770,
Fax: 06507/ 937730
Spezialität: Schlanke, elegante ausdrucksstarke Rieslinge von Mosel und Saar, besonders aus den Weinlagen Ockfener, Bockstein, Wiltinger Schlangengraben, Leiweiner Laurentiuslay und Piesporter Goldtröpfchen

Weingut Robert Weil
Mühlberg 5, 65399
Kiedrich/Rheingau
Tel.: 06123/ 2308

Christian F. Grainer...

Christian's Restaurant
Gasthof Grainer, Dorfstr. 1
83527 Kirchdorf bei Haag/Obb.
Tel.: 08072/ 8510
Fax: 08072/ 3304

...empfiehlt:

Fleisch Wurst Geflügel Wild

Metzgerei Mair
83527 Haag i. Obb.
Tel.: 08072/ 1310

Walter Hardeck
(Waldlammkitz)
Stocket 2
84437 Reichertsheim
08073/ 384244

Josef Stöckl
Fleischbeschauer
(Wild)
83527 Kirchdorf
Tel.: 08072/ 610

Friedrich Kratzer
Landwirt
(Geflügel)
84405 Dorfen Stadt
Tel.: 08081/ 2166
Fax: 08081/959397

Fisch

Walter Hardeck
(Zander, Saibling, Karpfen, Hecht, Aal, Brachse)
Stocket 2
84437 Reichertsheim
Tel.: 08073/384244

Gemüse Obst

Herr Rauch, Inntalwerkstätten,
Stiftung Attel, Abteilung Gärtnerei
83512 Wasserburg am Inn
Tel. 08071/ 102129

Gärtnerei Huber
83527 Kirchdorf, Hoferstr. 4
08072/8273

Käse

Fritz Eder
(Milch)
Tel.: 08072/ 1378
(Vorsicht: Hier muss selbst gemolken werden und Herr Eder verlangt dafür zusätzlich drei Marillenschnäpse!)

Wein

Bernhard Huber
(Spätburgunder)
79364 Malterdingen
Tel.: 07644/ 8222

Roman Jäger
Kremser Str. 1
A - 3610 Weißenkirchen / Wachau
Tel.: 0043/ 2715/ 2535

Alexander Herrmann...

Herrmann's Restaurant und Posthotel
Marktplatz 11
95339 Wirsberg
Tel.: 09227/ 2080
Fax: 09227/ 5860

...empfiehlt:

Fleisch Wurst Geflügel Wild

Familie Tröger
Stein 20, 95482 Gefrees
Tel.: 09273/ 95051
Öffnungszeiten: Mo – Fr 8 – 18 Uhr
Besonderheiten: Freilaufende Tiere, Angus-Salami, Angus Corned-Beef

Biolandhof Hans Küfner
Am Bahnhof 5,
95463 Bindlach
Tel.: 09208/ 8081
Fax: 09208/ 655849
Öffnungszeiten: Nach telefonischer Vereinbarung
Spezialität: Milchkalbfleisch

Käse

Ziegenhof Würnsreuth
Kerstin und Robert Knöbel
Würnsreuth 10,
95517 Seybothenreuth
Tel.: 09209/ 823
Öffnungszeiten: Do + Fr 9 – 18 Uhr
Besonderheiten: Bergkäse aus 100% Ziegenmilch
Während der Saison auch Zicklein, Bioland Betrieb
100 Milchziegen mit Weidegang
Spezialität: Ziegenbergkäse 6 Monate gereift, Ziegenfrischkäse, ideal für Dessert oder Vorspeise

Backwaren Konfitüren

Trebgaster Holzofenbrot
Manfred Sesselmann
Bergstr. 15, 95637 Trebgast
Tel.: 09227/ 6548
Fax: 09227/ 2453
Öffnungszeiten: Jeden Freitag ab 16 Uhr direkt von der Backstube, auf Wochenmärkten in Kulmbach, Bayreuth und Hof (mittwochs und samstags)
Besonderheiten: 100% reiner Natursauerteig im Holzofen gebacken

Wein

Kössler & Ulbricht GmbH & Co.KG
Nordostpark 787,
90411 Nürnberg
Tel.: 0911/ 525153
Fax: 0911/ 5298874
Öffnungszeiten:
Versand: Mo – Fr 9 – 18 Uhr
Weinhalle: Mi – Fr 15 – 18 Uhr und Sa 10 – 14 Uhr
Spezialität: Kalifornische Weine vom Besten, stellen eigenen Zinfandel in Californien her
Weinphilosophie: Weine, die nicht nach Schema F schmecken
Besonderheit: Versand möglich

Joachim Kaiser...

Meyer's Keller
Marienhöhe 8
85720 Nördlingen
Tel.: 09081/ 4493
Fax: 09081/ 24931

...empfiehlt:

Fleisch Wurst Geflügel Wild

Hermann Faul
Hauptstr. 12,
86738 Deiningen
Tel.: 09081/ 23328
Spezialität: Angus-Rinder und Baby-Beef, (Freilandhaltung)

Johannes Strauß
Goalstr. 13,
73467 Kirchheim am Ries
Tel.: 07362/ 21416
Spezialität: Angus-Rinder und Baby-Beef, (Freilandhaltung)

Peter Scheller
Mühlstr. 57, 86732 Oettingen
Tel.: 09082/ 1774
Spezialität: Damwild, Freiland-Geflügel (Mistkratzer, Gänse)

Michael Ott
An der Baldinger Mauer 38 a,
86720 Nördlingen
Tel.: 09081/ 9452
Spezialität: Hasen, Rehe, Wildschweine

Fisch

Peter Scheller
Mühlstr. 57, 86732 Oettingen
Tel.: 09082/ 1774
Spezialität: Frische und geräucherte Forellen

Backwaren **Konfitüren**

Rehlensbäck Günter Bürger
An der Lach 16,
86720 Nördlingen
Tel.: 09081/ 25990

Bäckerei Mack
Michelfelderstr. 4,
73441 Aufhausen
Tel.: 07362/ 96170

Spezialgeschäfte

Dirk und Sibylle Burghardt
Ahornweg 4,
86720 Nördlingen
Tel.: 09081/ 24814
Spezialität: Alte Gemüsesorten, exotische Kräuter, Heilkräuter

Christian Mittermeier...

Mittermeier Restaurant und Hotel
Vorm Würzburger Tor 9
91541 Rothenburg ob der Tauber
Tel.: 09861/ 94540
Fax: 09861/ 945494

...empfiehlt:

Fleisch **Wurst** **Geflügel** **Wild**

Weidefleisch Franken
Schönbronn 1,
91592 Buch am Wald
Tel.: 09868/ 5526
Spezialität: Rindfleisch

Kellerhof
Monika Keller
Reusch 2, 91541 Rothenburg ob der Tauber
Tel.: 09861/ 2606

Fisch

Bernd Messerschmidt
Fischhandlung
Eibenweg 3, 91607 Gebsattel
Tel.: 09861/ 7196

Gemüse **Obst**

Demeter Hof Regenswind e.V.
Geckenheimer Str. 4,
97215 Uffenheim
Tel.: 09842/ 7287

Bioland Klaus Hagenauer
Finsterlohr, 97993 Creglingen
Tel.: 07933/ 1598

Backwaren **Konfitüren**

Helmut und Monika Keller
Reusch 2,
91541 Rothenburg ob der Tauber
Tel.: 09861/ 2606

Wein

Fürstlich Castell'sches Domänenamt
97355 Castell
Tel.: 09325/ 60170
Fax: 09325/ 60185

Kössler & Ulbricht GmbH & Co.KG
Nordostpark 787,
90411 Nürnberg
Tel.: 0911/ 525153
Fax: 0911/ 5298874
Öffnungszeiten:
Versand: Mo – Fr 9 – 18 Uhr
Weinhalle: Mi – Fr 15 – 18 Uhr und Sa 10 – 14 Uhr
Spezialität: Kalifornische Weine vom Besten, stellen eigenen Zinfandel in Kalifornien her.
Besonderheit: Versand möglich

Weingut Schmitt's Kinder
Adam & Karl Schmitt
Am Sonnenstuhl,
97236 Randersacker
Tel.: 0931/ 7059197
Besonderheiten: Weinbau in den Spitzenlagen Randersacker Silvaner, Müller Thurgau, Riesling
Lagen: Pfülben, Sonnenstuhl, Marsberg

Weingut Johann Ruck
Marktplatz 19, 97346 Iphofen
Tel.: 09323/ 3316

Weinbau Glocke
Familie Thürauf
Plönlein 1, 91541 Rothenburg ob der Tauber
Tel.: 09861/ 525153

Weingut Zenthof
Theo Luckert, 97320 Sulzfeld/ Main
Tel.: 09321/ 23778

Weingut Hans Wirsching
Ludwigstr. 16, 97346 Iphofen
Tel.: 09323/ 87330

Alpina Burkhard Bovensiepen GmbH & Co.KG
Alpenstr. 35-37,
86807 Buchloe
Tel.: 08211/ 50050

Spezialgeschäfte

Il Nuraghe GmbH
Atzeni & Retsch
Happurgerstr. 88,
90482 Nürnberg
Tel.: 0911/ 243553

Fischer + Trezza
Ulmerstr. 150,
70188 Stuttgart
Tel.: 0711/ 4606700,
Fax: 0711/ 4606900
Spezialität: Italienische Spezialitäten, Weine, Spirituosen, Produkte, auch Küchenausrüstung mit Pfannen und Nudelmaschinen, Mehle, ital. Gebäck

Stefan Rottner...

Romantik-Hotel und Gasthaus Rottner
Winterstraße 15
90431 Nürnberg, Großreuth bei Schweinau
Tel.: 0911/ 612032 und 658480
Fax: 0911/ 613759 und 65848203

...empfiehlt:

Fleisch **Wurst** **Geflügel** **Wild**

Weidefleisch Franken
Schönbronn 1,
91592 Buch am Wald
Tel.: 09868/ 5526
Spezialität: Rindfleisch

Lars Thomas
An der Papiermühle,
91166 Georgensmünd
Tel.: 09172/ 2644
Spezialität: Geflügel

Bäuerliche Erzeugergemeinschaft
Hallerstr. 20,
74549 Wolpertshausen
Tel.: 0791/ 9329030
Spezialität: Schwäbisch-hällisches Schweinefleisch

Bayern-Lamm
Leyher Str. 107,
90432 Nürnberg
Tel.: 0911/ 3206960
Spezialität: Lamm

Fisch

Übelacker Forellenzucht
Regelsmühle, 91236 Alfeld
Tel.: 09157/ 363

Paulus
Schloßstr. 1-5,
91235 Adelsdorf
Tel.: 09195/ 7284

Gemüse Obst

Helga Maußer
Naturland Ökohof
Kagenhof 77 a,
90587 Veitsbronn
Tel.: 0911/ 754247
Spezialität: Kartoffeln

Ammerndorfer Mühle
Mühlgasse 11,
90614 Ammerndorf
Tel.: 09127/ 57522
Spezialität: Getreide

Backwaren Konfitüren

Biolandhof »Kernmühle«
Kernmühle 1, 90574 Roßtal
Tel.: 09127/ 57434
Spezialität: Eier

Wein

Prinz zu Salm – Dalberg'sches Weingut
55595 Wallhausen
Tel.: 06706/ 944430
Fax: 06706/ 944424

Barbara Schlachter-Ebert...

Restaurant Schloßanger Alp
Am Schloßanger 1
87459 Pfronten im Allgäu
Tel.: 08363/ 914550,
Fax: 08363/ 91455555

...empfiehlt:

Fleisch Wurst Geflügel Wild

Pfad
Allgäuer Str. 33,
87459 Pfronten
Tel.: 08363/ 920933
Besonderheiten: frische Milchkälber und Jungbullen direkt vom Erzeuger; Top-Ware, die von den Bauern an kleine Metzgerläden verkauft wird

Käse

Sennereigenossenschaft Lehern eG
Buchen 142, 87659 Hopferau
Tel.: 08362/ 2495

Sennereigenossenschaft Lehern eG
Lehern 158, 87659 Hopferau
Tel.: 08362/ 7512
Fax: 08362/ 2907
Top-Käserei mit Allgäuer Bergkäse und Emmentaler in Hopferau und Lieben/Allgäu, reines Grünfutter, keine Silage

Heinrich Schöpf...

Jägerstüberl
Luisenburg 5,
95632 Wunsiedel
Tel.: 09232/ 4434
Fax: 09232/ 1556

...empfiehlt:

Fleisch Wurst Geflügel Wild

Udo Purucker
Oberdorfstr. 22,
95615 Marktredwitz
Tel.: 09231/ 5152
Spezialität: Fleischprodukte aus artgerechter Bodenhaltung

Neuhauser Weidelamm
Neuhausen 8, 95111 Rehau
Tel.: 09287/ 78707
Spezialität: Ganzjährig Lammfleisch der alten Rasse, Coburger Fuchse aus artgerechter Haltung

Fisch

Tauer Fischhalle
Schloßplatz 3, 95100 Selb
Tel.: 09287/ 2213
Besonderheiten: Letzte oberfränkische Stockfischwässerei

Käse

Ziegenhof Würnsreuth
Kerstin und Robert Knöbel
Würnsreuth 10,
95517 Seybothenreuth
Tel.: 09209/ 823
Öfnungszeiten: Do + Fr 9 – 18 Uhr
Besonderheiten: Bergkäse aus 100% Ziegenmilch, während der Saison auch Zicklein, Bioland Betrieb, 100 Milchziegen mit Weidegang. Spezialität: Ziegenbergkäse 6 Mon. gereift, Ziegenfrischkäse, ideal für Dessert oder Vorspeise

Wein

Weingut Schmitt's Kinder
Adam & Karl Schmitt,
Am Sonnenstuhl,
97236 Randersacker,
Tel.: 0931/ 7059197
Besonderheiten: Weinbau in den Spitzenlagen Randersacker -Silvaner, Müller-Thurgau, Riesling
Lagen: Pfülben, Sonnenstuhl, Marsberg

Spezialgeschäfte

Schöpf's Vinothek im Jägerstüberl
Luisenburg 5, 95632 Wunsiedel
Tel.: 09232/ 4434
Spezialität: Italienische Feinkost und Trockenwaren, Honige, Lachs geräuchert, Kaviar, Terrinen.
Weine aus Italien, Südfrankreich, Spanien, Österreich

Schleswig-Holstein, Hamburg, Niedersachsen, Berlin, Sachsen

Jens Dannenfeld...

Dannenfelds Restaurant
Dannis Brasserie
Frankfurter Straße 4
38122 Braunschweig
Tel.: 0531/ 2819810
Fax: 0531/ 2819828

...empfiehlt:

Fleisch Wurst Geflügel Wild

Green Goods
Langestr. 44, 27412 Bülstedt
Tel.: 04283/ 982064
Spezialität: Gänse, Kaninchen, Wild

Lindenhof Eilum
Presseweg 6,
38170 Kneitlingen
Tel.: 05332/ 3547
Spezialität: Rinder, Wurstwaren

Herrmann Meyer
Haverbeckerstr. 24,
29646 Bispingen
Tel.: 05194/ 1215
Spezialität: Heidschnucken

Charolais Rinder Zuchtbetrieb
Gerhard Raisig
Südstr. 5,
74532 Ilshofen-Ruppertshofen
Tel.: 02225/ 883100
Spezialität: Rindfleisch, Rinderwurst

Gemüse
Obst

Lindenhof Eilum
Presseweg 6,
38170 Kneitlingen
Tel.: 05332/ 3547

Green Goods
Langestr. 44, 27412 Bülstedt
Tel.: 04283/ 982064

Reinhold Hermann
Feldstr. 13, 29379 Knesebeck
Tel.: 05834/ 1456
Spezialität: Steinpilze, Blaubeeren

Käse

Käse Klemmer
H. Meyer, Maître Affineur
Welfenhofpassage,
38100 Braunschweig
Tel.: 0531/ 18295
Besonderheit: Einer der wenigen Maîtres Affineurs in Deutschland, der Rohmilchkäse verändern bzw. waschen, parfümieren darf

Backwaren
Konfitüren

Bio-Brotladen
Kalle Otto
Gliesmaroder Str. 122,
38106 Braunschweig
Tel.: 0531/ 341228
Spezialität: 15-20 verschiedene Brotsorten

Wein

Harald L. Bremer
Efeuweg 3,
38104 Braunschweig
Tel.: 0531/ 237360
Spezialität: Italienische Weine, Import und eigenes Weingut

Martha-Wille-Baumkauff
Gliesmaroder Str. 5,
38106 Braunschweig
Tel.: 0531/ 347172
Besonderheit: Weingut in Ungarn, hervorragende Tokaji + trockener Furmint

Spezialgeschäfte

Harald L. Bremer
Efeuweg 3,
38104 Braunschweig
Tel.: 0531/ 237360
Spezialität: Öl, Essig

Weinessiggut Doktorenhof
Georg H. Wiedemann
Raiffeisenstraße 5,
67482 Venningen-Pfalz
Tel.: 06323/ 5505
Spezialität: Essige aller Art

Küchenutensilien

Magni-Küche
Frankfurterstr. 4,
38122 Braunschweig
Tel.: 0531/ 2809744

Johannes King...

Dorint Söl'ring Hof
Am Sandwall,
25980 Rantum/Sylt
Tel.: 04651/ 836200,
Fax: 04651/ 8362020

...empfiehlt:

Fleisch
Wurst
Geflügel
Wild

Gänsehof-Petersen
Koogstr. 2,
25980 Keitum/Sylt
Tel.: 04651/ 31454
Spezialität: Geflügel, Enten, auch Eier und Gemüse

Fisch

Dittmeyers Austern-Compagnie GmbH
25980 List auf Sylt
Tel.: 04651/ 870860
Spezialität: Sylter Royal-Austern, Wild-Muscheln

Käse

Finheisen Hot-Klöwenhof
Siidik 6, 25980 Keitum
Tel.: 04651/ 32660
Besonderheit: feinster Ziegenkäse und Schafsmilch

Wein

Guntram Fahrner
Humboldtstraße 3,
76474 Au am Rhein
Tel.: 07245/ 3253
Öffnungszeiten: Mo – Sa 9 – 18 Uhr
Spezialität: kleiner Preis für große (noch unbekannte) Weine

Ralf J. Kutzner...

Caroussel
Hotel Bülow Residenz
Rähnitzgasse 19
01097 Dresden
Tel.: 0351/ 80030
Fax: 0351/ 8003100

...empfiehlt:

Fleisch
Wurst
Geflügel
Wild

Löblein Frischzentrum GmbH
Schlachthofring 8,
01069 Dresden
Tel.: 0351/ 4961202
Spezialität: Kalbfleisch, sächsische Wurstspezialitäten

Wurzener Wildspezialitäten GmbH
Hauptstraße 2 a,
04828 Altenbach
Tel.: 03425/ 89550
Spezialität: Reh- und Wildspezialitäten aus Sachsen

Gemüse
Obst

Klunker Fruchtgroßhandel
Boxdorfer Straße 19,
01445 Radebeul
Tel.: 0351/ 8305538
Spezialität: Obst, Gemüse, Südfrüchte

Chris Hoffmann
01809 Heidenau
Tel.: 03529/ 514402
Spezialität: Maronen, Steinpilze, Sandpilze

Backwaren
Konfitüren

Feinbäckerei Rißmann
Königsbrückerstraße 32,
01099 Dresden
Tel.: 0351/ 8014904
Spezialität: Brot, Brötchen

Hartmut Leimeister...

Restaurant La Fontaine
im Hotel Ludwig im Park
Gifhorner Straße 25,
38442 Wolfsburg-Fallersleben
Tel.: 05362/ 63434
Fax: 05362/ 940400

...empfiehlt:

Fleisch
Wurst
Geflügel
Wild

Fleischerei Roth
Schachtweg 30,
38440 Wolfsburg
Tel.: 05361/ 12508

Fisch

Feinkost Strijewski
Rothenfelderstr. 3,
38440 Wolfsburg
Tel.: 05361/ 12565

Gemüse
Obst

Feinkost Strijewski
Rothenfelderstr. 3,
38440 Wolfsburg
Tel.: 05361/ 12565

Käse

Feinkost Strijewski
Rothenfelderstr. 3,
8440 Wolfsburg
Tel.: 05361/ 12565

Backwaren
Konfitüren

Konditorei Cadera
Porschestr. 38,
38440 Wolfsburg
Tel.: 05361/ 12125

Wein
Vini d'Italia
Schillerstr. 25,
38440 Wolfsburg
Tel.: 05361/ 15446

Jacques Weindepot
Zu dem Balken 7,
38448 Wolfsburg
Tel.: 05361/ 66383

Küchen-utensilien
Porzellan Müller
Porschestr. 86,
38440 Wolfsburg
Tel.: 05361/ 13836

Firma Hohls
Langestr. 22-24,
38448 Wolfsburg
Tel.: 05363/ 97170

Mario Pattis...

Romantik Hotel &
Restaurant Pattis
Merbitzer Straße 53,
01157 Dresden
Tel.: 0351/ 42550
Fax: 0351/ 4255255

...empfiehlt:

Fisch
Forellenhof Ermisch
Anbau 3, 01844 Hohwald
Tel.: 03596/ 603136

Gemüse **Obst**
Klunker Fruchtgroßhandel
Boxdorfer Straße 19,
01445 Radebeul
Tel.: 0351/ 8305538
Spezialität: Obst, Gemüse,
Südfrüchte

Käse
Pfunds Molkerei
Bautzener Straße 79,
01099 Dresden
Tel.: 03517/ 8029000
Spezialität: Rohmilchkäse

Backwaren **Konfitüren**
Donath
Königsbrücker Landstraße 69,
01109 Dresden
Tel.: 0351/ 88805881

Büttner
Obere Straße 15,
01665 Schmiedswalde
Tel.: 035245/ 70340
Spezialität: Eier

Wein
Zimmerling
Bergweg 27,
01326 Dresden
Tel.: 0351/ 2618752

Tim Raue...

Restaurant E.T.A. Hoffmann
im Hotel Riehmers
Hofgarten
Yorckstr. 23
10965 Berlin
Tel.: 030/ 7809880-0
Fax: 030/ 7809880-8

...empfiehlt:

Käse
Mâitre Phillip
Emserstraße 42
10719 Berlin
Tel.: 030/ 886836-10

Spezial-geschäfte
Markus Görgen
Biewerer Str. 217
54237 Trier
Tel.: 0651/ 630499

Alexander Tschebull...

Allegria Restaurant im
Winterhuder Fährhaus
Hudtwalckerstr. 13
22299 Hamburg
Tel.: 040/ 46072828
Fax: 040/ 46072607

...empfiehlt:

Fisch
Fisch-Hummer & So...
J. Nussgraber
Große Elbstraße 117-133
22767 Hamburg
Tel.: 040/ 38619696

Wein
Weingut Reichsgraf von
Kesselstatt
Schlossgut Marienlay,
54317 Morscheid
Tel.: 06500/ 91690
Fax: 06500/ 916969

Rainer Wolter...

Lindenlife
Unter den Linden 44-60
10117 Berlin
Tel.: 030/ 206290300
Fax: 030/ 206290321

...empfiehlt:

Fleisch **Wurst** **Geflügel** **Wild**
Schlaraffenland
Janosch von Beöthy
Süderwesterseite 12,
21775 Steinau
Tel.: 04756/ 8008
Fax: 04756/ 8171
Spezialität: Geflügel
und Wild

Ziegenhof Bachenbruch
Bachenbrucherstr. 14,
21772 Neubachenbruch-
Steinstedt
Tel.: 04756/ 8125
Spezialität: Ziegen- und
Lammfleisch

Fisch
Krabben-Bremer
Blickhausener Landstr. 1,
27632 Dorum
(OT Blickhausen)
Tel.: 04742/ 332
Fax.: 04742/ 333

Kreidesee-Delikatessen Pöpke
Dorfstr. 9, 21745 Hemmoor
Tel.: 04771/ 7497
Fax: 04771/ 8124

Gemüse **Obst**
Arche Niederhüll
Niederhüll 5,
21706 Drochtersen
Tel.: 04775/ 667
Fax: 04775/ 668

Obsthof Königsmoor
Im Moor 1,
21712 Großenwörden
Tel.: 04775/ 538
Fax: 04775/ 891099
Besonderheiten: Alte Apfel-
sorten

Käse
Ziegenhof Bachenbruch
Bachenbrucherstr. 14,
21772 Neubachenbruch-
Steinstedt
Tel.: 04756/ 8125
Spezialität: Ziegenkäse

Backwaren **Konfitüren**
Konditorei Andersen
Wandsbeker Marktstr. 153,
22041 Hamburg
Tel.: 040/ 684042
Fax: 040/ 680394

Spezial-geschäfte
Rüdiger Foldt
Lange Reihe 97,
20099 Hamburg
Tel.: 040/ 2803423
Fax: 040/ 247040
Spezialität: Naturkost,
Tee, Gewürze, Honig
Besonderheit: Versand

Hessen, Nordrhein-Westfalen, Rheinland-Pfalz, Saarland

Christian Bau...

Restaurant Schloss Berg
im Victor's Residenz Hotel
Schlosshof 7
66706 Perl Nennig/Mosel
Tel.: 06866/ 790
...empfiehlt: Fax: 06866/ 79100

Fleisch, Wurst, Geflügel, Wild

Firma Südfisch Handels GmbH
Wilhelmstr. 67,
76461 Muggensturm-Rastatt
Tel.: 07222/ 52056
Spezialität: Fleisch

Rungis Express GmbH
Am Hambuch 2
53340 Meckenheim
Tel.: 02225/ 883211
Spezialität: Fleisch

Hofgut Serrig
Domänensiedlung,
54455 Serrig-Saarburg
Tel.: 06581/ 914530
Spezialität: Wurst

Firma Jochen Saumer
Rauentalerstr. 12, 76437 Rastatt
Tel.: 07222/ 51008
Spezialität: Geflügel

Fisch

Firma Jochen Saumer
Rauentalerstr. 12
76437 Rastatt
Tel.: 07222/ 51008

Früchte Sonnhalter
Fußgängerzone Merzig
66663 Merzig
Tel.: 06861/ 3233

Rungis Express GmbH
Am Hambuch 2
53340 Meckenheim
Tel.: 02225/ 883211

Firma Südfisch Handels GmbH
Wilhelmstr. 67,
76461 Muggensturm-Rastatt
Tel. 07222/ 52056

Käse

Affineur Bernhard Antony
»Sundgauer Kaskeller«
Rue Montagne 17,
F - 68480 Vieux Ferrette
Tel.: 0033/ 388/ 927291

Backwaren, Konfitüren

BÄKO
Wallerfangerstr. 39,
66740 Saarlouis
Tel.: 06831/ 94080

Firma Pfersich GmbH & Co.KG
Messerschmittstr. 23,
89231 Neu-Ulm
Tel.: 0731/ 7079151

Feinkost Görgen
Biewerer Str. 217,
54293 Trier
Tel.: 0651/ 505510

Wein

Weingut Reichsgraf von Kesselstatt
Schlossgut Marienlay,
54317 Morscheid
Tel.: 06500/ 91690
Fax: 06500/ 916969

Weingut Koehler Ruprecht
Weinstr. 84,
67169 Kallstatt (Pfalz)
Tel.: 06322/ 1829

Weingut Becker
Olewiger Str. 206,
54295 Trier
Tel.: 0651/ 938080

Weingut K.-H. Johner
Talstr. 23,
79235 Vogtsburg im Kaiserstuhl
Tel.: 07662/ 6041

Spezialgeschäfte

Feingut Görgen
Biewerer Str. 217,
54293 Trier
Tel.: 0651/ 630493

Mykofarm Schliemann & Co
Steinbeker Hauptstr. 108,
22115 Hamburg
Tel.: 040/ 7124320
Spezialität: Trüffelprodukte

Wilhelm Biermann...

Biermann's Restaurant
Biermann's Gourmetservice
Thomästraße 47, 59494 Soest
Tel.: 02921/ 13310
...empfiehlt: Fax: 02921/ 13234

Fleisch, Wurst, Geflügel, Wild

De Pastre GmbH Grossmarkt
Lützowstr. 24, 45141 Essen
Tel.: 0201/ 81333

Willi Sagel
Hof Sagel, 33039 Nieheim
Tel.: 05276/ 460
Spezialität: Lippischer Schinken, luftgetrocknet

Borgmeier GmbH & Co.KG
Schöninger-Str. 33,
33129 Delbrück-Schöning
Tel.: 05254/ 7267 oder 05250/ 981900
Spezialität: Wild und Geflügel

Fisch

De Pastre GmbH Grossmarkt
Lützowstr. 24, 45141 Essen
Tel.: 0201/ 81333

Gemüse, Obst

Willi Sagel
Hof Sagel, 33039 Sommerseil
Tel.: 05276/ 460
Spezialität: Grüner Spargel

Käse

Käseecke Waltmann
Friedrichstr. 10,
91054 Erlangen
Tel.: 09131/ 207187,
Fax: 09131/ 206993

Backwaren, Konfitüren

Café Peters
Am Markt, 59555 Lippstadt
Tel.: 02941/ 4037
Besonderheiten: Pralinen, Konfitüren, Teegebäck

Wein

Hermann Dörflinger
Postfach 1219,
79372 Müllheim
Tel.: 07631/ 2207

Fritz Haag
Dusenmonder Hof,
54472 Braunberg
Tel.: 06534/ 410

Wegeler
Friedensplatz 9,
65375 Oestrich-Winkel
Tel. 06723/ 7031

Andres + Mugler
Peter-Koch-Str. 50,
67435 Neustadt
OT Gemmeldingen/Pfalz
Tel.: 06321/ 66062

Spezialgeschäfte

Feinkost Scholz
Potsdamer Platz 3,
59494 Soest
Tel.: 02921/ 2739

Jens Bomke...

Ringhotel Bomke
Kirchplatz 7
59329 Wadersloh
Tel.: 02523/ 1301 und 92160
...empfiehlt: Fax: 02523/ 1366

Fleisch
Wurst
Geflügel
Wild

Heinrich Lemken
Anton-Hartmann-Str. 23,
33106 Paderborn-Elsen
Tel.: 05254/ 60221
Spezialität: Lammfleisch aus eigenen Herden, die in Sachsen-Anhalt weiden

Fleischerei Adolf Sträter
Wichernstr. 23,
33378 Rheda-Wiedenbrück
Tel.: 05242/ 7519
Spezialität: Spanferkel und beste Wurstwaren

Gabi Wirxel
Kleyweg 15, 59329 Wadersloh
Tel.: 02523/ 1489
Spezialität: Beste freilaufende Poularden (mit Mais gefüttert) in Bresse-Qualität

Beckheinrich Geflügelhandel
Groppelner Str. 28,
33442 Herzebrock-Clarholz
Tel.: 05245/ 3228

Gemüse
Obst

Hermann Sterthoff
Kleyweg 2,
59329 Wadersloh
Tel.: 02523/ 1224
Spezialität: Spargel, Zucchiniblüten und Zucchini, Spitzkohl, Weißkohl, Rotkohl, Grünkohl, Romanesco, Broccoli, frische oder selbst eingekochte Gurken in bester Qualität, schwarze Johannisbeeren
Alles direkt ab Hof

Patrik Kimpel...

Hotel-Restaurant
Kronenschlößchen
Rheinallee
65347 Hattenheim
Tel.: 06723/ 640
Fax: 06723/ 7663

...empfiehlt:

Fleisch
Wurst
Geflügel
Wild

Hofladen 26
Christel & Klaus Dörr
Taunusstr. 26,
65193 Wiesbaden
Tel.: 0611/ 9590812
Spezialität: Biofleisch und Gänse
Besonderheiten: Rinderzucht, Kalb, Schwein und Geflügel, eigener Gemüseanbau

Käse

Vulkan-Hof
Familie Thommes-Burbach
Vulkanstr. 29,
54558 Gillenfeld/ Eifel
Tel.: 06573/ 9148
Spezialität: Ziegentomme gereift
3 Sorten Ziegenkäse und junge Ziegen

Backwaren
Konfitüren

Hofladen 26
Christel & Klaus Dörr
Taunusstr. 26,
65193 Wiesbaden
Tel.: 0611/ 9590812

Wein

Weingut Georg Breuer
Grabenstr. 8,
65385 Rüdesheim am Rhein
Tel.: 06722/ 1027
Fax: 06722/ 4531

Weingut Hans Lang
Rheinallee 6,
65347 Hattenheim
Tel.: 06723/ 2475

Weingut Robert Weil
Am Mühlberg 5,
65399 Kiedrich
Tel.: 06123/ 2308

Weingut Johannishof
Im Grund,
65366 Geisenheim-Johannisberg
Tel.: 06722/ 6782

Spezial-geschäfte

Gewürz-Müller & Co.
Mühlgasse 9,
65193 Wiesbaden
Tel.: 0611/ 300713
Spezialität: Risotto, Polenta, Gewürze, Öl, Essig

Karl-Emil Kuntz...

Hotel-Restaurant »Zur Krone«
Hauptstr. 62-64
76863 Herxheim-Hayna
Tel.: 07276/ 508-0
Fax: 07276/ 508-14

...empfiehlt:

Fleisch
Wurst
Geflügel
Wild

Metzgerei Ludwig Flick
Untere Hauptstraße 55,
76863 Herxheim
Tel.: 07276/ 8588

Frischkost und Delikatesse Service
Sandstraße 6,
77731 Willstadt-Sand
Tel.: 07852/ 91986

Fisch

Frischkost und Delikatesse Service
Sandstraße 6,
77731 Willstadt-Sand
Tel.: 07852/ 91986

Delice Fisch und Spezialitäten
Weinweg 43, 76131 Karlsruhe
Tel.: 0721/ 615095

Gemüse
Obst

Fa. Laux
Holgasse 8, 76863 Herxheim
Tel.: 07276/ 7435

Fa. Hoffmann
Bio-Obst und Gemüse
76863 Erlenbach
Tel.: 07275/ 1671

Backwaren
Konfitüren

Boes GmbH (Backwaren)
An der Tagweide 8,
76139 Karlsruhe
Tel.: 0721/ 616025

Bäckerei Kerner
Eisenbahnstraße 6,
76863 Herxheim
Tel.: 07276/ 1411

Bäckerei Metz
Hauptstraße, 76863 Herxheim
Tel.: 07276/ 7579

Bäckerei Trauth
Untere Hauptstraße,
76863 Herxheim
Tel.: 07276/ 96960

Bäckerei Werle
Niederholstraße 1,
76863 Herxheim
Tel.: 07276/ 1439

Wein

Weingut Rebholz
Weinstraße 54,
76833 Siebeldingen
Tel.: 06345/ 3439

Weingut Meßmer
Gaisberg Straße 132,
76835 Burrweiler
Tel.: 06345/ 2770

Weingut Müller-Catoir
Mandelring 25,
67433 Neustadt
Tel.: 06321/ 2815

Küchen-utensilien

Fa. Kronen
Gewerbestraße3,
77731 Willstätt
Tel.: 07854/ 9646-0

Fa. Birkle
Siemensallee 19, 76239 Karlsruhe
Tel.: 0721/ 555888

Fa. Eibach
Postfach 1220
57273 Neunkirchen
Tel.: 02735/ 2159

Alexander Kunz...

Restaurant Kunz
Kirchstraße 22
66606 St. Wendel-Bliesen
Tel.: 06854/ 8145
Fax: 06854/ 7254

...empfiehlt:

Fleisch, Wurst, Geflügel, Wild
Schlaraffenland
Janosch von Beöthy
Süderwesterseite 12,
21775 Steinau
Tel.: 04756/ 8008,
Fax: 04756/ 8171
Spezialität: Geflügel und Wild

Gemüse, Obst
Dörrwiesmühle
Gerhard Bertz GmbH,
66606 St. Wendel - Urweiler
Tel.: 06851/ 2221
Spezialität: Getreide

Wein
Weingut Dr. Bürklin-Wolf
Weinstr. 65,
67157 Wachenheim
Tel.: 06322/ 953366
Fax: 06322/ 953330

Weingut Schloß Saarstein
Familie Christian Ebert
54455 Serrig / Saar
Tel.: 06581/ 2324

Weingut von Hövel
Eberhard von Kunow
Agritiusstraße 5-6,
54329 Oberemmel / Saar
Tel.: 06501/ 15384

Nils Potthast...

Landhaus Ville
Friedenstraße 10,
50259 Pulheim-Dansweiler
Tel.: 02234/ 83345
Fax: 02234/ 208853

...empfiehlt:

Fleisch, Wurst, Geflügel, Wild
Les Plaisirs de la Table
Rue Achille Fievez 2
Brüssel
Tel.: 00322 - 3322044
Fax: 00322 - 3322315

Fisch
Les Plaisirs de la Table
Rue Achille Fievez 2 , Brüssel
Tel.: 00322 - 3322044
Fax: 00322 - 3322315

Käse
Les Plaisirs de la Table
Rue Achille Fievez 2 Brüssel
Tel.: 00322 - 3322044
Fax: 00322 - 3322315

Spezialgeschäfte
Weinessiggut Doktorenhof
Georg H. Wiedemann
Raiffeisenstraße 5,
67482 Venningen-Pfalz
Tel.: 06323/ 5505
Spezialität: Essige aller Art

Küchenutensilien
Hoffmann's Culinarium
Am Neumarkt 3,
50667 Köln
Tel.: 0221/ 2579057
Besonderheiten: kleine Backformen, Weinaccessoires, 50-60 Sorten Espressokaffee, Messer, Töpfe, Pfannen, alles, was mit Kochen und Backen zu tun hat, alles, was mit Kochen und Backen zu tun hat.

Harald Rüssel...

Landhaus St. Urban
Büdlicherbrück 1
54426 Naurath/Wald bei Trier
Tel.: 06509/91400
Fax: 06509/914040

...empfiehlt:

Fleisch, Wurst, Geflügel, Wild
Fleischerei Stephan Marx GmbH
In den Kreuzfeldern 5,
54340 Longuich
Tel.: 06502/ 3670,
Fax: 06502/ 7306

Fisch
La Provencale
Industriezone,
L-3370 Leudelange
(Luxemburg)
Tel.: 00352/ 4989
Spezialität: Feinkost; besonders Fisch und Krustentiere

Käse
Vulkan-Hof
Familie Thommes-Burbach
Vulkanstr. 29,
54558 Gillenfeld/ Eifel
Tel.: 06573/ 9148
Spezialität: Ziegentomme gereift
3 Sorten Ziegenkäse und junge Ziegen

Backwaren, Konfitüren
Bescheider Mühlenbäckerei GmbH
54413 Bescheid/ Hunsrück
Tel.: 06509/ 522
Spezialität: Bio-Brot aus dem Steinofen

Wein
Weingut St. Urbanshof
Oekonomierat Nic Weis
Urbanusstraße 15,
54340 Leiwen/ Mosel
Tel.: 06507/ 93770,
Fax: 06507/ 937730
Spezialität: Schlanke, elegante ausdrucksstarke Rieslinge von Mosel und Saar, besonders aus den Weinlagen Ockfener Bockstein, Wiltinger Schlangengraben, Leiweiner Laurentiuslay und Piesporter Goldtröpfchen

Weingut Bernhard Kirsten
Krainstraße 5,
54340 Klüsserath
Tel.: 06507/ 99115,
Fax: 06507/ 99113
Spezialität: Moderne Weine mit außergewöhnlichen Namen wie »Wolkentanz«.
Besondere Empfehlung: Weißer Burgunder-Sekt, Weißer Burgunder

Frank Schicker...

Gasthaus Alte Apotheke
Brückenstr. 5
34212 Melsungen
Tel.: 05661/738118
Fax: 05661/738112

...empfiehlt:

Fleisch, Wurst, Geflügel, Wild
Markthalle Kassel
am Marställer Platz
Wildemannsgasse 1,
34117 Kassel
Tel.: 0561/ 780395

Gemüse, Obst
Obstplantagen
Friedrich Klemme
Kirschenhof
34393 Grabenstein-Schachten
Tel.: 05674/ 6455
Spezialität: Caldener Spargel und Erdbeeren

Fisch
Markthalle Kassel

Käse
Markthalle Kassel

Wein
Markthalle Kassel

Harald Schmitt...

ENTE im Hotel
Nassauer Hof
Kaiser-Friedrich-Platz 3-4,
65183 Wiesbaden
Tel.: 0611/ 133666
Fax: 0611/ 133683

...empfiehlt:

Fleisch Wurst Geflügel Wild

Hofladen 26
Christel & Klaus Dörr
Taunusstr. 26,
65193 Wiesbaden
Tel.: 0611/ 9590812
Spezialität: Biofleisch und Gänse
Besonderheiten: Rinderzucht, Kalb, Schwein und Geflügel, eigener Gemüseanbau

Fleisch-Warenservice
Karl Ende
Arnsbacherpfad 3,
61250 Usingen
Tel.: 06081/ 91670
Besonderheiten: Kalb- u. Rindfleisch von biologischen Betrieben aus Husum und Arnsbach

Jan Tiemann
Hoopterstr. 255,
21423 Winsen
Tel.: 04171/ 2418
Spezialität: Ente

Wild aus dem Hunsrück
Peter Panzer
Kringsmühle,
56291 Kisselbach
Tel.: 06766/ 8058
Spezialität: Frisches Rehwild, Rot- u. Schwarzwild, stellt auch hervorragende Wild-Sülzen und Würste her

Fisch

Forellenzucht Flach
Wispertal,
65391 Lorch/Rheingau
Tel.: 06726/ 586

Edelfisch Frankfurt
Lärchenstr. 101,
65933 Frankfurt
Tel.: 069/ 3803230
(Seefische & Krustentiere)
Besonderheiten: Sehr guter Selbstabholermarkt ab 150,– DM Warenwert, Top Fischangebot, hat auch Wein und italienische Produkte im Angebot

Gemüse Obst

Spargel-, Kirschen- & Erdbeerhof
Joachim Maus
Ingelheimerstr. 55,
55435 Gau-Algesheim
Tel.: 06725/ 1847
Spezialität: eigener biologischer Anbau

Früchtehaus Karl Bartholmeß
Langgasse 36,
65183 Wiesbaden
Tel.: 0611/ 378872
Spezialität: Obst und Gemüse, vor allem während der Saison auch von kleinen Gärtnereien aus Niederrad

Backwaren Konfitüren

Bäckerei Gutbert & Kappe
Mainzerstr. 17,
65189 Wiesbaden
Tel.: 0611/ 74747
Spezialität: hervorragendes Sauerteigbrot nach alter Herstellung, Hersteller von Tomaten-Ciabatta und Früchtebroten

Wein

Weingut Freiherr Heyl zu Herrnsheim
Mathildenhof
Landgasse 3,
55283 Nierstein
Tel.: 06133/ 57080
Fax: 06133/ 570880

Spezialgeschäfte

Tivona Alimentaria
Vertriebs- & Handelshaus
Im Klapperhof 33 a,
50670 Köln
Tel.: 0221/ 120447
Besonderheiten: Sortenreine Öle mit genauer Herkunft, beste getrocknete Tomaten und Bohnen. Essige, Öle und mediterrane Produkte im Versand. Taschenmesser von Coltelleria Berti/Scarperia Toscana

Achim Schwekendiek...

Hotel Hohenhaus
37293 Herleshausen
Tel.: 05654/ 9870
Fax: 05654/ 1303

...empfiehlt:

Fleisch Wurst Geflügel Wild

Hausschlachtung
Rüdiger Klein
Dachsbergstraße 4,
37293 Herleshausen
Spezialität: Wurstwaren

Gut Hohenhaus
Stefan Boschen
Hohenhaus 4,
37293 Herleshausen
Tel.: 05654/ 68280
Spezialität: Wild

Gemüse Obst

Biohof Holzliethe
Familie Tröll
Altenhäuser Str. 26,
37293 Herleshausen-Unhausen
Spezialität: Gemüse

Gut Hohenhaus
Stefan Boschen
Hohenhaus 4,
37293 Herleshausen
Tel.: 05654/ 68280
Spezialität: Obst

Fruchthof Zipf
Eisenacher Straße 55,
99848 Wutha-Farnroda
Tel.: 036921/ 23300

Käse

Ziegenkäse aus eigener Herstellung

Backwaren Konfitüren

Backwaren und Konfitüren aus eigener Herstellung

Küchenutensilien

Kronen Nahrungsmitteltechnik
Gewerbestr. 3,
77731 Eckartsweier
Gem. Willstätt
Tel.: 07854/ 9646-0,
Fax: 07854/ 9646-50

Rudolf Fehrmann GmbH
Kruppstraße 4,
36041 Fulda
Tel.: 0661/ 928250

Hans Stefan Steinheuer...

Steinheuers Restaurant
»Zur Alten Post«
Landskroner Straße 110
53474 Bad Neuenahr-Heppingen
Tel.: 02641/ 94860,
Fax: 02641/ 948610

...empfiehlt:

Fleisch Wurst Geflügel Wild

Metzgerei Bruno Meister
Adenbachhutstraße 2,
53474 Bad Neuenahr-Ahrweiler
Tel.: 02641/ 34254
Fax.: 02641/ 4094
Spezialität: Kalbsblutwurst

Opt Art Home Service
Huppenbergstraße 35,
53343 Wachtberg / Pech
Tel.: 0180/ 53113 14
Fax.: 02225/ 991515
Spezialität: Geflügel und Wild

Fisch Opt Art Home Service

Gemüse **Obst** Christof Stippler
Waldstr. 10
53913 Swisttal - Dünstekoven
Tel.: 02254/ 2159 (83286)
Spezialität: Linda-Kartoffeln, vergleichbar mit »La Ratte« oder Bamberger Hörnchen

Käse Vulkan-Hof
Familie Thommes-Burbach
Vulkanstr. 29
54558 Gillenfeld/ Eifel
Tel.: 06573/ 9148
Spezialität: Ziegentomme gereift
3 Sorten Ziegenkäse
und junge Ziegen

Backwaren **Konfitüren** Konfitüren
(Erdbeer, Brombeer, Himbeer) und schwarze Nüsse aus eigener Herstellung

Wein Weingut Meyer-Näkel
Werner Näkel
Hardtbergstr. 20
53507 Dernau
Tel.: 02643/ 1628
Fax: 02643/ 3363

Weingut Deutzerhof
Wolfgang Hehle
Fuhrweg, 53508 Mayschoß
Tel.: 02643/ 7264
Fax.: 02643/ 3232

Allgemeine Empfehlungen aller Jeunes Restaurateurs

Fleisch **Wurst** **Geflügel** **Wild** Rungis Express
Am Hambuch 2
53340 Meckenheim
Tel.: 02225/ 883100

Hubert Spiegel
4 Route d'Elsenheim
F-67390 Marckolsheim
Tel.: 0033/ 388/ 927291
Spezialität: Geflügel und Fleisch

Fisch Firma Südfisch
Handels GmbH
Wilhelmstr. 67
76461 Muggensturm/ Rastatt
Tel.: 07222/ 52056

Rungis Express
Am Hambuch 2
53340 Meckenheim
Tel.: 02225/ 883100

Käse Käseecke Waltmann
Friedrichstr. 10
91054 Erlangen
Tel.: 09131/ 207187
Fax: 09131/ 206963
Öffnungszeiten: Mo – Fr 9 –18 Uhr
Spezialität: Rohmilchkäse

Backwaren **Konfitüren** Konfitürenmanufaktur Alfred Faller
»Faller Müsli + Konfitüren«
Bahnhofstr. 11
79677 Schönau/ Schwarzwald
Tel.: 07673/ 91070
Öffnungszeiten: Mo – Fr 9 – 12 Uhr und 14 – 17 Uhr

Wein Weine der »GÜTER«:

Weingut Georg Breuer
Grabenstr. 8
65385 Rüdesheim am Rhein
Tel.: 06722/ 1027
Fax: 06722/ 4531

Weingut Dr. Bürklin-Wolf
Weinstr. 65
67157 Wachenheim
Tel.: 06322/ 953366
Fax: 06322/ 953330

Fürstlich Castell'sches Domänenamt
97355 Castell
Tel.: 09325/ 60170
Fax: 09325/ 60185

Weingut Fischer
Auf der Ziegelbreite 4
79331 Nimburg-Bottingen
Tel.: 07663/ 1747
Fax: 07663/ 5 0175

Weingut Freiherr Heyl zu Herrnsheim
Mathildenhof
Landgasse 3, 55283 Nierstein
Tel.: 06133/ 57080
Fax: 06133/ 5708 80

Weingut Reichsgraf von Kesselstatt
Schlossgut Marienlay
54317 Morscheid
Tel.: 06500/ 91690
Fax: 06500/ 916969

Schlossgut Graf von Neipperg
74193 Schwaigern
Tel.: 07138/ 941400
Fax: 07138/ 4007

Prinz zu Salm – Dalberg'sches Weingut
55595 Wallhausen
Tel.: 06706/ 944430
Fax: 06706/ 944424

Weingut Meyer-Näkel
Werner Näkel
Hardtbergstr. 20
53507 Dernau
Tel.: 02643/ 1628
Fax: 02643/ 3363

Näheres unter www.diegueter.de

Spezial-geschäfte Bos Food
Tußmannstr. 67
40477 Düsseldorf
Tel.: 0211/ 486081
Fax.: 0211/ 443043
Öffnungszeiten: Telefon.
Verkauf Mo – Fr 9 – 16 Uhr
Spezialität: Asiatische Spezialitäten
Essig, Öle, Trüffel, Gänseleber

Viani Importe GmbH
Robert-Bosch-Breite 17
37079 Göttingen
Tel.: 0551/ 505510
Spezialität: Öl, Essig, Gewürze

Küchen-utensilien J R E - Messerlinie
Christian Romanowski
27404 Rockstedt
Tel.: 01805/ 237546
Fax.: 0130/ 175289

Die Liste enthält Vorschläge der Jeunes Restaurateurs und erhebt keinen Anspruch auf Vollständigkeit. Der Verlag garantiert nicht für die Richtigkeit der Angaben. Ob die genannten Firmen an Endverbraucher liefern, klärt eine Anfrage (Rückporto beilegen).

Kleines ABC der Haute Cuisine

Abdrehen (tournieren): Möhren, Kartoffeln und anderes Gemüse dekorativ zurechtschneiden.

Ablöschen: angebratenes Fleisch oder Gemüse mit Flüssigkeit (Wasser, Brühe, Wein) begießen.

Abschmelzen: eine Speise mit zerlassener Butter oder Fett übergießen.

Abschrecken: 1) eine heiße Speise nach dem Kochen kurz in sehr kaltes Wasser tauchen, damit ihre Temperatur herabgesetzt wird. – 2) Einen Braten mit kaltem Wasser übergießen, um eine schöne Kruste zu erreichen.

Anschwitzen: Mehl, Gemüse etc. in Fett leicht anrösten, ohne es zu bräunen.

Blanchieren: Gemüse ganz kurz im sprudelnden Wasser kochen lassen, anschließend kalt abschrecken. Dadurch behält es seine Farbe.

Blindbacken: einen Mürbeteigboden ohne Füllung vorbacken. Den Boden mit Pergamentpapier auslegen und mit getrockneten Hülsenfrüchten belegen, damit der Teigboden flach bleibt.

Chartreuse: 1) französischer Kräuterlikör mit 55 %vol. Alkohol. – 2) Kleine Förmchen oder eine Auflaufform mit klein geschnittenem Gemüse auslegen, mit Fleischfarce ausfüttern, Würfel von Wildgeflügel, Kalbsbries o. ä. hineingeben, mit Farce auffüllen, mit dünnen Speckscheiben abdecken und im Wasserbad gar ziehen lassen (Kartäusergericht).

Confit: Eingemachtes

Glace: 1) zu Sirup eingekochte Brühe aus Knochen und Fleisch von Rind, Geflügel oder Fisch, die zum Glacieren verwendet wird. – 2) Bezeichnung für Speiseeis.

Glacieren: ein Gericht wird entweder mit entsprechender Glace bestrichen oder mit dem eigenen Fett übergossen, damit es eine glänzende Oberfläche erhält.

Julienne: ganz fein geschnittene Streifen von z. B. Gemüse (Möhren, Porree, Knollensellerie, Zwiebel), die in Butter gedünstet als Einlage oder Garnitur verwendet werden.

Jus: entfetteter Bratensaft, der beim Erkalten geliert. Wird für Saucen und zur Garnierung von kaltem Braten etc. verwendet. Manchmal wird auch der reine Fleischsaft als Jus bezeichnet.

Mousselines (Schaumbrötchen): mit Gelee vermischte Mousselinefarce, wird in ausgebutterte Förmchen gefüllt, im Wasserbad gegart und eiskalt serviert.

Mousselinefarce (Schaumfarce): fein durchgedrehtes Kalb-, Geflügel oder Wildfleisch wird gut gekühlt mit Salz, Pfeffer, Eiweiß und Crème double vermischt und als Füllung verwendet.

Noilly-Prat: französischer Wermutwein.

Parieren: Zurechtschneiden von Fleisch oder Fisch.

Passieren: eine Suppe, Sauce oder andere Flüssigkeit durch ein Sieb streichen oder durch ein Tuch seihen.

Plattieren: vor dem Braten eine Fleischscheibe mit dem Handballen flach drücken, von allen Seiten leicht stauchen – so wird das Stück besonders zart.

Pochieren: Gargut (Fisch, Fleisch, Eier, Geflügel) bis knapp unter den Siedepunkt gar ziehen lassen.

Reduzieren: durch längeres Kochen den Wassergehalt vermindern.

Röstgemüse: Gemüsewürfel aus Möhren, Knollensellerie, Petersilienwurzel, Zwiebel und eventuell etwas Räucherspeck werden mit Lorbeer und Thymian in Butter angeröstet und als Grundlage oder würzende Zutat für Saucen und Fleischspeisen verwendet.

Sabayon: kalte oder warme im Wasserbad aufgeschlagene Sauce aus Zucker, Eigelb und Weißwein oder einem anderen Alkohol. Teils noch mit Gelatine gefestigt und mit Sahne vermischt.

Saté (Sateh): Spießchen mit marinierten Fleischwürfeln, die in der indonesischen Küche mit Erdnusssauce serviert werden.

Saucieren: mit Sauce übergießen.

Savarin: in einer Ringform gebackener, mit Alkohol getränkter Hefekuchen.

Vichyssoise: ursprünglich Kartoffel-Porree-Suppe, die eisgekühlt gereicht wird.

Vinaigrette: verschiedene Kräuter werden mit fein gehackten Zwiebeln, Kapern, Gurken, Sardellenfilets und hart gekochtem Eigelb vermischt, mit Essig verrührt und mit Öl aufgeschlagen.

Wurzelgemüse (Wurzelwerk): besteht meist aus Möhre, Porreestange, Petersilienwurzel und etwas Knollensellerie und wird zur geschmacklichen Anreicherung von Suppen, Saucen und Fonds verwendet.

Zur Rose abziehen: eine Creme, die über dem Wasserbad geschlagen wird, hat die richtige Konsistenz, wenn sie einen Kochlöffelrücken überzieht und sich beim Blasen Ringe bilden, die an eine Rose erinnern.

Rezeptregister

BILDNACHWEIS

Seite 7/Mosaik/Günter Beer; Seite 8 und 222/Jeunes Restaurateurs d' Europe, Deutschland; Seite 212-221/Gettyone Stone/Tony Craddock/; Umschlagfotos: Heinz Kraxenberger

alle anderen Fotos: Peter Schulte Photographie, Hamburg

IMPRESSUM

Idee, Konzeption und Umsetzung:
CPA! Communications- und Projektagentur GmbH, Wiesbaden:
Ralf Frenzel, Nathalie Bance, Sybille Eßwein, Christian Horaczek, Annette Schlepper

Redaktionsleitung: Halina Heitz
Redaktion: Heike Pressler, München
Bildredaktion: Elisabeth Franz
Kartographie: Berndtson & Berndtson Productions, Fürstenfeldbruck
Fotos: Peter Schulte Photographie, Hamburg
Foto-Styling: Nathalie Bance
Buchgestaltung: Magic Design Noëlle Thieux, München
Umschlaggestaltung: Heinz Kraxenberger
Reproduktionen: Artilitho, Trento (Italien)
Druck und Bindung: MOHN Media · Mohndruck GmbH

Printed in Germany

ISBN 3-576-11495-5

Internetadresse der Jeunes Restaurateurs d' Europe, Sektion Deutschland: www.jre.net

Krombacher